Dirk Schubert
Die Gartenstadtidee zwischen reaktionärer Ideologie und pragmatischer Umsetzung

Herausgeber
Institut für Raumplanung (IRPUD),
Fakultät Raumplanung
- vertreten durch die Schriftenkommission -
Universität Dortmund

Titel und Layout
Micha Fedrowitz

Titelbild
Ausschnitt aus „ Plan einer Zukunftsstadt – Entwurf II"
(Beilage in Theodor Fritsch: „ Die Stadt der Zukunft (Gartenstadt)"

Grundlage des Reprints in Teil 2
Theodor Fritschs „Die Stadt der Zukunft (Gartenstadt)" in einer Ausgabe der
Königlichen Bibliothek Berlin, Sign. 1912 9665, Fd 3753[2]

Druck
Kolander & Poggel GbR, Dortmund

Vertrieb
Dortmunder Vertrieb für Bau- und Planungsliteratur
(im Auftrag vom Informationskreis für Raumplanung e. V.)

Nachdruck, auch auszugsweise,
nur mit Genehmigung des Herausgebers

Dortmund 2004
ISBN 3-88211-147-X

Blaue Reihe

Dortmunder Beiträge zur Raumplanung 117

Dirk Schubert (Hrsg.)

Die Gartenstadtidee zwischen reaktionärer Ideologie und pragmatischer Umsetzung

Theodor Fritschs völkische Version der Gartenstadt

IRPUD

Institut für Raumplanung   Universität Dortmund   Fakultät Raumplanung

Der Verfasser und Herausgeber dankt Christoph Knüppel (Herford), Matthias Brosch, Hans-Jürgen Kahle, Helgo Klatt und Robert Schurmann (Eden-Archiv) für Informationen und Unterstützung. Beate Connert und Stefan Neumann haben bei Korrekturen und der Beschaffung der Literatur mitgewirkt. Hermann Kühn von der Bibliothek der Technischen Universität Hamburg Harburg hat viele hilfreiche Hinweise beigetragen. Frank Rogge und Ute Fieg haben die Texte gescannt und andere Vorarbeiten übernommen. Den Mitarbeitern des Bundesarchivs in Koblenz, des Brandenburgischen Landeshauptarchivs, des Staatsarchivs Hamburg und des Stadtarchivs Leipzig ist für hilfreiche Unterstützung und Beschaffung von Aktenbeständen zu danken.

Inhalt

English Summary

Every introductory class on the history of urban planning will mention Ebenezer Howard and To-morrow: A Peaceful Path to Real Reform (1898), renamed Garden Cities of To-morrow (1902) in its second edition, as the origins of the momentous garden city concept. But two years prior to E. Howard, the German Theodor Fritsch (1852-1933) published a book entitled Die Stadt der Zukunft with the subtitle Gartenstadt in the second 1912 edition – The city of the future (Garden City), of which he later wrote: „This book, published in 1896, was ignored in Germany, but subsequently rewritten in England, is the true foundation of today's garden city". Fritsch published many books, pamphlets and articles focussed on his völkisch visions but only one booklet in an early period of his work dealing with planning issues and cities of the future. In this way the contextualisation with planning practice and theory in Germany of this period can only be timely. Unlike Howards' progressive and humane reformism, Fritsch's vision reflected an extreme-racist perspective that later contributed to National Socialist ideology and caused him to be revered as a prophet of Nazism.

The Garden City as a spatial concept was and is not at all novel per se. It enabled the union of different approaches in a spatial structure model. Yet, it also allowed different adoptions and even perversions. Howard's ideas were based on social critique and social reform, while Fritsch's version of the Garden City had been saturated with reactionary völkisch nationalist aims and anti-Semite elements from the onset.

In this book the biography of Fritsch is set out and the background of his visions and writings is mentioned to give a fuller picture of his thinking. Settlements with which Fritsch was actively associated or criticised by him are detailed, the nature of Fritsch's garden city vision is compared with Howards and reasons are offered why the idea of Howard became so dominant. All of Fritsch's ideas are interweaved with anti-urbanism, nationalistic and extreme-racist positions. In the second part of the book there is a reprint of Fritsch's book Stadt der Zukunft and of different original articles from him dealing with settlements, Garden Cities, life reform and improvement of the German race.

„Die Gartenstadt wäre ein armseliges Unterfangen, wenn sie nichts Anderes bezweckte als einen neu-artigen äußeren Aufbau der Stadt. Ich habe immer betont, dass sie nur die äußere Hülle bilden soll für eine innere Gesellschafts- und Lebensreform. In solchem Sinne soll sie auch nichts Anderes sein, als ein Weg zum neuen Menschen".
(Theodor Fritsch 1906)

1 Theodor Fritsch und die völkische Version der Gartenstadt

Der bedeutende Stadtforscher Lewis Mumford hat die Bedeutung der ‚Erfindung' der Gartenstadt mit der des Flugzeuges verglichen und zu den bedeutendsten Innovationen des 20. Jahrhunderts gezählt. Genau 105 Jahre sind vergangen, seit Ebenezer Howards berühmtes Buch ‚To-Morrow' in der Erstausgabe 2003 wieder veröffentlicht wurde[1]. Ein Anlass, auch das deutsche Pendant des Buches von Theodor Fritsch in einer kommentierten Neuauflage herauszugeben. Viele ältere und bis heute relevante Werke der Architektur, des Städtebaus und der Stadtplanung sind inzwischen als Reprints oder als Auszüge in Readern aktuell erhältlich. Wenn nun neuerdings Tagungen unreflektiert unter dem Motto ‚Die Stadt der Zukunft' stattfinden, ist dies ein weiterer Grund, ein weitgehend vergessenes Buch von Theodor Fritsch mit dem Titel ‚Die Stadt der Zukunft (1896), in der zweiten Auflage (1912) mit dem Untertitel ‚Gartenstadt' – die erste Vision und konkrete Ausformung der Gartenstadtidee – wieder in das Blickfeld zu rücken. Da die Gartenstadt als eines der populärsten Planungsmodelle der Moderne gilt, ist eine gründliche und unvoreingenommene Recherche über Urheber, Entstehungskontexte, Planungsmodelle und ihre Realisierungen längst überfällig.

Erst kürzlich wurde in einem Katalog und schriftlichen Begleitmaterialien zu einer Ausstellung in Hamburg über Luchao, einer geplanten neuen Stadt in der Nähe Shanghais, Theodor Fritsch als relevanter Stadttheoretiker und Ideengeber aufgeführt. Die Gartenstadtpläne eines Vordenkers des Holocaust werden dabei unvermittelt neben die Skizzen von Ebenezer Howard gestellt. Ausführlich wird auf die Strukturmodelle, die Zoneneinteilung und den Ordnungswillen von Fritsch – mit einer falschen Jahreszahl, ohne Seitenangabe mit einer inkorrekten Angabe der Webseite – verwiesen[2]. Hemdsärmelig und unreflektiert wird hier Geschichte instrumentalisiert und Planungen für China werden mit planungsgeschichtlichen Belegen eines rassistischen Ideologen unterfüttert, um ihnen einen pseudowissenschaftlichen Anspruch zu verleihen. Dieses Beispiel dekontextualisierter Rezeption unterstreicht exemplarisch den Stellenwert und die Notwendigkeit planungsgeschichtlicher Forschung.

In fast jeder Vorlesung über Stadtplanungsgeschichte wird üblicherweise Ebenezer Howard und sein Werk ‚To-morrow: A Peaceful Path to Real Reform' (1898), in der zweiten Auflage ‚Garden Cities of To-morrow' (1902), als Urheber der folgenreichen Gartenstadtidee aufgeführt[3] und viele Publikationen verbreiten diese Version: „Jede Betrachtung über die Geschichte des Gartenstadtideals, seines Entstehens und seiner weiteren Entwicklung muß in einem Land und mit der Nennung eines Namens beginnen: in England und mit Sir Ebenezer Howard (1850-1928)"[4]. Aber schon 1896, zwei

Jahre vor Howard, publizierte der Deutsche Theodor Fritsch ein Werk mit dem Titel ‚Die Stadt der Zukunft' – in der zweiten Auflage mit dem Untertitel ‚Gartenstadt' – zu dem er selbst später anmerkte: „Diese im Jahre 1896 erschienene Schrift, die in Deutschland totgeschwiegen, dann aber in England nachgeschrieben wurde, bildet die eigentliche Grundlage der heutigen Gartenstadt-Bewegung"[5]. Nicht nur in englischsprachigen Publikationen wie Stephen V. Wards[6] Überblick über die Gartenstadt und in vielen anderen Untersuchungen über die Geschichte und Aktualität der Gartenstadtidee[7] wird Theodor Fritsch unterschlagen[8]. Eine seltene Ausnahme bildet der Band von Peter Hall, in dem Fritsch mittels Sekundärquellen knapp erwähnt wird: „Theodor Fritsch published his ‚Die Stadt der Zukunft' two years before Howard, in 1896; he had an obsession that Howard had stolen his ideas, though it seems quite clear that Howard had developed his independently before that. (…) Most important, the underlying ideology is totally different: Fritsch a rabid propagandist of racism, plans a city where each individual immediately knows his place in a rigid segregated social order"[9].

Auch in der Jubiläumsschrift zum 100-jährigen Gründungsjubiläum der Deutschen Gartenstadtgesellschaft (DGG) wird der Mythos einer ausschließlich sozialreformerisch ausgerichteten Bewegung, deren Ursprung auf Howards ‚Erfindung' zurückgeht, gepflegt und kultiviert. „Nicht Architekten oder Baumeister waren die Gründer der Gartenstadt-Gesellschaft, sondern eine kleine Gruppe von sozial engagierten Schriftstellern und Künstlern, die dem in England von Ebenezer Howard entwickelten Gartenstadtmodell in Deutschland zum Durchbruch verhalfen"[10]. Es geht in diesem Band nicht darum, das unbestritten reformerische Engagement von den führenden Köpfen der deutschen Gartenstadtbewegung in Frage zu stellen, sondern darum, das ganze heterogene Spektrum der Gartenstadtvisionen und ihre ideologischen Kontexte auszuloten. Während die Schrift von Theodor Fritsch sonst mit einer Fußnote des Außenseitertums abgetan werden kann, wird sie in obiger Jubiläumsschrift ganz negiert. Eine Literaturliste mit deutschsprachigen Standardwerken[11] zur Geschichte des Städtebaus und der Stadtplanung, die das Buch von Theodor Fritsch verschweigen, würde Seiten füllen. Aber selbst die umgekehrte Version, Fritsch hätte Howard kopiert, ist in einem neuen deutschen Lehrbuch nachzulesen: „Hier (in Deutschland, der Verf.) wurde die Gartenstadtidee vor allem durch das Buch ‚Die Stadt der Zukunft' von Th. Fritsch bekannt, der Howards Buch nicht wörtlich übersetzt, sondern durch eigene Gedanken ergänzt hat"[12].

Die Gartenstadtkonzepte von Fritsch und Howard sind nur vor dem Hintergrund der Biographien der Verfasser, der nationalen Besonderheiten und Diskurse um die Probleme der Verstädterung in England und Deutschland[13] zu verstehen. Dabei gab es eine Gleichzeitigkeit von Konvergenz und Divergenz der Trends und Reaktionen auf den Urbanisierungsprozess. Gegen Ende des 19. Jahrhunderts hatte sich in Deutschland die Disziplin des Städtebaus konstituiert und Lehrbücher waren u.a. 1876 von Reinhard Baumeister (1833-1917), 1890 von Josef Stübben (1845-1936) und 1889 von Camillo Sitte (1843-1903) erschienen. In England bildete sich die Disziplin später heraus und von Raymond Unwin (1909), Patrick Geddes (1915) und Inigo Triggs (1909) wurden die ersten Lehrbücher verfasst[14]. Hier ist vorab bemerkenswert, dass die Verfasser einer der wohl folgenreichsten Stadtplanungsideen Howard und Fritsch Laien und keine professionellen Stadtplaner waren, die auf die bis dahin seltenen Standardwerke des Städtebaus keinen Bezug nehmen und ihre Inspiration aus anderen Quellen beziehen.

Städtebauliche Konzepte werden üblicherweise nicht patentiert, sie unterliegen vielerlei Interpretationen und Variationen bei der Implementierung[15]. Dabei erscheint die Diskussion um den ‚eigentlichen' Urheber der Gartenstadtidee müßig, darauf wies schon 1916 der deutsche Protagonist der Gartenstadtidee Berhard Kampffmeyer in einem Artikel in der ‚Tat' hin: „Der Streit über die Priorität des Gartenstadtgedankens: hier England, hier Deutschland, hier Theodor Fritsch, hier Ebenezer Howard, hier ‚Stadt der Zukunft' hier ‚Garden Cities of To-morrow' war und ist ein müßiger. Die Entwicklung beider Länder zu Industrieländern und die daraus sich ergebende ungesunde – ungesund in volkswirtschaftlicher, gesundheitlicher und kultureller Beziehung – Zusammenballung von Menschenmassen in Großstädten mußten in beiden Ländern Gegenströmungen zur Beseitigung der Schäden zeitigen".[16] Dabei verwundert nicht, dass das Verschweigen des Buches von Fritsch von seinen Gesinnungsgenossen und später in der Zeit des Nationalsozialismus ideologisch ausgeschlachtet wurde. So ist in einer 1937 erschienenen Schrift eines Mitarbeiters von Fritsch zu lesen: „Theodor Fritsch versuchte als erster der Gartenstadt-Siedlung die Wege zu ebnen. Er wurde totgeschwiegen, aber seine Gedanken dann, als von England her importiert, neu aufgegriffen"[17].

Seit September 1897 war für Ebenezer Howard das Buch von Theodor Fritsch in der Bibliothek des British Museum in London verfügbar[18]. Warum aber wird nun ein Urheber der Gartenstadtidee verschwiegen? Wie ist es möglich, dass Howard bald von der Fachwelt das ausschließliche Urheberrecht zugewiesen bekam? Hat Howard von Fritschs Buch gewusst, war Howards Vision nur publikumswirksamer, war das Plagiat besser als das Original? Oder lag diese Idee vielmehr ‚in der Luft' und Howard und Fritsch übernahmen es, sie zu explizieren und zuzuspitzen? Möglich aber auch, dass es nicht opportun erschien, die progressive, sozialreformerische Stadtplanungsidee von Howard mit konservativem und gar rassistischem Gedankengut von Fritsch in Verbindung zu bringen und unwissentlich oder gezielt diese Schrift zu unterschlagen?

Die Diskussion um Dezentralisierung und Auflockerung von Großstädten beschäftigte Utopisten, Ökonomen, Sozialreformer, Ingenieure und Architekten schon seit Beginn des Urbanisierungsprozesses im 19. Jahrhundert und vielerlei unterschiedlich akzentuierte Gegenkonzepte wurden entwickelt. Von der radikalen Vision der Umkehr der Land-Stadt-Wanderung in eine Stadt-Land-Wanderung, über neue Ansiedlungen in Kolonien und in anderen Erdteilen bis hin zur Gründung neuer (Klein-)Städte bzw. Stärkung vorhandener Orte – derzeit wieder aktuell unter dem Begriff der ‚dezentralen Konzentration' – reichten die Vorstellungen. Die prominenteste Idee unter vielen Vorschlägen war die Synthese in Form von Gartenstädten. Damit konnten unterschiedliche soziale Reformansätze in einem räumlichen Modell zusammengeführt werden. Die Gartenstadtideen von Fritsch und Howard waren pragmatisch ausgerichtet, konnten in der bestehenden Gesellschaftsordnung umgesetzt werden und waren als offenes

Integrationsangebot formuliert, das diverse Interpretationsmöglichkeiten und Anknüpfungspunkte bot. Damit war allerdings auch unterschiedlichen Rezeptionen und Verfremdungen Tür und Tor geöffnet.

Während über Howard und sein Wirken eine Reihe von Publikationen[19] vorliegen, ist das Werk von Fritsch vorwiegend bezogen auf sein Wirken für die völkische antisemitische Bewegung untersucht worden. Für den siedlungsstrukturellen Kontext erscheint es sinnvoll, zwischen Gartenstadtidee, Gartenstadtbewegung und Gartenstadtbebauung zu unterscheiden, um Entstehungs- und Wirkungsaspekte differenzierter analysieren zu können.

Dem Wirken und Werk Theodor Fritschs, der Vielseitigkeit und Kontinuität seiner ,Karriere' ist bisher noch nicht die Aufmerksamkeit gewidmet worden, die ihm nicht nur als Visionär der völkischen Gartenstadt sondern auch als rassistischem Vordenker des Holocaust zukommt[20]. Thomas Nipperdey schätzt ihn als „Gralshüter des Antisemitismus, jenseits der Fraktionen" ein und H.-U. Wehler stuft ihn als „als eine der Schlüsselfiguren des Antisemitismus und der Ahnen des Nationalsozialismus" ein[21]. Wir können in der vorliegenden Literatur fünf Schwerpunkte der Auseinandersetzung mit dem Leben und Wirken von Theodor Fritsch ausmachen, bei denen die Betrachtung trotz vielfacher Überlagerungen – in der Regel jeweils auf einen thematischen Aspekt und damit korrespondierenden disziplinären Ansatz – fokussiert wird:

- Die Auseinandersetzung von Historikern mit der Geschichte der völkischen Bewegung, ihrer Akteure wie Fritsch, den Gruppen, Vereinen, Publikationen, Akteuren und Ideologien beginnend im 19. Jahrhundert mit ihren furchtbaren Folgen bis zur Zeit des Nationalsozialismus.
- Untersuchungen im Kontext der Antisemitismusforschung, der Ideologien von Fritsch und anderer Vordenker und ihrer Werke, in denen die rassistischen Ursprünge der Judenfeindlichkeit ausgeleuchtet werden und die Konsequenzen bis hin zu den Massenvernichtungen im ,Dritten Reich' analysiert werden.
- Studien zur Lebensreformbewegung, in denen Schnittstellen zwischen völkischer Bewegung und Lebensreform nachgespürt wird und dabei auch Fritsch und sein Umfeld einbezogen werden.
- Medizin-historische Arbeiten, die Ideen zur Vererbung, Rassenauslese, Eugenik und Rassenhygiene nachzeichnen und dabei auch völkisch-rassistische Visionen der Menschenzucht im Umfeld von Fritsch einbeziehen.
- Untersuchungen zum Verlags- und Publikationswesen, in denen Publikationen, Verlage und Zeitschriften aus dem Umfeld von Fritsch – mit thematischem oder regionalem Bezug (Leipzig) – ausgewertet werden.

In diesem Band geht es um die Gartenstadtidee und den stadtplanerischen Kontext, wie Theodor Fritsch ihn entwickelt hatte[22]. Dieser Aspekt ist in den bisher vorliegenden Publikationen nur am Rande gestreift worden. In der Literatur über Städtebau- und Stadtplanungsgeschichte findet bisher keine grundlegende Auseinandersetzung mit der Gartenstadtvision von Theodor Fritsch statt. Häufig nur der Vollständigkeit halber erwähnt, schrumpft seine Bedeutung nicht selten auf eine Fußnote. Die zuvor erwähnten fünf Gruppen von Studien sind dabei natürlich zu integrieren, sie bilden wertvolles Material für den Kontext des Gedankenguts von Theodor Fritsch, aber nicht den Schwerpunkt des Diskurses, wie er hier angelegt ist. Es sei dabei vorausgeschickt, dass viele der Gedanken und Visionen, die um die Jahrhundertwende Gestalt annahmen und in der Zeit des Nationalsozialismus in die schreckliche Realität umgesetzt wurden, heute kaum ohne Befremden und Schaudern nachzuvollziehen sind.

Skizziert wird in diesem Band zunächst die Biographie von Fritsch und die historisch-gesellschaftlichen Kontexte seines Wirkens, die Anlage, die Inhalte und Struktur seines Gartenstadtbuches, der großstadtfeindliche Kontext, seine Vernetzung in den damaligen sozialen und politischen Bewegungen in Deutschland und die Implementierung seiner Ideen. Mit einem Vergleich der Vision Howards und mit einem Ausblick des Wirkens von Fritsch und den Folgen seiner völkisch-antisemitischen Propaganda in der Zeit des Nationalsozialismus endet der erste Teil des Bandes.

Um Missverständnissen vorzubeugen: Die Intention ist nicht, wie dem Verfasser bereits unterstellt wurde, den sozialreformerischen Protagonisten der deutschen Gartenstadtbewegung pauschal eine Nähe zu völkischem und rassistischem Gedankengut zu unterstellen und ihre Absichten zu diffamieren[23]. Es geht nicht darum, deren hehre Absichten in Abrede zu stellen. Aber städtebauliche Visionen sind häufig ambivalent nicht resistent gegen ihre Vereinnahmung, Verfremdung und Instrumentalisierung. Hier ist eine präzisere Analyse der Intentionen der Begründer der Gartenstadtidee, der Mitglieder und Strömungen in der Gartenstadtbewegung, der ideologischen Kontexte, der realisierten Gartenstädte und der Kontinuitäten und Brüchen der Bewegung von Nöten.

2 ‚Der Schmied des völkischen Gedankens' – Ein Leben 1852-1933

Abb. 1: Bildnis von Theodor Fritsch (im Hintergrund eine Mühle)

Informationen zum Leben von Theodor Fritsch stammen vorwiegend aus seiner eigenen Feder oder von Gesinnungsgenossen. Sie sind daher kaum einer wissenschaftlichen Prüfung zugänglich und bemühen sich häufig ihn schon frühzeitig zur lebenden Legende zu stilisieren. Theodor Fritsch wurde am 18.10.1852 geboren und stammte aus einer verarmten sächsischen Bauernfamilie. Er wurde Ingenieur für Mühlenbau und eröffnete im Alter von 27 Jahren 1879 ein eigenes Ingenieurbüro, wobei er selbsterfundene Neuerungen einführte. 1892 heiratete er seine Frau Pauline (geb. Zilling) und aus der Ehe gingen drei Söhne und eine Tochter hervor[24].

Seit den achtziger Jahren des 19. Jahrhunderts war er publizistisch tätig. 1887 veröffentlichte er einen ‚Antisemiten-Katechismus' (seit 1907 ‚Handbuch der Judenfrage'), seine erfolgreichste und folgenreichste Veröffentlichung. Innerhalb von sechs Jahren erfuhr der Band 25 mehrfach erweiterte Ausgaben und wuchs von zunächst 212 Seiten auf 573 Seiten an. Am Ende des Kaiserreichs waren knapp 50.000 Exemplare verbreitet, bis 1933 knapp 100.000 Bücher und bis 1943 erfuhr das ‚Handbuch‘ 23 weitere aktualisierte Ausgaben mit über 230.000 Exemplaren[25], insgesamt 49 Auflagen. Für sein ‚Handbuch‘ pickte er dabei nur Details heraus, die zu seinen antisemitischen Vorurteilen (‚Börsenspekulant‘, der ‚beleibte Bankier‘ etc.) passten. Adolf Hitler schrieb 1930 in einem Brief an Fritsch: „Das ‚Handbuch der Judenfrage‘ habe ich bereits in früher Jugend in Wien eingehend studiert. Ich bin überzeugt, dass gerade dieses in besonderer Weise mitgewirkt hat, den Boden vorzubereiten für die nationalsozialistische antisemitische Bewegung. Ich hoffe, dass der 30. Auflage noch weitere folgen werden und das Handbuch allmählich in jeder deutschen Familie zu finden ist"[26].

Abb. 2: Theodor Fritsch mit Frau Paula (geb. Zilling), Aufnahme von 1893

Als Stadtverordneter in Leipzig von 1894 bis 1896 trat Fritsch nur selten in Erscheinung. Eine Kandidatur für den Reichstag hatte er 1893 abgelehnt und nur widerwillig ein Stadtverordnetenmandat angenommen[27]. Als 1895 ein neuer Bebauungsplan für eine Stadterweiterung festgestellt werden sollte, erklärte Fritsch: „Wir haben hier eine Vorlage vor uns, die dahin zielt, ein großes Stück städtisches Areal zu parcellieren und zur Bebauung an Privatleute zu verkaufen. Ich habe bisher immer gegen solche Veräußerungen gestimmt und werde das auch heute tun". Er verweist auf ‚theure Lebensführung‘ und ‚theure Mieten‘ für ‚den gemeinen Mann‘ und fährt fort: „Meine Herren, für diese theureren Mieten sind nicht allein die Hausbesitzer verantwortlich zu machen, weil diese etwa ein Vergnügen darin fänden, die Miethen so hoch wie möglich zu steigern, sondern die theurere Miethe ist zurückzuführen auf die theureren Bodenpreise. (…) Man ist es heute gewöhnt, Grund und Boden als Privateigentum anzusehen und jeden Vortheil beim Verkaufe desselben wahrzunehmen; und auch die städtischen Gemeinden denken ähnlich. (…) Die Miethen belasten alle Verhältnisse derartig, dass wie gesagt, die wesentliche Ursache der ganzen mißlichen Zustände in der Großstadt in diesen hohen Mieth- und Bodenpreisen zu suchen ist. (…) Meine Herren, meine Vorschläge sind dahin gegangen, man sollte endlich einmal den Anfang machen und städtischen Boden nicht mehr käuflich, sondern pachtweise zur Bebauung ablassen. (…) Ich will Ihnen nicht einmal vorschlagen, das ganze Areal, welches heute in Betracht kommt, so zu verwerthen, (…), sondern nur vorschlagen, einen Theil desselben pachtweise an Private zur Bebauung abzulassen"[28]. Fritschs Vorschlag wurde allerdings von der Stadtverordnetenversammlung abgelehnt.

Fritsch war zudem Herausgeber der Zeitschrift ‚Deutscher Müller‘. Fritsch rief 1879 den ‚Deutschen Müllerbund‘ zum Schutz der kleinen Müller und später die ‚Mittelstands-Vereinigung im Königreich Sachsen‘ ins Leben und war seit 1904 Mitglied im Zentralverband der Deutschen Mittelstandsvereinigung. Er hob die Bedeutung des Mittelstandes als der einzig staatstragenden Schicht für Staat und Monarchie hervor, propagierte mittelalterliche Gilden und Bruderschaften, warnte vor ‚Großbetrieb‘, ‚Leihkapital‘ und dem ‚revolutionären Proletariat‘ und arbeitete später in verschiedenen völkisch-politischen Zirkeln, Gruppen und Geheimbünden. 1894 veröffentlichte er sein ‚theoretisches Hauptwerk‘ „Zwei Grundübel: Bodenwucher und Börse", eine Kritik am (jüdischen) Finanzkapital und die Begründung für eine ‚nationale Bodenreform‘. 1896 erschien seine ‚Stadt der Zukunft‘, in der ersten Auflage.

Er war Mitbegründer der nach dem Kasseler Antisemitentag 1886 aus der Deutschen Reform Partei entstandenen antisemitischen Deutsch-Sozialen Reformpartei[29]. Fritsch gehörte hier zum Führungszirkel und die ‚Antisemitische Correspondenz‘, die ‚Deutsch-Sozialen Blätter‘ wurden zum offiziellen Parteiorgan. Nach verheerenden Wahlniederlagen in Leipzig, wo 1890 Fritsch für die Deutsch-Soziale Partei für den Reichstag kandidierte, verlegte er sein Tätigkeitsfeld vom Parteiantisemitismus zum Verbandsantisemitismus. Die Mittelstandspolitik bildete dabei einen geeigneten Ansatzpunkt für eine ‚nationale Wiedergeburt‘. Dabei hatte Fritsch den Definitionsrahmen von Mittelstand weit gesteckt. „Wer nicht vielfacher Millionär und nicht ausgesprochener Proletarier ist, darf sich getrost zum Mittelstand zählen"[30]. Fritsch sah den Mittelstand zunehmend missachtet und verstand unter dem „Mittelstandsmann" den „normalen Staatsbürger".

Die wirtschaftlichen Strukturveränderungen, das Aufkommen des Liberalismus, den Großhandel und damit das Judentum galt es nach Fritsch zu bekämpfen. Landwirte, Handwerker, Beamte und Angestellte, nicht in Großstädten, sondern in Mittel- und Kleinstädten sowie im ländlichen Raum bildeten vorwiegend das Ziel seiner Agitation. Eigenständigkeit und Selbstbewusstsein des Mittelstandes sollten durch Abgrenzung von der Großindustrie und dem Kapital sowie von der Arbeiterschaft erreicht werden. Den durch industriellen Wandel verarmten Gruppen, den Ständen des Handwerks und der starken Schicht des Mittelstandes wurde geschmeichelt, sie seien die wichtigsten ‚schaffenden Stände‘, das Fundament, auf dem der Staat ruhe. Die komplexen Vorgänge des Wirtschafts- und Staatswesens wurden personifiziert, alle Probleme letztlich auf das ‚raffende‘ Handeln der Juden reduziert. ‚Jude‘, ‚Judentum‘ und ‚jüdisch‘ wurden als Synonyme für alle als negativ empfundenen Erscheinungen in Staat, Gesellschaft und Wirtschaft gewertet[31]. Die zwanghaften, pathologischen Wahn- und Angstvorstellungen gipfelten in der Behauptung einer fiktiven Organisation des spekulativen (jüdischen) Geldkapitals, der ‚goldenen Internationale‘.

Die berufsständische Tätigkeit war eng mit Fritschs antisemitischer Propaganda vernetzt, der Verlag Deutscher Müller war seinem technischen Büro angegliedert. Der Terminus des Antisemitismus war in der zweiten Hälfte des 19. Jahrhunderts eingeführt worden, um die nicht mehr salonfähigen Begriffe ‚Judenfeindschaft‘ und ‚Judenhasser‘ zu ersetzen. Der Begriff geht vermutlich auf Wilhelm Marr (1819-1904), den Begründer der ‚Antisemitenliga‘ zurück und erfährt nach 1880 Eingang in den allgemeinen Sprachgebrauch. Schnell findet er in allen europäischen Sprachen Verbreitung[32]. Damit wurden aufgrund von Vorurteilen ‚die‘ Juden als vermeintliche Rasse, Nation, Religionsgemeinschaft oder soziale Gruppe pauschal negativ bewertet. Die Juden wurden damit nicht nur als ‚böse', sondern vielmehr als ‚unheilbar böse' („Ungeziefer", „Unkraut") dargestellt, da der Ursprung der Schlechtigkeit nicht in der Religion, sondern vielmehr ‚im Blute' liegen würde.

Diese Lehre popularisierte Theodor Fritsch unermüdlich, indem er ‚wissenschaftliche' Nachweise der Minderwertigkeit der jüdischen Rasse und der Hochwertigkeit der arischen Rasse propagierte. Mit derartigen Rassentheorien wurde die spätere nationalsozialistische ‚Volksgemeinschaft' vorweg konzipiert. 1884 schrieb Fritsch in einem Brief an seinen antisemitischen Mitstreiter und späteren Konkurrenten Wilhelm Marr[33], den er mit ‚verehrter General' und ‚verehrter und schneidigster Haudegen' titulierte: „Ich suche rastlos nach dem Hebelpunkt, an dem die Judenwelt aus den Angeln zu werfen wäre"[34]. Fritsch nahm für sich in Anspruch, einen „wissenschaftlichen Antisemitismus" zu vertreten. ‚Wissenschaftlich' bedeutete für Fritsch, seine antisemitischen Pamphlete mit Fußnoten und Literaturhinweisen auszustatten.

Abb 3: Liebermann von Sonnenberg und Theodor Fritsch (1890)

Das antisemitische Stereotyp des geldgierigen Juden (‚Erfinder des Kapitalismus') erhielt durch Werner Sombart (1863-1941) eine wissenschaftliche Untermauerung, die Fritsch weidlich ausnutzte. Sombarts Wohnumgebung im Grunewaldviertel in Berlin, einem Wohnviertel der jüdischen Oberschicht, hat möglicherweise die Hintergrundfolie zu seinem Werk gebildet[35]. Der bedeutende Wirtschaftshistoriker hatte 1911 versucht, die Bedeutung der Juden – ohne sie zu verurteilen – im kapitalistischen Wirtschaftsleben herauszuarbeiten[36]. Sombart suchte einen ‚Idealtypus' zu konstruieren und schwankte in der Bewertung zwischen Bewunderung und Ablehnung, ohne rassistische Vorurteile zu verwenden[37]. Fritsch publizierte zwei Jahre später unter dem Pseudonym F. Roderich-Stoltheim das Buch ‚Die Juden im Handel und das Geheimnis ihres Erfolges'. Zugleich eine Antwort und Ergänzung zu Sombarts Buch: ‚Die Juden und das Wirtschaftsleben' und schöpfte dabei aus dem Material von Sombart[38].

Das Wesen der Hebräer – so Fritsch – sei nicht durch Bodenständigkeit und Bindung sondern durch Nomadentum gekennzeichnet. „Internationalität setzt notwendigerweise eine Abkehr von der Seßhaftigkeit, von der Anhänglichkeit an die Scholle, an Heimat und Vaterland voraus. Da der Jude ein Vaterland in unserem Sinne nicht kennt, so bildet der Internationalismus einen Teil seiner Wesenseigenart und drängt ihn in eine allen nationalen Bestrebungen grundsätzlich feindliche Stellung. Darum ist den Juden deutsches Wesen besonders verhasst"[39].

Ob der Antisemitismus von Fritsch und seinen Gesinnungsgenossen von vornherein ‚eliminatorisch' (Daniel Jonah Goldhagen) ausgerichtet war und zwangsläufig in den Holocaust münden musste, ist kaum zu beantworten. Bereits 1886 hatte Fritsch einen ‚Weg' zur ‚Lösung der Judenfrage' vorgezeichnet: „Das letzte Ziel unserer Bewegung

(…) heißt summa summarum: Ausscheidung der jüdischen Rasse aus dem Völkerleben. (…) In welcher Form diese Ausscheidung oder Ausschließung der Juden geschehen soll, ob durch bloße Einschränkung mittels Ausnahme-Gesetzen, ob durch Internierung und Abschließung innerhalb des Staates (Ghetto's), ob durch völlige Ausweisung – darüber schon zu debattieren, hieße leeres oder unreifes Stroh dreschen"[40].

Der Rassismus ersetzte Realität durch Mythos und eine Welt aus Stereotypen, Dogmen und Vorurteilen. So konstruiert sich auch der Antisemitismus den Juden nach seinen Bedürfnissen als Feindbild. G. L. Mosse hat erklärt, warum und wie aus dem Mythos schreckliche Wirklichkeit wurde. „Rassismus wirkte sozialen, wirtschaftlichen und politischen Bedingungen entgegen und er weigerte sich, die Welt in diesen Kategorien zu erklären. Für das Leitmotiv seiner Interpretation der Gegenwart und seiner Hoffnung auf die Zukunft schuf sich der Rassismus Mythen: Mythen, die er dann in die Wirklichkeit umzusetzen suchte. Mythos als Wirklichkeit …"[41]. Die Modernitätsnähe einer Minderheit – so Thomas Nipperdey – machte den ‚Juden' oder die ‚Juden' zum Sündenbock für die Modernisierungsübel[42]. Die Modernität, für die große Teile der jüdischen Bevölkerung in den Städten stand, galt vielen Deutschen als etwas Fremdes, das sich nicht organisch aus der eigenen Gesellschaft entwickelt hatte. Der Mythos der ‚Juden' als ‚andersartig' (Artfremde, Volksfremde, Rassenfremde, Religionsfremde, Landfremde, Blutsfremde etc.[43]) und die damit von Fritsch und anderen Antisemiten ihnen zugewiesene Attribute stimmten in keiner Weise mit der komplexen Realität überein.

Abb. 4: ‚Eine deutsche Sieben, die die Juden nicht lieben', führende antisemitische Persönlichkeiten in Deutschland: Otto Glagau, Bernhard und Paul Förster, A. König, Otto Böckel, Max Liebermann von Sonnenberg und Theodor Fritsch

Um 1870 waren im Deutschen Reich nur 1,25 % der Bevölkerung Juden, die jüdischen Gemeinden angehörten[44]. Die Juden bildeten somit eine kleine Minderheit im Deutschen Reich. 1869 wurde ein Gleichberechtigungsgesetz vom Reichstag des Norddeutschen Bundes verabschiedet, das 1871 als Reichsgesetz übernommen wurde und später in die Verfassung der Weimarer Republik einging und die formale Gleichstellung der jüdischen Bevölkerung sicherte[45]. Zwischen 1871 und 1914 war der Anteil der Juden an der Gesamtbevölkerung Deutschlands rückläufig und lag 1914 bei knapp über 600.000 Juden. Die jüdische Bevölkerung war allerdings durchschnittlich wohlhabender und besser ausgebildet als die übrige deutsche Bevölkerung. Von den Millionären mit einem Vermögen von mehr als 6 Millionen Mark waren 25 % Juden, unter den 25 reichsten Steuerzahlern Preußens gab es 11 Juden. „Juden waren städtisch-großstädtisch, sie wiesen eine neue besondere Berufsverteilung auf, sie waren im tertiären Sektor, im Handel und Bankwesen und bei den freien Berufen unter Ärzten und Anwälten überproportional vertreten; sie gehörten überproportional zu den Selbstständigen, den Beziehern höherer Einkommen oder den Besitzern größerer Vermögen, kurz: sie waren erfolgreich"[46]. Die jüdischen Gruppen bildeten in von ihnen dominierten Wohnquartieren wie dem Scheunenviertel[47] in Berlin ‚ethnische Inseln', die zu einer Art ‚optischer Täuschung' der Dominanz von jüdischer Bevölkerung in Großstädten führten und von der antisemitischen Propaganda ausgeschlachtet wurden[48].

Die antisemitischen Organisationen waren dabei in Deutschland zunächst von einer verwirrenden Disparatheit: Neugründungen, Konkurrenzkämpfe, Spaltungen und Zusammenschlüsse bestimmten das Bild. Eine fehlende Bündelung der antisemitischen Kräfte war nur zu offensichtlich zutage getreten. „Jeder Agitator verteidigte ganz so eifersüchtig wie dogmatisch seine Variante"[49]. Dabei war Deutschland vor 1914 nicht das klassische Land des Antisemitismus. Anti-jüdische Stimmungen gab es in ganz Europa und Verfolgungen der Juden vor allem in Russland.

1882 gründete Fritsch in Leipzig einen eigenen Verlag und übernahm ab 1885 die ‚Antisemitische Correspondenz' (‚Deutsch-soziale Blätter')[50], die für die Aufhebung der Judenemanzipation agierte. Das Leitwort lautete: „Die Juden sind keine Konfession, sondern eine Nation. (Schopenhauer)"[51]. Die Correspondenz hatte über 600 Abonnenten, verbreitete Beiträge unter dem Titel „wie agitiert man am besten", und wurde nur an ‚zuverlässige Partei-Genossen' der ‚antisemitischen Sache' versandt. 1895 musste Fritsch die Herausgeberschaft allerdings wieder an seinen Kampfgefährten und Kontrahenten Max Liebermann von Sonnenberg abgeben.

Fritsch wollte seriös erscheinen, um damit ein breites Publikum zu erreichen. Vor dem Hintergrund der Krise des organisierten Antisemitismus um die Jahrhundertwende suchte Fritsch nach einer neuen Plattform. „Die in den achtziger und neunziger Jahren machtvoll emporschwellende judengegnerische Bewegung war eingeschlafen, an innerer Schwäche zusammengesunken und durch die gewaltigen Machtmittel der Gegner niedergewalzt" schrieb Fritsch 1926 rückblickend[52]. Ab 1902 gab Fritsch die antisemitische Zeitschrift ‚Hammer' (Untertitel zunächst ‚Monatsblätter für deutschen Sinn', von 1922-1927 ‚Zeitschrift für nationales Leben') heraus, die um 1905 ca. 3.000, kurz vor dem Ersten Weltkrieg 8.500 Abonnenten hatte. Der Name ‚Hammer' wurde in Anlehnung an den altgermanischen Gott Thor gewählt, dessen Attribut ein Hammer war. Damit avancierte Fritsch zum völkischen Propheten, zumal der ‚Hammer' innerhalb der heterogenen völkischen Bewegung eine integrierende Breitenwirkung entfaltete. Fritsch war Herausgeber, Verleger und wichtigster Autor des ‚Hammer' in dem sonst vorwiegend hauptberufliche Schriftsteller, Journalisten und Lehrer publizierten. Bald

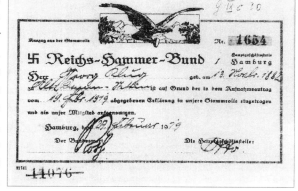

Abb. 5: Mitgliedskarte Reichs-Hammer-Bund von 1919

gab es Hefte mit Hammer-Liedern, Hammer-Briefbogen, Hammer-Siegelmarken, Hammer-Schutzmarken und Hammer-Postkarten.

Seit 1907 wurden ‚Hammer-Lesegemeinschaften' gebildet, die mit dem ‚Hammer-Bund' vernetzt waren. Der Hammer-Bund bildete eine freiwillige und zwanglose Vereinigung, die das Gedankengut des ‚Hammer' verbreiten wollte, damit zugleich eine Vertriebs- und Agitationsorganisation. Die Theodor-Fritsch-Spende führte 1912 unter Leitung von Oberst z. D. Karl August Hellwig (Kassel) zur Gründung des ‚Reichs-Hammerbundes' und Fritsch wurde zum Ehrenwart gewählt[53]. Je nach Zielgruppe sollte – so Fritsch 1901 – zwischen ‚vorsichtigerem' verdeckt antisemitischem und ‚derberem', offen antisemitischen Ansatz bei den Schriften gewählt werden. „Art und Weise der Agitation müssten sich nach Beruf, Bildungsgrad, Alter und Geschlecht der Zielgruppe oder Zielperson richten. So sollte z.B. ‚der Jude' dem Landwirt gegenüber als Wucherer, dem Handwerker und dem Kaufmann gegenüber als unreeller Konkurrent dargestellt werden. Frauen gegenüber sei auf ‚den unschönen, unedlen und abstoßenden Rassen-Typus' der Juden zu verweisen, zudem müsse bei ihnen ‚Abscheu gegen Misch-Ehen mit Semiten' erregt werden"[54].

Theodor Fritsch wurde nach der Jahrhundertwende zum Angelpunkt verschiedenster antisemitischer Tätigkeiten. Die „Ausscheidung des Judentums" wurde als oberstes Ziel propagiert. Um die verstreuten Lese-Gemeinden des ‚Hammer' zusammen zu fassen gründete er 1912 in Leipzig den ‚Reichshammerbund'. Die Hammerbund-Gemeinden bildeten einen Zusammenschluss „Gleichdenkender und Gleichstrebender" mit dem Ziel der „Erneuerung des deutschen Volkstums geistig, sittlich, körperlich und kulturell, Pflege der germanischen Rasse-Eigenschaften, Veredelung und Höherzüchtung des Menschentums, Ausscheidung der unverdaulichen Fremdrassen aus dem deutschen Volkskörper, Läuterung des Rechts- und Sitten-Bewusstseins, kurz: die Förderung aller Kräfte zum Aufbau einer wahrhaft deutschen Edel-Kultur[55]. Um 1914 existierten neunzehn Hammer-Gemeinden, die als Diskutier- und Hetzklubs antisemitische Stimmung verbreiteten. Von den Mitgliedern wurde die Ablegung eines Blutsbekenntnisses verlangt und Ziel war die „Erhaltung und Förderung einer gesunden deutschen Eigenart" und die Abwehr gegenüber „fremden, insbesondere den jüdischen Einflüssen"[56].

Kaum einer der bedeutenden Vordenker der völkischen Bewegung fehlte in der Liste der ‚Hammer'-Autoren. Zu den bekanntesten Autoren zählten u.a. Artur Dinter (1876-1948), Adolf Bartels (1862-1945), Heinrich Driesmann (1863-1927), Paul Förster (1844-1925), Willibald Hentschel (1858-1947), Max Liebermann von Sonnenberg (1848-1919), Heinrich Pudor (1865-1943), Ludwig Schemann (1852-1938), Philip Stauff (1876-1923), Adolf Wahrmund (1827-1913), Alfred Roth (1879-1940), Hans von Wolzogen (1848-1938), Ferdinand Avenarius (1865-1923), Silvio Gesell (1862-1930), Richard Ungewitter (1874-1954) und Jörg Lanz von Liebenfels (1874-1954). Für die Mitarbeiter gab es ein Merkblatt, aus dem zu entnehmen war: „Der ‚Hammer' steht außerhalb jeder politischen Partei-Tendenz. Seine Richtung ist eine besonnen nationale – ohne Chauvinismus und Sondertümelei. (…) In großen Zügen ist der Standpunkt des ‚Hammer' gekennzeichnet in Hentschel's Schrift ‚Varuna', die als Programm

Schrift des ‚Hammer' gelten soll. Die Bekanntschaft mit dieser Schrift müssen wir bei unseren Mitarbeitern voraussetzen"[57].

Ziel war nicht ‚nur' Antisemitismus, sondern eine umfassende deutsch-nationale Erneuerung. „Der Hammer will nicht nur hauen, sondern auch bauen" lautete ein Slogan aus der Programmzeitschrift. Die Autoren der ‚Hammer'-Hefte erhielten meist kein Honorar. 1912 erklärte Fritsch in einer Botschaft an die Hammer-Gemeinden, warum zukünftig zunächst „keine schroff antisemitischen Aufsätze" mehr veröffentlicht werden sollten. Dabei drehte er den Spieß um, erhob seine antisemitische Meinung zu einem gesicherten Urteil und Kritiker des Antisemitismus von Vorurteilen behaftet. „Das Vorurteil gegen alles Antijüdische ist in weiten Kreisen so stark eingewurzelt, dass sie unbesehen Alles ablehnen, was irgend eine judengegnerische Note trägt"[58]. Aus „taktischer Klugheit" sollte keine „scharf antijüdische Haltung" eingenommen werden, um den „liberalen Spießbürger" und die „gebildeten Klassen" behutsam als Leser des ‚Hammer' zu gewinnen. 1926 wurde das 25-jährige Bestehen des ‚Hammer' gefeiert und Theodor Fritsch als der „unermüdliche Hammerschmied" und „getreue Eckhart des deutschen Volkes" gewürdigt, dessen „Unsumme von Tatkraft, Opfermut und Glaube an das Ewig-Gute in der Menschennatur und in der Nation" einen „Baustein am Dome des völkischen Gedankens" eingefügt hätte[59].

Eine Auswertung der Autoren im ‚Hammer' ergibt, dass vorwiegend Schriftsteller und Journalisten (32%), Wissenschaftler (11%), Lehrer (8%), Juristen und Militärangehörige (9%), Pfarrer, Ärzte und Ingenieure (je 3,5%) in der Zeitschrift publizierten. Weibliche Autorinnen waren deutlich unterrepräsentiert[60]. Der ‚Hammer' sollte kein Unterhaltungsjournal sein, „sondern eine Waffe gegen die Mächte, die Deutschland in Fäulnis versetzt haben und von der Fäulnis vergnüglich leben. Diese Waffe verpflichtet Jeden, der sie in die Hand bekommt, sie zu gebrauchen. Jede Hammer-Nummer stellt an ihre Leser die mahnende Anfrage: Was tust Du, damit es anders wird?"[61]. Der rassistische Antisemitismus zieht sich als zentrale Argumentationslinie durch alle Beiträge des ‚Hammer'.

Nach dem Scheitern seiner antisemitisch motivierten Wahlambitionen definierte Fritsch – anders als andere zeitgenössische Antisemiten – den Antisemitismus nicht mehr parteipolitisch, sondern als möglichen gemeinsamen Nenner für vielerlei Gruppierungen. „Meines Erachtens ist der Antisemitismus ein Stück Weltanschauung, die sich jeder zu eigen machen kann, gleichviel welcher Partei er angehört"[62]. Ziel war daher die Unterwanderung aller Parteien und die Durchsetzung mit antisemitischem Gedankengut. Schon auf dem Kasseler Antisemiten-Kongress 1886, an dessen Zustandekommen Liebermann von Sonnenberg und Fritsch maßgeblich beteiligt waren, hatte Fritsch begründet, warum er gegen eine selbständige antisemitische Partei sei: „Sobald wir als Partei auf den Plan treten, haben wir nicht mehr allein die Juden zu Gegnern, sondern zugleich alle anderen politischen Parteien – naturgemäß, denn sie werden in uns einen Rivalen erblicken, der ihnen die Mandate streitig machen will; und sie werden sich deshalb alle feindlich gegen uns wenden"[63]. Nur knapp 40 Teilnehmer zählte der Kongress und erzielte keine große Resonanz. Nach dem Vorbild von jüdischen Geheimbünden, die Fritsch ausgemacht haben wollte, organisierte er die antisemitische Propaganda und Politik. Die weltweite jüdische Verschwörung und Bedrohung meinte Fritsch am besten mit einer antisemitischen Organisation bekämpfen zu können, die nach denselben Prinzipien arbeiten würde[64]. Der ‚Verdienst' von Fritsch bestand im Aufbau diverser Organisationen und eines Netzwerkes von Vereinen und Verbänden bis hin zu obskuren Geheimlogen und -bünden.

Der Verbandsantisemitismus war in deutschnationalen und deutschvölkisch orientierten Organisationen weit verbreitet. Dazu zählten u.a. landwirtschaftliche Interessenverbände, wie der 1893 gegründete Bund der Landwirte, Mittelstandsvereinigungen, die Deutschen Jugendbünde und der Deutschbund, vor allem aber der Alldeutsche Verband und der Deutschnationale Handlungsgehilfen-Verband. Letzterer war 1893 als antisemitische Gegenorganisation unselbständiger Kaufleute gegen die Sozialdemokratie entstanden und zählte 1914 über 160.000 Mitglieder. Die Mitgliedschaft von Juden wurde in der Satzung ausgeschlossen. Der Vorsitzende Alfred Roth (1879-1940) führte zugleich die Hamburger Ortsgruppe des Reichshammerbundes. Der 1890 entstandene Alldeutsche Verband wurzelte dagegen vor allem in der Kolonialbewegung und war einer der einflussreichsten nationalistisch-imperialistischen Agitationsverbände. Zur Gründung hatten sich Anhänger der nationalliberalen, freikonservativen, deutschkonservativen und antisemitischen Parteien und Gruppierungen zusammen geschlossen[65]. Zwar war der Alldeutsche Verband mit ca. 23.000 Mitgliedern keine Massenorganisation, hatte aber großen Einfluss auf die politische Kultur des Kaiserreichs und entfaltete eine intensive Propagandatätigkeit vor allem unter dem konservativen Besitz- und Bildungsbürgertum[66]. Fritsch empfahl 1902 den Beitritt zum Alldeutschen Verband, der mehr auf „politischen Einfluß hinzielt", aber in „allen wesentlichen Stücken auf dem Boden des Hammer-Programms steht"[67]. Teile der Jugend- und Studentenverbände, der Deutsche Flottenverein, die Deutsche Kolonialgesellschaft und die Kriegervereine waren nationalistisch orientiert und vertraten mehr oder weniger offen völkisch-antisemitische Ziele.

Der Antisemitismus wurde von Fritsch mit allerlei ‚wissenschaftlichem' und ‚lebensreformerischem' Beiwerk und knüpfte dabei geschickt an Mentalitätsmuster des Kleinbürgertums an. Seit den achtziger Jahren des 19. Jahrhunderts wurde der Antisemitismus zu einer beachtenswerten politischen Bewegung und in Deutschland trat Fritsch als Hauptproduzent antisemitischer Propaganda hervor. Fritsch bevorzugte markige Pseudonyme (Fritz Thor, Ferdinand Roderich Stoltheim, Thomas Frey und Theodor Kämper), um seinen radikalen biologistischen Rassismus zu verbreiten. Aus seiner Gesinnung machte er schließlich ein Geschäft und seine Lebensaufgabe. Dazu verwandte er vorgebliche Verschwörungstheorien des Weltjudentums, die auf den ‚Protokollen der Weisen von Zion' basierten. Die Publikation der erfundenen bzw. gefälschten ‚Protokolle' sollte die Absicht einer jüdischen Weltverschwörung belegen, die mit Gewalt, Betrug und List erreicht werden sollte. Die Mitschrift der Sitzungen sollte angebliche Pläne zur Eroberung der Weltherrschaft durch die Juden belegen. Die ‚Protokolle' stellen eines der infamsten Werke des Antisemitismus dar. Sie riefen nicht nur Hass, sondern oftmals Pogrome und Schlimmeres hervor[68]. Die ‚Protokolle' wurden in viele Sprachen übersetzt und fanden Eingang in Fritschs ‚Handbuch der Judenfrage'. Die Ausgabe belief sich auf 33 Auflagen mit 100.000 Exemplaren. Sie fanden reißenden Absatz, auch im Kleinbürgertum und unter dem ‚Mitläufer-Antisemitismus'. Bis heute werden sie unter Rechtsextremisten und Antisemiten vertrieben und in der arabischen Welt als echtes Dokument angeboten. In dem Buch wurden die antisemitischen Motive und Argumente gebündelt und zur ‚Verwissenschaftlichung' der Vorurteile genutzt.

Fritsch betätigte sich auch als Pamphletist, der Flugblätter nach dem Vorbild der Sozialdemokraten in großer Auflage zu verbreiten suchte. Der Leipziger Hammer-Verlag war Werbemedium und Nachrichtenorgan und wurde zu einer zentralen Produktionsstätte antisemitischen Schrifttums. Von seinen antisemitischen Mitkonkurrenten wurde Fritsch ‚Geschäftsantisemitismus' und die Instrumentalisierung der Idee des Antisemitismus für finanzielle Zwecke vorgeworfen. Der Schwerpunkt der Verlagsarbeit lag bei der Herausgabe von Flugschriften, Handzetteln und Zeitschriften, mit denen Fritsch meinte, die effektivste Breitenwirkung zu erzielen. Allein 1920 brachte der von Fritsch mitbegründete Deutschvölkische Schutz- und Trutzbund 7,6 Millionen Flugblätter, 4,8 Millionen Handzettel und 7,9 Millionen Klebezettel heraus. Verkehrsmittel, Litfasssäulen und öffentliche Bedürfnisanstalten wurden damit beklebt, ganze Stadtteile und Landstriche damit überschwemmt. Auf den Aufklebern war z.B. zu lesen: „Dies ist ein Judenblatt. Deutscher nimm Dich in Acht". Das einfachste Mittel war das Hakenkreuz, mit dem Brücken, Wände, Häuser und jüdische Geschäfte beschmiert wurden.

Der Erste Weltkrieg wurde nicht als Katastrophe, sondern als Erneuerungsbewegung gewertet, als ‚Erlösung' gefeiert, eine ‚Stählung an Leib und Seele' durch den Krieg als Stahlbad und als Bewährungsprobe für die rassische Überlegenheit. Vor und während des Ersten Weltkriegs organisiert Fritsch die Propaganda der radikalen Rechten. Schon 1914 forderte der Reichshammerbund seine Mitglieder auf, Ermittlungen über Juden und ihre Beteiligung am Krieg anzustellen. Die 1916 vom preußischen Kriegsministerium durchgeführte ‚Judenzählung', die trotz intensiver Bemühungen von jüdischer Seite nicht veröffentlicht wurde, verstärkte alte antisemitische Vorurteile. Der unerwartete militärische Verlauf des Krieges und die sich verschlechternde Lebensmittelversorgung im zweiten Kriegsjahr ließen die schwelenden sozialen Spannungen wieder aufbrechen. Während große Teile der Bevölkerung einen kriegsbedingten Verarmungsprozess erlebten führten andere als Kriegsgewinner ein luxuriöses Leben. Durch Eingaben und Denkschriften versuchte Fritsch die deutsche Politik in eine extreme Richtung zu lenken, die darauf abzielte möglichst viele Gebiete zu annektieren und die Juden als ausschließliche Kriegsgewinner zu brandmarken. 1916 verfasste er mit Alfred Roth eine Denkschrift gegen die ‚jüdische Verfilzung' und das System ‚Rathenau-Ballin'[69].

Aus den völkischen Zirkeln und Zusammenschlüssen ging später der Geheimbund ‚Germanen-Orden', wie auch 1918 die ‚Thule-Gesellschaft'[70] hervor. Thule, ein geheimnisvoll klingender Name für ein sagenhaftes Land im Norden und mit Assoziationen von Reinheit, Erhabenheit, Heldentum und mythologischen Bildern, wurde als Deckname für eine antisemitische Verschwörerorganisation gewählt. Zur ‚Thule-

Gesellschaft' gehörten führende Nationalsozialisten wie Wilhelm Frick (1877-1946), Rudolf Heß (1894-1987), Julius Streicher (1885-1946), Gottfried Feder (1883-1941), Hans Frank (1900-1946) und Alfred Rosenberg (1893-1946).

Fritsch war an der Vernetzung dieser und weiterer antisemitischer Organisationen wie dem Deutsch-völkischen Bund (Hamburg), der Deutschen Erneuerungsgemeinde (Leipzig) und dem Deutschvölkischen Schutz- und Trutzbund (Hamburg) beteiligt, der 1919 als Nebenorganisation des Alldeutschen Verbandes gegründet wurde. Hier trafen mit Heinrich Claß, Alfred Roth und Theodor Fritsch die radikalsten und fanatischsten Antisemiten zusammen. Die Mitgliederzahl von ca. 30.000 im Jahr 1919 stieg auf 180.000 im Jahr 1922[71]. Die Ziele des Bundes wurden wie folgt beschrieben: „Der Bund erstrebt die sittliche Wiedergeburt des deutschen Volkes durch Erweckung und Förderung seiner gesunden Eigenart. Er erblickt in dem unterdrückenden und zersetzenden Einfluß des Judentums die Hauptursache des Zusammenbruchs, in der Beseitigung dieses Einflusses die Vorbedingung des staatlichen und wirtschaftlichen Wiederaufbaus und der Rettung deutscher Kultur" [72]. Der Reichshammerbund ging in der neuen Organisation auf. Die Kriegsniederlage wurde von dem Bund negiert und die ‚jüdische Weltverschwörung' für die Kriegsniederlage verantwortlich gemacht. Die Mitgliederzahl stieg von 25.000 (1919) auf 110.000 (1920). Der Bund wurde 1922 durch das ‚Republikschutzgesetz' verboten, in Bayern aber weiter geduldet. Er zerfiel 1923 durch die Konkurrenz mit der erstarkenden NSDAP[73].

Die Kriegsniederlage bewirkte auch in völkischen Kreisen eine Verunsicherung und ideologische Krise. Die Gebietsverluste, die Aufladung der alleinigen Kriegsschuld, die hohen Reparationsforderungen und die bolschewistische Revolution schienen den völkischen Antisemiten als erneuter Beweis der jüdischen Weltverschwörung. Fritsch verfasste 1918 eine Kampfschrift gegen den Walther Rathenau, der zum „Reformator (des) Wirtschaftslebens nach dem Kriege ausersehen" war. 1921 war Rathenau Wiederaufbau-Minister und 1922 Außenminister geworden. Noch nie hatte ein Jude in Deutschland ein so hohes Amt bekleidet. Fritsch holte gegen Rathenau weit aus und argumentierte allgemein, dass „der gewohnheitsmäßige Alkohol- und Tabak-Genießer (...) in seiner Konstitution geschwächt (würde) und (...) ein leiblich und seelisch minderwertiges Geschlecht (hinterlässt). Der Fleischesser ist unruhigen Sinnes, ohne Beharrlichkeit und Ausdauer. (...) Der soziale Streit ist zum reichlichen Teil eine Folge der falschen Ernährung und Lebensweise". Ohne konkrete Argumente gegen Rathenau aufzuführen, breitet Fritsch seine völkische Weltanschauung aus. Rathenau, so Fritsch wolle Deutschland „in eine große Fabrik umgestalten" und die „Gesamtheit (in ein) arbeitendes Helotenvolk unter Leitung jüdischer Trust-Magnaten verwandeln". Fritsch stellt dem ökonomischen Sachverstand Rathenaus seine ideologischen Bekenntnisse gegenüber: „Nur ein sittlich reines Volk kann stark bleiben an Leib und Seele. (...) Ausschweifung und Laster müssen uns als schmachvoll gelten und die Verführung der Jugend als schwerstes Verbrechen gegen die nationale Zukunft"[74]. Nicht das Geld, so das mythische Konzept von Fritsch, sondern das Blut müsste im Mittelpunkt jeglicher Erneuerung stehen.

Fritsch gehörte zu den Stimmungsmachern gegen Walther Rathenaus ‚Erfüllungspolitik'. Nach der Ermordung Rathenaus 1922 durch rechtsradikale Anhänger der Organisation Consul wurde die Tat im ‚Hammer' gerechtfertigt[75]. „Rathenau wurde in erster Linie als unbedingter Vollstrecker der feindlichen Erdrosselungs-Politik gehasst, als Träger der Erfüllungs-Politik. (…) Die Wahrheit ist die, dass sich heute die Deutschen in einer Lage so entsetzlich befinden, dass sie die verzweifelten Taten rechtfertigt"[76]. Die Attentäter, ehemalige Offiziere, hatten – so ergaben Verhöre – die ‚Protokolle der Weisen von Zion' gelesen und waren von einem Komplott zur Errichtung einer jüdischen Weltherrschaft überzeugt. Zu den Wortführern der Organisation Consul gehörte auch der Sohn von Theodor Fritsch, auch Theodor (geb. 1895)[77]. Der Verbreitung des ‚Hammer' wurde daraufhin 1923 kurzfristig verboten und Fritsch (Vater) zu vier Monaten Gefängnis und einer Geldstrafe verurteilt[78].

Arnold Zweig griff 1919 in einer Serie in der ‚Weltbühne' die Sündenbock-Rolle der Juden auf und beschrieb die Antisemiten als bestenfalls halbgebildete Dilettanten und verharmloste den Antisemitismus als lächerliche Ideologie. „Der Antisemit als bürgerlicher Beruf, dem von halbdummen, halbgebildeten bürgerlichen, grässlichen Dilettanten und Gedankenklitterern wie Richard Wagner, Houston Stewart Chamberlain, Theodor Fritsch und Adolf Bartels eine nur komische Ideologie geliefert wird – der Antisemitismus als Weltanschauung ist vermutlich das tiefste Niveau, das gerade Deutsche erreichen können"[79].

Abb. 6: Titelseite des von Fritsch herausgegebenen Bandes von Henry Ford: Der internationale Jude (1922)

Im hohen Alter von 72 Jahren war Fritsch 1924 Reichstagsabgeordneter für die Nationalsozialistische (Deutschvölkische) Freiheitspartei (NF) geworden, ein Erfolg der ihm im Kaiserreich versagt geblieben war[80]. Die Episode währte aber nur von Mai bis Dezember. Vermutlich aus Altersgründen gab Fritsch das Mandat wieder auf. Die Freiheitspartei erreichte fast zwei Millionen Wählerstimmen, als Hitler im Gefängnis saß und nur begrenzt Einfluss auf die NSDAP nehmen konnte. 32 Abgeordnete der Partei zogen in den Reichstag ein.

Die galoppierende Inflation gab dem Antisemitismus Anfang der 1920er Jahre weiteren Auftrieb. 1923 brachte Fritsch weitere Flugblätter gegen das jüdische Finanzkapital heraus, vor allem gegen den Bankier Max Warburg (1867-1946), den ‚Generalstabschef des Weltjudentums'. Fritsch genoss wegen seines Reichstagsmandats zunächst bedingte politische Immunität. Wegen weiterer verleumderischer Behauptungen gegen Warburg (‚Deutschlands heimlicher Kaiser') verklagte Warburg ihn und es kam 1924 in Hamburg zu einem Gerichtsverfahren gegen Fritsch[81]. Warburg war Mitglied der deutschen Delegation bei den Versailler Friedensverhandlungen gewesen und zehn Jahre später Vertreter von Hjalmar Schacht auf der Young-Konferenz in Paris. Fritsch behauptete, Warburg hätte mit der internationalen jüdischen Großfinanz (‚goldene Internationale') wesentlichen Einfluss auf die Verhältnisse in Deutschland während und nach dem Kriege ausgeübt. Vor Gericht legte Warburg ein Zeugnis seines Deutschtums ab, während Fritsch erklärte, seine Attacken würden sich nicht gegen den Kläger als Person richten, sondern gegen das jüdische System, das durch Personen repräsentiert würde. Fritsch wurde in dritter Instanz zu drei Monaten Gefängnis verurteilt. Der Prozess und das Urteil erregten großes Aufsehen und das Urteil wurde in der Presse als Erfolg für Fritsch verbucht.

In seinem Hammer-Verlag publizierte Fritsch auch Belletristik. Die Bände von Edith Gräfin von Salburg (pseud. für Edith Freifrau von Krieg-Hochfelden, 1868-1942) verkauften sich besonders gut. Sie veröffentlichte u.a. auch Gedichte im ‚Hammer' und ihre Ausfälle gegen Adel, Hochfinanz und Klerus (‚Hochfinanz – Psyche des Geldes – Das Buch eines Gewissens' und ‚Judas im Herrn') erregten großes Aufsehen. In der Werbe-Anzeige des Hammer-Verlages zu letzterem Band hieß es: „Der Leser findet hier ein ergreifendes Seelengemälde des völkischen Kampfes und Widerstreites zwischen deutschböhmischen Christen und ihrem Bischof aus jüdischem Blute". In ihren Lebenserinnerungen schreibt sie: „(...) kein besserer Arzt (für sie) hätte kommen können, als dieser alte Streiter um deutsche Art, um Heiligtümer der Nation, Theodor Fritsch. Er fand in meinen Arbeiten sein Denken, sein Wollen und Wagen. Nun gehen wir zusammen den Weg unseres großen Kampfes"[82].

Auch die Hetzschrift des amerikanischen Industriellen Henry Ford ‚Der internationale Jude' wurde von Fritsch in einer deutschen und spanischen gekürzten Fassung verlegt. Das zweibändige Werk wurde von Fritschs Gesinnungsgenossen Paul Lehmann ins Deutsche übertragen. Positionen, in denen Ford nicht die ‚Hammer-Linie' vertrat, wurden durch Fußnoten ‚ergänzt'. Der Erste Weltkrieg war im Vorwort des Hammer-Verlages zu den beiden Bänden als ‚jüdisches Machtwerk' eingestuft. „Der Weltkrieg – letzten Endes ein Werk Judas – hat mehr Tote gefordert, als es Juden auf der Welt gibt! (...) Der Weltkrieg sollte die jüdische Welt-Herrschaft besiegeln; Russland in den Krallen des Bolschewismus, Deutschland zertreten, alle Länder, auch die ‚Sieger' tief verschuldet (...)"[83].

Während Henry Ford als Pionier der Massenproduktion gilt, sind seine antisemitischen publizistischen Aktivitäten bis heute wenig bekannt[84]. Er hatte in den zwanziger Jahren in der 1920 von ihm erworbenen Zeitung ‚Dearborn Independant' eine Reihe von Artikeln (‚Mr. Ford's Page') veröffentlicht, in denen er das Judentum als Bedrohung für die USA darstellte[85]. Fords Quelle für seine antisemitischen Behauptungen waren die von Fritsch in Deutsch herausgegebenen ‚Protokolle der Weisen von Zion', die mehr ein russisch-deutsches als amerikanisches Produkt waren. Ford sandte Privatdetektive aus, um Juden und die angebliche jüdische Weltverschwörung auszuspionieren. Die beiden Bände von Ford bilden ein schwer verdauliches Konglomerat von Behauptungen über jüdische Machenschaften, die nach der Weltherrschaft streben würden.

Bis 1927 waren rund 90.000 Exemplare der beiden Bände von Ford verbreitet, als Ford bat, die weitere Verbreitung einzustellen. Das Jüdische Komitee in den USA hatte in Erfahrung gebracht, dass Ford und der Ku-Klux-Klan[86] zur Finanzierung antisemitischer Propaganda in Deutschland beitrugen. Ford war mit einem jüdischen

Kaufboykott seiner Autos konfrontiert und die ‚Protokolle' hatten sich als Fälschung erwiesen. Ford übergab der Presse ein langes Entschuldigungsschreiben und ließ fünf LKW-Ladungen seiner Schrift ‚The International Jew' publikumswirksam verbrennen[87]. Das hinderte Theodor Fritsch nicht daran, das Buch in immer neuen Auflagen auszuliefern. Nach 1933 wurde es teilweise gratis mit Photos von Hitler und Ford an Schulen und Interessenten abgegeben. Ford leistete nach 1933 erhebliche Unterstützungen für die NSDAP. Alfred Rosenberg pries ‚Henry Ford als Nationalsozialist' und 1938 wurde Ford das Großkreuz des Deutschen Adlerordens verliehen[88].

Insgesamt stand Fritsch 33 Mal vor dem Richter und suchte die gerichtliche Plattform zur Anerkennung seiner pseudowissenschaftlichen Beweise gegen das ‚internationale jüdische Kapital' zu nutzen. Die gegen ihn angestrengten Prozesse verschafften ihm zusätzliche Öffentlichkeit, die er wiederum zur Verbreitung von weiteren seiner Publikationen zu nutzen wusste. Der Hammer-Verlag wurde nach 1933 von seinem 1927 in die NSDAP eingetretenen Sohn Theodor Fritsch weitergeführt, der dann SA-Mann und Ortsgruppenleiter wurde.

Am 8. September 1933 starb Theodor Fritsch an den Folgen eines Schlaganfalls. Er erhielt posthum 1938 von den Nazis den Orden ‚Adlerschild des Deutschen Reiches'. Im Nürnberger Kriegsverbrecherprozess ‚Trial of German Major War Criminals' erlangte Fritsch traurige Berühmtheit und wurde z. B. mit folgendem Hinweis erwähnt: „For instance a certain Theodor Fritsch had touched the Jewish question in his journal ‚Der Hammer' long before Streicher's time, and referred especially to the alleged menace offered by the immigration of Jewish elements from the East which might overflow the country and acquire too much control in it"[89].

Von Theodor Fritsch sind kaum persönliche Angaben überliefert. Er war ein langweiliger Redner, eher ein Mann des geschriebenen, denn des gesprochenen Wortes, rauchte nicht, trank nicht und bevorzugte fleischlose Kost. Der ‚Große Alte' gab nur knappe persönliche Angaben preis und prägte damit den Mythos, er – die ‚knorrige, deutsche Eiche' – würde die wahren deutschen Tugenden repräsentieren: Ehrlichkeit, Strebsamkeit, Uneigennützigkeit und moderates Interesse an materiellen Dingen. Auf den seltenen überlieferten Bildern wirkt er ernst und schwerfällig, blickt dabei finster bis zornig.

3 Die Stadt der Zukunft – Gartenstadt

Fritsch veröffentlichte sein Buch ‚Stadt der Zukunft' 1896, als die antisemitische Bewegung parlamentarisch keine Erfolge hatte, zerstritten war und Fritsch eine Reihe von Niederlagen in der Bewegung erfuhr. Er wurde aus der Deutsch-Sozialen Partei, deren Mitbegründer er war, ausgeschlossen und musste im Oktober 1895 die Zeitschrift ‚Antisemitische Correspondenz' an Liebermann von Sonnenberg abgeben. Die ‚Große Depression', die Phase des Konjunkturabschwungs endete 1896, aber die sozialpsychologischen Folgen und Verunsicherungen wirkten noch nach. Fritsch sah sich innerhalb des organisierten Antisemitismus an den Rand gedrängt und suchte sich innerhalb der neuen Reformbewegungen zu profilieren[90]. ‚Rückkehr zur Natur' und ‚Wiederentdeckung des Körpers' waren Themen, mit denen die Antisemiten durchaus im Strom der modischen Reformbewegungen mitschwimmen konnten.

In seinem Bändchen schlug Fritsch 1896 neue Gartenstädte und neue Siedlungen außerhalb der Großstädte vor. Seit anstelle der befestigten Stadt und klarer Scheidung von Stadt und Land die ‚offene Stadt‘ getreten sei, würden veränderte Aufgaben auf den Städtebau zukommen. „Es gibt nur noch eine Rettung: heraus aus der giftgeschwängerten Atmosphäre der Lasterparadiese! Zurück zu jenen Lebensbedingungen, unter denen das Menschengeschlecht Jahrtausende überdauert hat und sich zur höchsten Kraft und Gesundheit emporarbeitete, zurück zur Natur, zu ländlichem Leben und ländlicher Tätigkeit"[91]. Nach Fritsch sollte „jede im industriellen und städtischen Betriebe freiwerdende Arbeitskraft (...) die Möglichkeit haben, sich dem Ackerbau zuzuwenden (...). Der Ackerbau ist daher die einzige, Güter von allgemeinem Werte erzeugende Thätigkeit und somit das Fundament des menschlichen Bestandes, der Grundstein der Gesellschaft und des Staates"[92].

Die – so Fritsch – neu zu gründende Gartenstadt sollte nicht an eine Großstadt angelagert werden, um eine ‚Umzingelung mit Mietskasernen und Fabriken‘ beim weiteren Wachstum der Großstadt zu vermeiden, sondern von der Großstadt abgerückt, vielleicht an ein Landstädtchen angegliedert oder als selbständige Neugründung erfolgen. Die Stadt selbst suchte Fritsch durch verschiedene Zonen mit ‚Nachbarschaften‘, jeweils durch breite Gürtel oder Ringstraßen getrennt, zu gliedern. Er strebte eine ‚Scheidung der Baulichkeiten‘, eine Separierung der Nutzungen an, so dass jede Zone „nur Gebäude eines bestimmten Charakters" aufnimmt [93]. Der ‚zweckmäßige Ausbau der Städte‘ war begleitet von dem Wunsch, zu ordnen, die städtischen Massen zu zivilisieren und absehbare Klassenkonflikte in friedliche Bahnen zu kanalisieren.

Was den Großstädten fehlen würde, war nach Fritsch die ‚innere Ordnung‘, „der Plan, die Scheidung nach Zweck und Wesen. Was will die Fabrik neben dem Luftschloß, die Kaserne neben dem Kunsttempel, der Schlachthof neben der Schule, das Bordell neben dem Gotteshaus?"[94] Fritsch sah separate Viertel für Arbeiterwohnungen und Villen vor, denn zu einer „vernünftigen Ordnung gehört, daß Gleiches an Gleiches sich anschließt, Verwandtes mit Verwandtem sich paart. Was wäre natürlicher, als daß man eine räumliche Scheidung der Gebäude nach ihrer Bauart und Bestimmung vornähme?"[95] Das starre Gliederungssystem scheint dem Vorbild barocker, absolutistischer Stadtanlagen entlehnt zu sein, obwohl seine Forderung nach Zoneneinteilung auch von anderen zeitgenössischen Stadtplanern wie Reinhard Baumeister und Josef Stübben erhoben wurde[96] und damit Elemente der Nutzungsentflechtung, wie sie später in der Charta von Athen (1933) – dem vielbemühten Klassiker der ‚funktionellen Stadt‘, der Funktionstrennung und Zonierung im Städtebau – postuliert werden, vorwegnimmt[97].

Die Vorbilder von Fritsch sind hier die Harmonie der mittelalterlichen Stadt und die strenge städtebauliche Ordnung des Absolutismus. Die Beobachtung des Phänomens der Unordnung der frühindustriellen Stadt ist sicher zutreffend. Industrieanlagen neben Abraumhalden, verdreckte Gewässer, unbefestigte Wege, Bahntrassen, dazwischen Wohnblocks und Schrebergärten kennzeichneten ein völlig ungeplantes städtisches

Durcheinander. An ihren Rändern waren die Städte nicht mehr gegenüber dem unbebauten Land abgegrenzt, sondern wucherten entlang vorhandener Wege krebsartig in das Umland.

Über allem stand Fritschs Begriff der ,Ordnung', die Stadtstruktur spiegelt das ständisch-autoritäre Denken von Fritsch und die intendierte ,Ordnung' und Staatsgewalt manifestiert sich vor allem im monumentalen Stadtzentrum. In seinem Stadtmodell stellte Fritsch den Gesundheit, Moral und – ohne dies explizit zu erwähnen – die Rasse schädigenden Großstädten seine Version des ,Geist(es) der Ordnung' gegenüber. Die erweiterungsfähige, konzentrisch angeordnete Struktur sieht durch Grüngürtel getrennte zonierte Nutzungen vor. Die sozialhierarchische Gliederung der Gesellschaft spiegelt sich in dem Plan von Fritsch. Das Ordnungsprinzip impliziert Disziplinierung und soziale Kontrolle. Basis der städtischen Ökonomie der Gartenstadt ist die „industrielle Grundlage". Dabei sieht Fritsch modernste Einrichtungen der Stadttechnik und selbst eine U-Bahn vor. Unterirdisch verlaufende Straßen und Infrastruktureinrichtungen sind auf dem neuesten Stand der Technik vorgesehen. Selbst Warenhäuser, sonst häufig Gegenstand antisemitischer Polemik, sieht der Plan vor.

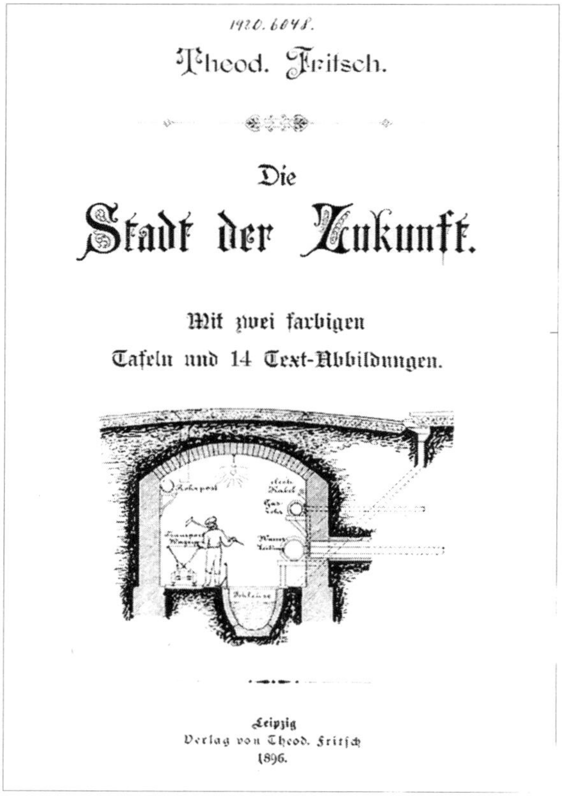
Theod. Fritsch.

Die Stadt der Zukunft.

Mit zwei farbigen Tafeln und 14 Text-Abbildungen.

Leipzig
Verlag von Theod. Fritsch
1896.

Abb. 7a und 7b: Titelseiten der Ausgaben von 1896 und 1912, in der Ausgabe 1912 mit dem Untertitel (Gartenstadt)

Zur Realisierung der Gartenstadtidee wurde von Fritsch eine Kommunalisierung des Bodens für notwendig erachtet. „Eine wichtige Vorbedingung für das Gedeihen einer solchen Stadt wäre allerdings zu erfüllen: Der gesamte Grund und Boden muß Gemeindeeigentum sein und bleiben; er ist nur pachtweise auf größere Zeiträume (60 - 90 - 120 Jahre) zur Bebauung an die Bürger zu überlassen (...). Nur auf Gemeineigentum kann sich ein städtisches Gemeinwesen frei und gesund entwickeln"[98]. Der bodenreformerische Ansatz war bei Fritsch völkisch-antisemitisch ausgerichtet und strebte die Unverkäuflichkeit des Bodens nach altem germanischen Recht an [99]. „Möge unser Volk endlich erkennen, worin all diese Übel ihre Wurzel haben: im verkauften vaterländischen Boden"[100]. ,Bodenwucher und Börse', beides Spekulationsfelder in der Hand von Juden, waren nach Fritsch Ursachen aller sozialen Missstände, die vor allem in den Großstädten kumulierten: „Die freie Verfügbarkeit der Gemeinde über allen Baugrund sichert einer Stadt erst eine vernünftige Entwicklung"[101]. Die Einnahmen aus der Bodenpacht würden nach Fritsch andere kommunale Steuern entbehrlich machen und wären ein Versuch der Verwirklichung der Bodenrechtsreform im kleineren Maßstab, der vorbildlich für den ganzen Staat wirken könnte. Fritsch meinte, damit wäre es nicht nötig, zur „Wahrma-

1912. 9665

Theod. Fritsch:

Die Stadt der Zukunft.

(Gartenstadt.)

Zweite (Titel-) Ausgabe.

Leipzig
Hammer-Verlag (Theod. Fritsch)
1912

chung der Bodenreform in ferne, unkultivierte Erdteile" zu gehen[102], wie häufig von Bodenreformern vorgeschlagen wurde.

Träger des Gartenstadtunternehmens sollten nach Fritsch gemeinnützige Spar- und Bau-Vereine sein, die die erforderlichen Mittel durch Spareinlagen ihrer Mitglieder aufbringen könnten. Sparfähige und besser verdienende Teile der Arbeiterschicht und vor allem der Mittelschicht bildeten also die sozialen Zielgruppen der Vision. Dabei müsste die Gartenstadtgemeinde aber „in der Aufnahme des fremden Zuzuges wählerisch zu Werke gehen. Als Genossenschaft könnte sie sich das Recht wahren, die Aufnahmefähigkeit an strenge Bedingungen zu knüpfen und alle unliebsamen Elemente fern zu halten. Körperliche und moralische Gesundheit wären vor allem zu fordern"[103].

Fritsch plante mit seiner Stadt der Zukunft einen radikalen gesellschaftlichen Neuanfang, wie er in der Begleitbroschüre deutlich macht. Sie trägt den Titel ‚Die neue Gemeinde' und stellt klar, dass es um eine „neue vollkommenere Gesellschaftsordnung" geht, die durch Reform-Gemeinden entsteht, die sich wiederum nach und nach zu selbständigen Städten entwickeln können.

Fritsch begriff seine Gartenstadt und Siedlungskonzeption als ‚Pflanzschule deutschen Lebens', wo mit der Kraft der Scholle die Macht des Judentums überwunden werden sollte. Fritsch befürchtete den „Rückgang der blonden Rasse"[104], das Aussterben des arischen Edelmenschen, der besonders wertvoll ist, und forderte die besondere Züchtung der nordischen Rasse, denn „das Edle bedarf besonderer Zucht und Pflege, das Gemeine gedeiht von selbst (...) Hinsichtlich der Tierzüchtung sind wir seit Jahrtausenden über diese unabweisbaren Tatsachen im klaren; nur hinsichtlich des Menschengeschlechts haben wir diese Vernunftgebote der Natur mißachtet. Die Folge ist eine immer deutlicher hervortretende Entartung unseres Geschlechts: Degeneration, Dekadenz – leiblich, geistig und sittlich"[105]. Fritsch fordert ein ‚Neudeutsches Lebensprogramm', die Umsetzung des Hammer Programms in ‚Erneuerungsgemeinden', die „Verjüngung des ganzen deutschen Volkes", „eine Wiedergeburt der germanischen Rasse", da das „germanische Element immer mehr schwindet"[106]. Unter den Siedlern der neuen Gartenstädte und Gemeinden sei – so auch andere Autoren im Hammer – eine strenge rassische Selektion zu treffen, um entsprechende Zuchtziele zu gewährleisten und um hier der „Herrschaft des Unterrocks", dem „Emanzipationskoller entarteter Weiber" zu entgehen[107].

Fritsch hält sich in der ‚Stadt der Zukunft' mit antisemitischen Verbalattacken deutlich zurück. Der inhaltliche Kern seiner Gartenstadtversion wird erst im Kontext der ideologischen Konnotationen mit einem Konglomerat aus völkisch-rassistischen, großstadtfeindlichen, agrarromantischen, kleinbürgerlich-mittelständischen und nationalistisch-bodenreformerischen Ideen deutlich.

4   Der Moloch Großstadt – ‚Grab der germanischen Rasse'

Im völkischen Denken kulminieren in der Großstadt die gesellschaftlichen Fehlentwicklungen. Die Großstadt bekam geradezu eine Symbolfunktion für die untergeschobene Interdependenz von körperlicher Entartung und Verfall mit wachsender Sittenlosigkeit und Lasterhaftigkeit zugewiesen. Metaphern wie ‚Steinmeer', ‚Millionensumpf', ‚Asphaltwüste', ‚Vulkan' und ‚Inferno' kennzeichneten den Wachstumsschock, der mit der Urbanisierung einher ging. Der Veränderung von Tempo und Lebensrhythmus durch die Industrialisierung und Verstädterung, der ‚Degeneration' und ‚Nervosität' wurde die ‚Rückkehr zur Natur' und eine ‚naturgemäße' Lebensweise gegenüber gestellt. Gegen die Metropolen wurde in Deutschland – nicht nur von völkischen Denkern – bereits polemisiert, bevor es sie wirklich gab.

Abb. 8: Heraus aus den Bücherstuben, hin zur bäuerlichen Arbeit

Theodor Fritsch rühmte sich, dass sein Blatt der ‚Hammer' die vorgeblich negativen Folgen der Ver(groß)städterung frühzeitig problematisiert hätte. „Der ‚Hammer' ist das erste Blatt gewesen, dass die verzehrende Wirkung des Großstadtlebens aufgedeckt und den Gedanken einer Geschlechter-Erneuerung durch Niederlassung auf dem Lande befürwortet hat. So ist der Siedlungs-Gedanke in Verbindung mit der Boden-Entschuldung und der rassischen Zucht von jeher im ‚Hammer' gepflegt worden"[108]. Diese Behauptung ist sicherlich falsch, denn spätestens seit Mitte des 19. Jahrhunderts waren Sujets der ‚Gefahren der Großstadt' zunehmend empirisch (Surveys) untersucht worden und auch in den populären Medien vertreten. Die Großstadtkritik fokussierte auf die ‚Zersetzung der Gemeinschaft' und verband dabei moralische Argumente mit retrospektiver Modernekritik[109].

Mit der Gründung des Bismarckreichs war Deutschland rasch zu einem Industriestaat geworden. Während 1871 nur 36% der Einwohnerschaft in Städten mit mehr als

2.000 Einwohnern lebten, waren es 1910 bereits 60%. Die deutsche Landwirtschaft war nicht mehr in der Lage die gesamte Bevölkerung zu ernähren. Als ‚Pull‘-Faktoren der Land-Stadt-Wanderung wirkten Arbeits- und Verdienstmöglichkeiten in den Städten, als ‚Push‘-Faktoren Abhängigkeitsverhältnisse und Rückständigkeiten der ländlichen Regionen, vor allem im Osten Deutschlands. Vorwiegend die Großstädte und Industrie reviere wuchsen und wucherten ins Umland. „Es gibt heute eine Art ‚Großstadt-Rappel‘, der wie eine Krankheit weite Kreise unseres Volkes ergriffen hat. Lieber will man in der Großstadt auf kümmerliche Weise sein Leben fristen, als auf dem Dorfe redlich sein Auskommen finden. (…) Offenbar ist die Großstadt nicht der Platz, wo ein tüchtiges neues Menschengeschlecht herangezogen werden kann. In Wirklichkeit verzehren die Großstädte blos die Menschen, die das Land liefert"[110].

Die Großstadtkritik machte kausal ein baulich-räumliches Phänomen für die mit Industrialisierung und Verstädterung verbundenen gesellschaftliche Probleme verantwortlich. In Deutschland steht der Beitrag von Wilhelm Heinrich Riehl (1823-1897) aus der Mitte des 19. Jahrhunderts am Anfang eines agrarromantischen, großstadtfeindlichen Denkens. Die Großstädte waren nach Riehl die „Wiege des Proletariats", Sitz des „jüdischen Geistesproletariats" und „Wasserköpfe der Zivilisation". In einer Würdigung Wilhelm Heinrich Riehls im ‚Hammer‘ 1929 ist zu lesen, dass Riehl dem Volkstumsbegriff seine „tiefste und allseitige Formung" gegeben hätte und die Notwendigkeit, dass „hemmungslose Anwachsen der Großstädte zu unterbinden", ausgeführt hätte[111]. Als Gegenbewegung zur Landflucht und der immer technisierteren Landwirtschaft setzte eine Welle der Mythologisierung des Bauernstandes, des Landlebens und der Naturverbundenheit ein.

Nach Fritsch gelten die Großstädte als ‚ungesunde Auswüchse der Civilisation‘, ‚Lasterparadiese‘ ‚Wasserköpfe‘ und ‚Pestbeulen der Cultur‘ [112]. Er bezieht sich im ‚Hammer‘ auf alle deutschen großstadtfeindlichen Klassiker wie Wilhelm Heinrich Riehl, Georg Hansen und Otto Ammon[113] und möchte durch Gartenstädte den ‚Zug nach der Stadt‘ in einen ‚Zug nach dem Lande‘ umwandeln. Fritsch argumentiert, die Großstadt sei „kein Ort zur Aufzucht gesunder neuer Geschlechter; sie ist vielmehr die Auslebungs- und Verwüstungsstätte der völkischen Kraft, der große Totenacker der Nationen"[114]. Die Juden seien es, die ‚bodenständige Deutsche‘ in den ‚Sündenpfuhl

Abb. 9: Aufzucht einer neuen, blonden germanischen Rasse

der Großstadt' lockten und dort Geschäfte mit ihnen machten. Nach Fritsch sei aber das Stadtleben ‚gerade den deutschen, germanischen Geschlechtern nicht zusagend"[115]. In der Großstadt sei vor allem das jüdische Groß- und Leihkapital ansässig, welches sich – so Fritsch –, der zwischen ‚gutem' (deutsch-produktivem) und ‚schlechtem' (jüdisch-spekulativem) Kapital unterscheidet[116], vor allem durch die „Vampyr-Natur des Leih-kapitals" auszeichnet. Nach Fritsch, der den Mittelstand zu retten sucht, bringt das jüdische Leihkapital der Großstadt immer größere Teile des Deutschen Mittelstandes in seine Hände und Abhängigkeit.

Exemplarisch machte sich die Großstadtkritik an den Warenhäusern fest. Sie waren vor allem ein großstädtisches Phänomen und boten sich in idealer Weise als Angriffs-ziel antisemitisch-völkischer Propaganda an. Die luxuriösen Prachtbauten waren neben Banken und Presse ein unübersehbares Symbol jüdischer Erfolge im Wirtschaftsleben[117]. Die Namen der Kaufhauseigentümer Hermann Tietz (1837-1907 – Hertie), Adolf Jan-dorf (1870-1932 Ka-de-We) und Simon Schocken waren daher an exponierter Stelle in antisemitischen Kompendien zu finden. Zu Beginn des 20. Jahrhunderts gab es ca. 200 Warenhäuser in Deutschland, davon ca. 50 in Berlin, meist in jüdischem Besitz. ‚Wirtschaftliche Vergewaltigung und Monopolisierung', Schädigung der Produzenten und ‚Tricks zur Täuschung der Käufer' beklagte Fritsch, ohne Fakten zu bemühen. Die neuen Funktionsmechanismen der Warenhäuser, Reduzierung der Gewinnmargen, schnellerer Kapitalumlauf, Massenumsatz (economics of scale), Nutzung von Reklame etc. waren den rückwärts gerichteten Ideologen suspekt. „Das Warenhaus gefährdet nicht bloß die wirtschaftliche Existenz vieler kleinerer und mittlerer Geschäftleute und die Solidität der Waren-Produktion, sondern auch die allgemeine Sittlichkeit"[118]. Fritsch befürchtete mit der Zunahme der Kaufhäuser die Vernichtung des Mittelstandes und eine weitere Proletarisierung. „Mit jeder vernichteten selbständigen Existenz wird auch ein sozialer Faktor ausgeschaltet – ein neuer Proletarier, ein neuer Staatsfeind geschaffen"[119]. Die dem deutschen Kaufmann eigenen bürgerlichen Tugenden, Fleiß, Tüchtigkeit, Rechtlichkeit, Leistung, Treu und Glauben wurden vom jüdischen ‚raffen-den Kapital' unterminiert.

Der Kaufmann steht dabei für andere abstiegsbedrohte Bevölkerungsteile des kulturbildenden Mittelstandes. Von der ‚Warenhauskrankheit' und der ‚Magazinitis' war die Rede, die niedrigen Löhne würden Verkäuferinnen zur Prosti-tution treiben. „Halbe, ja fast ganze Tage bringen viele Frauen in diesen modernen mit allen Bequemlichkei-ten und allem Luxus ausgestatteten Riesen-Kaufhäusern zu (...). Aber der gute Mittelstand läuft ernstlich Gefahr durch die Warenhäuser in seinen Grundfesten zerrüttet zu werden"[120].

Abb. 10: Propaganda für völkische Rassenzucht

Eine ganze Literaturgattung der Heimatliteratur, deren Einfluss kaum zu überschätzen ist, interpretierte die Großstadt als Ort der Dekadenz, als sozialen Sumpf und kulturelle Niederung gegenüber dem ‚gesunden Dorf‘, der heilen Idylle. Ökonomischer und gesellschaftlicher Strukturwandel mit Verstädterungsprozessen wurde als eine Schreckensvorstellung interpretiert, dem eine Naturhaftigkeit von Geschichte und Gesellschaft gegenübergestellt wurde[121]. So schrieb die naturalistische Autorin Clara Viebig (1860-1952) in ihrem Roman ‚Die vor den Tore‘ (1901): „Ich möchte nicht immer in der Stadt bleiben. Ja, noch eine Weile. Aber wenn wir dann müde sind, dann ziehen wir raus. Irgendwohin vor die Tore, ins Grüne. Da bekommt man wieder Kraft, Widerstandsfähigkeit, Lebenssaft – wir verjüngen uns. Und unsere Kinder gehen dann, vielleicht noch weiter, und so fort, bis die Städter wieder Bauern werden, aus denen sie vormals zu Städtern geworden sind!"[122].

Die Heimatliteratur war häufig völkisch orientiert. Damit wurde eine Antwort auf die Sinnkrise der Gründerjahre gegeben, verschwundene Lebensformen idealisiert, vordemokratisch-autoritäre Gesellschaftsstrukturen verherrlicht und ein Verharren im Hergebrachten favorisiert. So entstand ein Konglomerat aus Volkskunde, Schollenideologie, naiver Kulturnostalgie und völkischen Visionen, häufig antisemitisch unterlegt[123]. „Antiindustrialismus, Antimodernismus, Antiintellektualismus, Antimaterialismus, Traditionalismus und Provinzialismus sind die wichtigsten Stichworte, zu denen dann teilweise noch eine zumindest mit latentem Antisemitismus gekoppelte Germanenbegeisterung (…) und ein wenig bemäntelter Expansionismus traten"[124].

Rudolf von Koschützki (1866-1954) war einer dieser Schriftsteller, der auch im ‚Hammer‘ publizierte, der die von Fritsch initiierte – hier später beschriebene – Siedlung Heimland kennengelernt hatte und der den Mythos der Großstadtfeindschaft und das hohe Lied der Vorzüge des Landes pries. Er schildert die Übersiedlung von Stadtbewohnern auf das Land (nach ‚Pflugroda‘) und unvermittelt tauchen in seinem Roman ‚Der Schatz im Acker‘ Statistiken über das Aussterben der städtischen Geschlechter und über die unzureichende Rekrutentauglichkeit der großstädtischen Bevölkerung auf. „In den fünftausend Jahren menschlicher Geschichte hatte noch kein einziges Volk diesen Zustand (der Verstädterung, der Verf.) überdauert. Alle waren sie zugrundegegangen, die Industrie- und Stadtvölker von Babylon bis Rom! Nur so verheerend, so allgemein war das Völkersterben noch nie gewesen wie heut". Der verderblichen Welt der Großstadt wird die heile Welt des Landes gegenübergestellt: „Der Acker ist nicht das Geschäft eines Einzelnen oder eines Standes. Er ist die Quelle der Nahrung, die Quelle der Kraft, die Quelle der Menschen, die Quelle der Kultur (…). Quellen aber sind kein Menschenwerk, um das man schachert. Quellen sind heilig. Sie sind unveräußerlich, unvermehrbar. Nicht geflohen, sondern begehrt als Preis für die Besten im Volke zusammen: so sollte der Acker sein. Hier gehört das ganze Volk zusammen"[125].

Die Großstadt bildete damit in der völkischen Weltanschauung den Ort extremer Gefährdung für die ariogermanische Rasse. Sie würde wie ein Katalysator wirken, denn rassische Verdrängungsprozesse, Rassenmischung und Umwelteinwirkungen würden zum fortwährenden Rassenverfall führen. „Die höhere Rasse kennzeichnet sich durch eine feinere Scham, durch Würde und Zurückhaltung; niedere Rassen hingegen tragen ihre Begierden – gleich Tieren – offen zur Schau. So verdirbt das niedere Rassen-Element das öffentliche Milieu derart, dass auch Glieder der besseren Rasse – besonders die jugendlich unerfahrenen – der sittlichen Verwilderung zum Opfer fallen. Die schamlos geäußerte Sinnlichkeit wirkt mit suggestiver und hypnotischer Kraft und zieht auch gute Elemente in ihren Bann. Wer unser Großstadtleben darauf hin beobachtet, kann schauder-erregende Wahrnehmungen machen".

Ein wichtiges Argument nationalistischer Kreise war dabei, dass die ländliche mehr und bessere Rekruten für das Herr liefern würde als die städtische Bevölkerung. Philipp Stauff (1876-1923), der auch im ‚Hammer' publizierte, beschrieb den ‚Rückgang aller Kategorien von Gestellungspflichtigen' vor allem unter der großstädtischen Bevölkerung. Die Einschätzung: „Das Übel ist nicht nur begründet in der ungesünderen Luft der Städte und der ungesünderen Tätigkeit in der Industrie, sondern auch in dem wurzellosen Lasterleben, in dem Umsichgreifen der Prostitution und der Vorbeugungsmittel, in der weichlichen Aufzucht und der mangelhaften Erziehung"[126]. Völkisch-nationale Kreise nutzten gezielt das Argument der geringeren Tauglichkeit der großstädtischen Bevölkerung, um die Land-Stadt Wanderung abzuschwächen oder gar in eine Stadt-Land Wanderung umzukehren. „Das Land stellt nicht nur die meisten Soldaten, es stellt auch die besten" war weit verbreitet[127]. Auch im ‚Hammer' wurde dies behauptet: „Die körperliche Tüchtigkeit unseres Volkes kommt nirgend so deutlich zum Ausdruck als bei der Rekrutenaushebung. Da ergibt sich denn immer wieder, dass die Landbevölkerung unverhältnismäßig mehr militär-taugliche Leute liefert als die Stadt"[128]. Statistisch waren diese Behauptungen und andere großstadtfeindliche Ressentiments bereits vor dem Ersten Weltkrieg widerlegt worden. „Die Aussicht, dass mit dem Steigen der Quote der Industriebevölkerung die Wehrhaftigkeit des Deutschen Reiches sich vermindere, entbehrt jeder Begründung"[129].

Hintergrund der Befürchtung einer weiteren Zunahme der ‚Vergroßstädterung' war auch das Anwachsen der Arbeiterklasse, der Sozialdemokratie und des Judentums in den Ballungszentren. „Der Hebräer ist aber seiner Natur gemäß zugleich der Führer der aufgewiegelten Massen, der offene und geheime Anstifter aller Anschläge gegen den Staat, der eigentliche Einpeitscher der Sozialdemokratie"[130].

Theodor Fritsch selbst zog an die Peripherie von Leipzig in den Vorort Gautzsch, heute Markkleeberg, wo er bald der ‚liebe Gott von Gautzsch' genannt wurde,

Abb. 11: Illustration von Fidus, der Weg zum Kommunismus endet in unwirtlichem Gebirge, der Weg zum Kapitalismus im Abgrund, der Weg der Bodenreform zum Licht

um von hier aus die antisemitische Propaganda voran zu treiben. Gezielt wurde der Schwerpunkt der völkisch-antisemitischen Agitation von den Großstädten in die Regionen mit ländlichen Gebieten verlegt, in denen die politischen Parteien damals noch kaum präsent waren. Möglichst viele lokale Organisationen sollten die Vor-Ort-Agitation übernehmen und Kundgebungen mit antisemitischen Rednern vorbereiten. So sollten auch Mitglieder geworben werden, Flugschriften verteilt und die Kassen gefüllt werden. „Daß wir die Bewegung auf die Städtchen und Dörfer hinaustragen ist von ungeheurer Bedeutung! Großstädte sind die Pfuhle der Corruption, die Gesundheit liegt auf dem Lande"[131]. Mit Otto Böckel (1859-1923) war 1887 der erste Antisemit in den Reichstag gewählt worden. Böckel, ein bekannter Volksliedforscher, hatte im ländlichen Hessen und in der wirtschaftlichen Notlage der Kleinbauern – die so seine Argumentation, auf dem jüdischen Wucher beruhte – sein Wirkungsfeld gefunden. Böckel, ein guter Agitator, fand hier den richtigen Ton und Umgang, um Wählerstimmen zu gewinnen[132]. In Großstädten mit dem gebildeten Bürgertum und der organisierten Arbeiterklasse war es dagegen schwieriger, Anhänger für den Antisemitismus zu gewinnen.

Die Landflucht und Zunahme der großstädtischen Bevölkerung wird als quantitatives und qualitatives Problem von Fritsch interpretiert: „Es waren von jeher die rüstigsten und regsamsten Elemente, die, von dem blendenden Scheine der Stadt angezogen, vom Lande fortliefen. Was zurückblieb, waren meist die Schwächlichen, die Krüppel, die Minderwertigen jeder Art"[133]. Die Großstadtfeindschaft erlebte in den 1890er Jahren einen ersten Höhepunkt, weitere Wellen folgten nach dem Ersten Weltkrieg und nach der Weltwirtschaftskrise zu Beginn der 1930er Jahre[134]. Fritsch knüpfte im ‚Hammer' an die jeweilige Renaissance des Antiurbanismus an, suchte bewährte mit aktuellen Vorurteilen zu kombinieren und als endgültige restaurative Leitbilder auszugeben.

Träger dieser Art von völkisch-großstadtfeindlichen Ideologien waren vor allem Bauern, Kleinbürger und Teile der Bevölkerung, die am kapitalistischen Wirtschaftsaufschwung nicht entsprechend partizipieren konnten. In der Arbeiterbewegung konnten diese Ideologien zunächst kaum Fuß fassen. Versetzt mit unterschiedlich starkem Antisemitismus war die völkisch-großstadtfeindliche Ideologie in vielen mitgliederstarken Gruppen und Organisationen, wie dem Alldeutschen Verband, dem Kolonialverein, verschiedenen Parteien, der Jugendbewegung und nicht zuletzt in dem von Fritsch gegründeten Reichshammerbund, verbreitet. Die Mitgliedschaft von Frauen war bei diesen Männerbünden nicht erwünscht und wurde damit begründet, dass „echt deutsche Frauen (…) solche Ansprüche nicht erheben würden"[135].

In den 1920er Jahren kehrte die Großstadtfeindschaft in neuem Gewande wieder und es wurde weiter gegen ‚Asphaltliteratur' und jüdische Presse und nun gegen ‚Kulturbolschewismus' polemisiert. Der ‚Hammer'-Autor und völkische Literaturwissenschaftler Adolf Bartels verwandelte den Slogan ‚Los von Berlin' in ‚Los vom verjudeten Berlin'[136]. Für Hitler bildete die moderne, lebenslustige, kreative Großstadt Berlin die Verkörperung der ‚Weimarer Judenrepublik'.

5 Theodor Fritsch und die Lebensreform-, Bodenreform-, Siedlungs-, Jugend- und Gartenstadtbewegung in Deutschland

Die raschen Wandlungsprozesse in der zweiten Hälfte des 19. Jahrhunderts führten zur Desorientierung breiter Bevölkerungsteile und zu sozialen Gegenbewegungen, die sich gegen die negativen Folgen der Industrialisierung richteten. Soziale und politische Modernisierung verliefen in Deutschland nicht synchron und in ihren Widerspruchsfeldern agierten soziale Bewegungen. Neben den zentralen ideologischen Blöcken, den Eigentums- und Herrschaftsfragen thematisierenden Großbewegungen (Arbeiterbewegung, Frauenbewegung, Friedensbewegung) entstand ein breites Spektrum von Reformbewegungen, das um periphere Bedürfnisse und Interessenslagen kreiste[137].

Die Lebensreformbewegungen intendierten eine Erneuerung aller Lebensbereiche in ganzheitlicher Hinsicht. In seiner Arbeit über die Lebensreform unterscheidet Wolfgang Krabbe (1974) zwischen peripher-lebensreformerischen und spezifischen Lebensreformbewegungen. Zu ersteren zählt er die Gartenstadtbewegung, die Bodenreformbewegung, die Siedlungsbewegung und die Antialkoholbewegung, zu letzteren den Vegetarismus, die Naturheilkunde, die Nacktkultur und die Reformwarenwirtschaft[138]. Die spezifische Lebensreform geht vom Einzelnen und von einem evolutionären Veränderungsmodell aus, das durch Bewusstseinsveränderung, Verhaltensveränderung und damit dann Realitätsveränderung zu induzieren suchte. „Im Zentrum der Lebensreform standen ein neues Verständnis der Natur, des Individuums und der Gesellschaft sowie das Bemühen, die unnatürliche Lebens- und Arbeitsweise der Zivilisationsgesellschaft zu reformieren"[139]. Die sozialen Probleme und Ungleichheiten wurden damit individualisiert, individualreformerischen Zielen wurde Priorität eingeräumt. Lebensreform galt als der praktizierbare Mittelweg, der keine gewaltsame Veränderung der bestehenden Macht- und Eigentumsverhältnisse erforderte.

Die vielfältigen neuen Reformbewegungen waren Begleiterscheinungen der Verstädterung und der dramatischen wirtschaftlichen und gesellschaftlichen Strukturveränderungen seit Mitte des 19. Jahrhunderts, die unterschiedlich akzentuiert, auf einzelne Veränderungsdimensionen Bezug nahmen. Mit der raschen Industrialisierung und der Binnenwanderung in die Großstädte zerbrachen alte soziale dörfliche Bindungen, neue soziale Kontexte und Werte mussten gefunden werden. Die Folgen des rapiden sozialen Wandels waren nicht nur die Zerstörung alter sozialer, nachbarschaftlicher Gebundenheiten, sondern auch Statusprobleme vor allem für mittelständische Gruppen. Im Begriff und in der Bewegung des Siedelns kulminierten die zersplitterten großstadtfeindlichen Strömungen, die die Sehnsucht nach dem Lande, das ‚Zurück zum Boden‘ und der Mythos der ‚heilen‘ vorindustriellen Welt einte. „Die Siedlung ist die umfassende Gesundungsbewegung unserer Tage. Alle Teilreformbestrebungen, die sich in ihrer Zersplitterung ihrer Stoßkraft berauben, gehen ideenmäßig in ihr auf"[140].

Seit den 1880er Jahren hatte sich ein immens facettenreiches sozial-, kultur- und mentalitätsgeschichtliches Klima herausgebildet, in dem die Bewegungen gedeihen konnten[141]. Die Liste der Teilbewegungen für eine naturverbundene bewusste Le-

Abb. 12: Deckblatt des Inhaltsverzeichnisses der Zeitschrift Gartenstadt 1911

bens- und Siedlungsweise ist lang: Genossenschafts-, Siedlungs-, Bodenreform-, Kleidungs-, Schrebergarten-, Wohnungsreform- und Gartenstadtbewegung, Freikörperkultur, Heimatschutz, Vegetarismus, Antialkoholismus, Naturheilkunde, alternative Landwirtschaft, Reformpädagogik, Jugendbewegung, Tierschutz und Naturschutz. Versuche, die verschiedenen lebensreformerischen Ansätze in Dachverbänden zu bündeln, scheiterten häufig[142]. Aber bei den Such- und Neuerungsbewegungen gab es vielfältige personelle, institutionelle und ideologische Überschneidungen. Die Gleichung ‚Lebensreform = Selbstreform' zeugte von politischer Naivität und ging von der Annahme aus, wenn der Einzelne besser würde, jeder für sich, müsste auch die Gesamtheit besser werden. „Denn Lebensreform ist vor allen Dingen Selbstreform; sie hat bei der eigenen Person und im eigenen Hause zu beginnen"[143]. Die Reformbestrebungen setzten bei Körper, Geist, Seele und Naturwahrnehmung an und boten Fluchten und Auswege an, um in der bestehenden Gesellschaft diese Ziele zu leben. Die individualisierte Heilserwartung der Lebensreform vernetzte in einer der Varianten die völkischen Ideologien mit der Erneuerung der Volksgemeinschaft und der Verbesserung der deutschen Rasse.

Ausgangspunkt vieler Reformer war der technisch-industriell-kapitalistische, militärische und klerikale Komplex mit seinen Folgen wie Verlusten überkommener Bindungen, Kommerzialisierung, Vermassung, Vergrossstädterung und Zivilisationsschocks. Das reformerische Grundsatzprogramm vernetzte Moderne und Antimoderne und bestand aus teilweise ungleichen Versatzstücken, aus einem Nebeneinander von verschrobenen Querulanten, Weltverbesserern, prophetischen Eiferern, emanzipatorischen Revolutionären, elitären Geistesaristokraten und sachlich-zweckorientierten Ratgebern. Natursehnsucht, Mystifikation von Blut und Rasse, Innerlichkeit, Geistgläubigkeit, Beseelungsphantasien, Bekenntnisse zum Schlichten und Volkhaften und Kult des Natürlichen einten – unterschiedlich akzentuiert – die Reformer[144]. Begriffliche Leitmotive der Lebensreform waren Echtheit, Einfachheit, Wahrheit, Reinheit, Helligkeit und Klarheit.

Fritsch suchte die Reformbewegungen unter der völkischen und antisemitischen Fahne zu einen, um sie in eine übergeordnete weltanschauliche Perspektive einzubetten. Bezogen auf seine Siedlungsvision ist eine sukzessive Verlagerung von seiner Gartenstadtidee mit gewerblicher Produktion zur Siedlung auf freier Scholle in agrarischen Gebieten im Rahmen einer ‚Inneren Kolonisation' festzustellen. Die Idee der inneren Kolonisation wandelte sich dabei

Abb. 13: Gartenstadtprotagonist Bernhard Kampffmeyer (1867-1932)

seit Beginn der Industrialisierung von ihrer ursprünglichen Konzeption zur Besiedlung des Landes zu einer Reaktion auf die Abwanderung vom Lande. Mit unterschiedlichen Akzentuierungen wurden dabei Elemente der Großstadtkritik, der Eigentumsideologie, der Selbstversorgung und der Bindung an die Scholle bis hin zu völkisch-rassistischen Zielen vermengt. Vor allem ‚gen Ostland' sahen Fritsch und seine ‚Hammer-Gemeinde' Möglichkeiten der „Züchtung von ansässigen Stützen des Vaterlandes"[145] und der Umsetzung seiner völkischen Siedlungsideen. Vor allem vom Ersten Weltkrieg versprach sich Fritsch eine „völkische Flurbereinigung", einen „Kampf um das höhere Lebensrecht", einen „Glücksfall, gegen drei Feinde gleichzeitig" kämpfen zu dürfen und weiteren Vorschub für seine Ideen[146].

Aber Fritsch blieb mit seinen Siedlungsvisionen zunächst ein „einsamer Prediger in der Wüste", so der ‚Hammer'. Seine Version der Gartenstadtidee wurde von der 1902 gegründeten Deutschen Gartenstadtgesellschaft (DGG) weitgehend totgeschwiegen. Hier wurde immer auf Howards sozialreformerisches Konzept und die englische Gartenstadtbewegung rekurriert, und Howard als der alleinige Urheber der Gartenstadtidee gewürdigt[147]. Die sozialreformerische Gartenstadtvision in der Deutschen Gartenstadtgesellschaft wurde von sozialreformerisch interessierten Teilen der Mittel- und Oberschicht, Künstlern, Intellektuellen und philanthropisch orientierten Unternehmern getragen. Die DGG suchte die Idee Howards zu verbreiten und kooperierte mit anderen Reformbewegungen wie dem ‚Verein für Wohnungsreform' und dem ‚Deutschen Verein für öffentliche Gesundheitspflege'.

Im Berliner Vorort Friedrichshagen war um die Jahrhundertwende eine Gruppe von Literaten zusammen gekommen, die euphorisch die Gründung der Deutschen Gartenstadtgesellschaft betrieb. Zu der Vorort-Boheme und den Gründern der DGG gehörten die Brüder Bernhard und Paul Kampffmeyer, die dem revisionistischen Flügel der SPD angehörten sowie die Literatur- und Theaterkritiker, die Brüder Heinrich (1855-1906) und Julius Hart (1859-1930), der Sexualwissenschaftler Magnus Hirschfeld (1868-1935), der Schriftsteller Wilhelm Bölsche (1861-1939) und der Nationalökonom Franz Oppenheimer (1864-1943). Bernhard Kampffmeyer hat dieses Umfeld und Gebilde, seine Strukturen und Identität auch als ‚Müggelseerepublik' (wegen der Lage am Müggelsee) bezeichnet: „Man war zwischen zwanzig und dreißig Jahre alt, zählte sich zur literarischen Intelligenz, gehörte zum linken Lager, fühlte sich als Sozialist und kommt doch nicht von einer in bürgerlicher Sozialisation angelegten Geisteshaltung frei"[148].

Abb. 14: Gartenstadtprotagonist Hans Kampffmeyer (1876-1932)

Zu den Reformern zählte auch der Vetter der Gebrüder Kampffmeyer, Hans Kampffmeyer (1876-1932), der als langjähriger Generalsekretär der DGG, später als Siedlungsreferent in Wien und als Generalsekretär des Internationalen Verbandes für Wohnungswesen maßgeblich die sozialreformerische Version der Gartenstadt mit prägte und unermüdlich propagierte[149]. Hans und Bernhard Kampffmeyer hatten eine gärtnerische Ausbildung und damit wohl eine besondere Affinität zur Gartenstadtidee.

Abb. 15: Titelseite ‚Die deutsche Gartenstadt-bewegung' 1911

Abb. 16: Titelseite Hans Kampffmeyer ‚Die Gartenstadtbewegung' / 1909

Hans Kampffmeyer formulierte das Credo der DGG 1904 wie folgt: „Wir sind auf keinerlei Dogma vereidigt. Zu unseren Zielen mögen verschiedene Wege führen und wir wollen deshalb ohne Voreingenommenheit jeden ernsthaften Vorschlag prüfen und für eine fachliche Kritik auch dem Gegner Dank wissen"[150].

Prominente Mitglieder waren 1912 nach den Kategorien der DGG u.a. Volkswirte und Sozialreformer wie Rudolf Eberstadt (1856-1922), Carl Johannes Fuchs, Karl von Mangoldt, Werner Sombart, Franz Oppenheimer, Baumeister, Maler und Schriftsteller wie Joseph Stübben (1845-1936) Reinhard Baumeister (1833-1917), Theodor Goecke (1850-1919), Wilhelm Kreis (1873-1955), Hermann Muthesius, Richard Riemerschmid (1868-1957), Paul Schultze-Naumburg (1869-1949), Theodor Fischer (1862-1938), Georg Metzendorf (1874-1934), Peter Behrens (1868-1940), Bruno Paul (1874-1969), Heinrich Vogeler (1872-1942), Verleger wie Eugen Diederichs (1867-1930), Landwirte wie Bruno Wilhelmi (1865-1909) und Otto Jackisch und schließlich Ärzte und Hygieniker wie Carl Georg Flügge (1847-1923), Alfred Ploetz (1860-1940), Georg Bonne und Alfred Grotjahn. In dieser Mischung aus Praktikern, Theoretikern und Reformern war auch Platz für den Antisemiten und Gesinnungsgenossen von Fritsch Paul Förster, der als Mitbegründer der DGG aufgeführt wird. Er und andere „vertraten eher pragmatische und fachbezogene Gesichtspunkte bei der (…) Formulierung des Programms der Gesellschaft"[151] heißt es lapidar in einem Standardwerk zu Gartenstadt.

Es erscheint naheliegend, dass bei diesen Modernisierern und dem anglophil angehauchten sozialreformerischen Eifer der Familie Kampffmeyer das Gartenstadtbuch des Reaktionärs Fritsch in der zweiten Auflage 1912 in dem Publikationsorgan der DGG ‚Gartenstadt' nur mit einer kleinen Notiz gewürdigt wurde. Auch im 1912 erschienenen Band des Architekten Hans-Eduard von Berlepsch-Valendas (1849–1921) über die Gartenstadtbewegung in England (herausgegeben mit Unterstützung des deutsch-englischen Verständigungskomitees) lesen wir zur Urheberschaft des Gartenstadtgedankens: „Theodor Fritsch, der als erster in Deutschland klar durchgearbeitete, dank der allgemeinen Gleichgültigkeit früher kaum beachtete Vorschläge und Pläne in einer 1896 erschienenen Abhandlung brachte, spricht von der ‚Stadt der Zukunft'. (...) Dass (die Publikation) nicht einschlug wie E. Howards Werk, ist nicht Schuld des Verfassers"[152]. Das Buch des ‚erfinderischen Praktikers' Howard wird dagegen zur Bibel der Städtebaureform stilisiert, das „in alle Welten gedrungen" sei und der Name „Ebenezer Howard (sei) für immer mit der neuesten, vielleicht der brauchbarsten und zukunftsreichsten Bewegung" verbunden. Im ‚Hammer' 1904 (S. 46) ist in einem Bericht zur Generalversammlung der DGG 1904 über die Gründung der ersten Gartenstadt (Letchworth) zu lesen: „Die Engländer sind wieder einmal rasch bei der Hand, eine deutsche Idee bei sich in die Praxis zu übersetzen".

Fritsch wurde als Mitglied der Deutschen Gartenstadtgesellschaft geführt, war aber weder im Vorstand noch im Beirat der DGG. „Die Anfänge der deutschen Gartenstadtbewegung stehen im engsten Zusammenhang mit der englischen. Zwar hat bereits im Jahre 1896 ein Deutscher, Theodor Fritsch, die Ziele der deutschen Gartenstadtbewegung großteils gezeichnet; aber erst das zwei Jahre später erschienene Buch des Engländers E. Howard (...) gab den Anstoß für die Gartenstadtbewegung"[153]. Die DGG wachte eifersüchtig über die Verwendung des Labels ‚Garten(vor)stadt'. Villenkolonien und Siedlungen von Terrainspekulanten sollten nicht den Titel benutzen dürfen, wiederum andere Gartenstädte wie Marga und die 1908 gegründete Gartenstadt Kolonie Reform in Magdeburg[154] wurden kaum in den Publikationen der DGG erwähnt und erst sehr viel später von der Forschung ‚entdeckt'[155]. Bei letzterer Gartenstadtgründung ‚bottom up' von Arbeitern des Magdeburger Maschinenbauunternehmens Krupp-Gruson war Hans Kampffmeyer einer der Inspiratoren, also mit dem Projekt bestens vertraut. Die DGG unterhielt zudem eine Ortsgruppe in Magdeburg[156]. Gartenstadtähnliche Siedlungen waren ohnehin schon vor der Veröffentlichung der Bücher von Fritsch und Howard entstanden. Die Siedlungsexperimente Eden (1893) und ‚Freie Scholle' in Berlin waren derartige Alternativen zur sonst von Terraingesellschaften dominierten Vorstadterschließung und -bebauung. Eine präzise trennscharfe Definition und Einstufung als Gartenstadt, Gartenvorstadt, Gartensiedlung etc. ist fast unmöglich, zumal sich nicht selten strukturbestimmende Merkmale wie Eigentumsverhältnisse und Mitbestimmungsmöglichkeiten im historischen Kontext veränderten. Proletarisch-sozialdemokratisch dominierte Gartenstadt- und Genossenschaftsgründungen krankten immer an erheblichen Geldmangel. Gründungen durch Angestellte, Beamte und kleinbürgerliche Schichten wurden nicht selten von Unternehmen, Kommunen und Versicherungsträgern unterstützt, die eine Sockelfinanzierung, Stabilität und Kontinuität gewährleisteten.

Fritsch dagegen ignorierte wiederum die DGG und bezichtigte Howard des Plagiats und schrieb, er wäre wohl Jude[157]. Die Realisierung der Gartenstädte in England (Welwyn und Letchworth) und deutsche Gartenstädte wie Hellerau bei Dresden werden von Fritsch mit keiner Zeile erwähnt.

Erschienen noch 1895 und 1896 Artikel von Fritsch in dem Publikationsorgan ‚Frei-Land' der Bodenreformer[158], so ignorierten später die Bodenreformer um Adolf Damaschke (1865-1935) Fritsch, der im ‚Hammer' immer wieder die ‚nationale Bodenreform' propagierte. Die Bodenreformer bezogen sich auf den Amerikaner Henry

George (1839-1897) und seine ‚single tax' [159], dem Fritsch wiederum vorwarf, er habe das ‚Rassenwesen' nicht verstanden und nur die Ideen des Deutschen Theodor Stamm in das Amerikanische übertragen. Fritsch bezog sich vor allem auf die ‚Deutschen Bodenreformer' Theodor Stamm, Heinrich Freese (1853-1944) und Ottomar Beta (1845-1916) und wies sie als die eigentlichen Theoretiker der Bodenreform aus. Vor allem der ‚vorzügliche' Beta (Pseudonym für Bettziech) hatte sich als verbissener Antisemit profiliert, war Mitglied im Deutsch-Sozialen Antisemitischen Verein, publizierte im ‚Hammer' und Fritsch beklagte wiederholt, „daß deutsche Ideen erst den Umweg über das Ausland nehmen müssen, ehe sie in ihrer Heimat auf Beachtung zählen können"[160]. Fritschs Analyse beinhaltete eine Schuldzuweisung an das Judentum und seine Version der Bodenreform war primär antisemitisch ausgerichtet[161]. „Die Umwandlung des Bodens in ein unantastbares und unerschütterliches Gemeineigentum der Nation kann daher am allerwenigsten im Interesse des vaterlandslosen Judentums liegen", denn „der Grundbesitz ist eigentlich nur eine Koulisse, hinter der sich das spekulative Leih-Kapital wirksam zu verbergen weiß. Der wirkliche Bewunderer und Ausbeuter des Volkes, der sich alle Arbeit dienstbar macht – auch die des Grundbesitzers mit – ist das Leih-Kapital"[162]. Fritschs Bodenreformversion war von kleinbürgerlich reaktionären Ressentiments durchsetzt und gegen das Leihkapital, vor allem in jüdischer Hand, gerichtet[163].

Die siedlungsreformerischen Visionen der Gartenstadtbewegung und die Beweggründe ihrer Protagonisten waren nicht einheitlich und boten auch Platz für rassenhygienische Vorstellungen. Wenn auch in der DGG sozialreformerische Strömungen und der kulturelle ‚Edel-Sozialismus' überwogen, gab es auch Mitglieder, die unter dem Mantel der DGG völkische, sozialhygienische und eugenische Ziele verfolgten. So war z.B. der Autor Heinrich Driesmann (1863-1927) ein Bewunderer von Francis Galton (1822-1911) und propagierte seine Schriften, wenngleich die Begriffe Rasse und Eugenik zunächst noch tabuisiert waren[164]. Ernst Haeckel (1834-1919) und Alfred Ploetz (1860-1940) popularisierten die Ideen von Charles Darwin (1809-1882). Ploetz war sozialistischen Ideen gegenüber aufgeschlossen und hatte eine Zeit lang bei den Ikariern bei Corning[165] in Iowa gelebt und sich hier grundlegende Gedanken über sozialistische Siedlerkolonien gemacht[166]. Ploetz gehörte dem erweiterten Vorstand der DGG an und war 1895 mit einer Veröffentlichung über ‚Grundlinien einer Rassen-Hygiene'[167] hervorgetreten. Er begründete und war dann Herausgeber des ‚Archivs für Rassen- und Gesellschaftsbiologie' (seit 1904) und Mitbegründer der ‚Deutschen Gesellschaft für Rassenhygiene'[168]. 1908 wurde in dem Archiv ein Aufruf zur ‚Gründung einer Gartenstadt bei Berlin' veröffentlicht, der die Gartenstadt in den Zusammenhang von Volksgesundheit und Wohnungsreform stellte. Die rasche Industrialisierung und Verstädterung mit ihren ‚Verwerfungen' bildete den Hintergrund für die Entstehung und Verbreitung von neuen Theorieansätzen zum Themenfeld der Degeneration.

Weltweit gab es seit Mitte des 19. Jahrhunderts ein wachsendes Interesse an Ideen der Vererbung und Selektion. Francis Galton[169], ein Neffe Darwins führte den Begriff Eugenik ein und konzipierte 1865 einen eugenischen Idealstaat, ein ‚Laputa' (so hieß eine

Insel in ‚Gullivers Reisen'), wo die Kinder der Tüchtigen durch Heiratsprämien gefördert werden sollten. Galton entwickelte den Vorschlag von ‚Heiratszertifikaten', die nur nach vorheriger Untersuchung durch Ärzte ausgestellt werden konnten. 1910 entwarf Galton die Skizze eines eugenischen Utopia ‚Kantsaywhere' (‚Weißnichtwo'), wo ein ‚Eugenischer Rat' Fortpflanzung und Einwanderung überwachte. Rassenhygiene und Eugenik etablierten sich zügig als neue Wissenschaften mit eigener Scientific Community, Fachzeitschriften und Kongressen. Sie blieben nicht auf einzelne Länder wie Deutschland und England beschränkt, sondern waren international vernetzte Bewegungen[170]. Ein Jahr nach Galtons Tod tagte 1912 in London der Erste Internationale Eugenische Kongress. Eugenische Planspiele waren kein deutsches Spezifikum, sondern die Sterilisierung Krimineller, Geisteskranker und unheilbar Erbkranker wurde in den 1920er Jahren in vielen europäischen Ländern und in 25 US-Bundesstaaten gesetzlich geregelt[171].

Die Eugenik unterscheidet sich von den meisten der gegen Ende des 19. Jahrhunderts populären Dekadenz- und Degenerationsvisionen durch ihren Anspruch auf Wissenschaftlichkeit. Der Entwicklungs- und Selektionsgedanke bildete für die Eugeniker die Grundlage der angenommenen Degeneration. Die Generation wurde aber nicht als unabänderliches Schicksal interpretiert, sondern „die Diagnose des Niedergangs galt als Basis der Therapie"[172]. Wilhelm Schallmeyer (1869-1931) war neben Alfred Ploetz und dem Sozialdemokraten Alfred Grotjahn (1869-1931) der bedeutendste Vertreter der verwissenschaftlichten Eugenik. Sie erörterten viele der späteren nationalsozialistischen Politiken vorweg ‚theoretisch'. Auf Ploetz geht u. a. die Einführung des Begriffspaares ‚Ausmerze' und ‚Auslese' und der ‚Rassenhygiene' zurück. Die Rassenhygieniker schlossen sich nicht den völkischen Gruppierungen um Theodor Fritsch an, sondern suchten in einem breiten Bündnis, das die DGG repräsentierte, ihre Ziele umzusetzen. Sie waren keine Außenseiter, sondern geachtete Mediziner und Wissenschaftler im Kaiserreich und aber auch vielfach Vordenker der nationalsozialistischen Ausmerzepolitik[173]. Die Forschung zur Vererbbarkeit von Merkmalen bildete bald den Unterbau für einen vorgeblich wissenschaftlich legitimierten Rassismus. Das Wort ‚Rasse' besaß vor der Vernichtungspolitik der Nationalsozialisten einen anderen ‚Klang' als danach.

Gegen die Niedergangsstimmungen gegen Ende des 19. Jahrhunderts trat die positive Eugenik, die ‚Fortpflanzung der Besten', mit Versprechungen eines wissenschaftlich fundierten Auswegs an. Degeneration und Entartung sei kein unabänderliches Schicksal[174]. Mit Hilfe der Eugenik konnte Fritsch seine völkisch-antisemitische Propaganda durch eine moderne Wissenschaft mit neuer Terminologie aufwerten. Aus dem komplexen und heterogenen Theoriegebäude der Eugenik suchte sich Fritsch die Versatzstücke, die für seine antisemitische Propaganda hilfreich waren.

Viele Forscher erträumten die Errichtung einer perfekten Gesellschaft durch Wissenschaft und Medizin. Diese Visionen waren nicht unbedingt antisemitisch ausgerichtet. Vielerlei Vorschläge und utopische Modelle zur Hebung der Volksgesundheit wurden entwickelt. Eine radikale Strömung argumentierte, Heilmedizin und Philanthropie seien schädlich, weil sie nur die Untüchtigen und Minderwertigen unterstützen würden. Es sei sinnvoller, die Elite ausfindig zu machen und deren Fortpflanzung zu fördern. Mit dem industriellen Wachstum, so die Argumentation, seien chronische Übel wie Alkoholismus, Geschlechtskrankheiten, Tuberkulose, Zahnverfall und Kurzsichtigkeit, also eine physische Verschlechterung der menschlichen Rasse verbunden. „Die genetisch Untüchtigen zeugten mehr Kinder als die biologische Elite"[175].

Auch durch künstlerische Mittel wurden die Visionen der völkischen Erneuerung propagiert. Der Maler, Illustrator und Künstler Hugo Höppener (1868-1948) – Künstlerpseudonym Fidus – war es, der durch seine Darstellungen der völkischen Kulturbewegung eine große Breitenwirkung zukommen ließ[176]. Sein Wirken entwickelte sich in enger Beziehung zu den vielfältigen Reformbewegungen. Die ‚keuschen und erhabenen Darstellungen des Nackten' sollten zur Erneuerung der Kultur zum ‚neuen Menschen' beitragen. Fidus wandte sich 1930 an Joseph Goebbels um sich als völkischer Künstler anzupreisen, trat 1932 in die NSDAP ein und 1942 wurden 18 seiner Arbeiten von Reichsleiter Martin Bormann für die Reichskanzlei angekauft[177].

Zentraler Fokus fast aller Lebensreformbewegungen war neben dem Siedeln die Ausrichtung auf die Jugend[178]. Die Jugendbewegung und der Jugendkult manifestierten sich in vielerlei Ausprägungen wie dem Wandervogel, den Pfadfindern und auch der proletarischen Jugendbewegung. Die Hoffnungen auf eine Erneuerung, eine Restitution ‚alter' Werte stützten sich auf die Jugend, ihre Spontaneität, Unverdorbenheit und Offenheit. Die Jugend sollte den Weg aus der Verderbnis der Gegenwart in eine neue Zukunft, neue kulturelle Leitbilder und neue Lebensstile weisen. Das Wandern (‚Gesundung kraft Wanderung') galt dabei als eine kulturelle Gegenbewegung zu den verderblichen Vergnügungen der Großstädte und Verbindungen bestanden zwischen Theodor Fritsch und den völkisch orientierten Gruppierungen der Wandervogelbewegung[179]. Der ‚Hammer' wurde an 700 führende Personen der Jugendbewegung gratis versandt und Fritsch und andere führende völkische Persönlichkeiten suchten die Jugendbewegung antisemitisch zu indoktrinieren[180].

Auch die bildungsbürgerlich orientierte Heimatschutzbewegung sah die Verstädterung als ein Übel an und allein im Bauerntum eine gesellschaftlich erstrebenswerte Lebensform. Schutz der ländlichen Regionen und ihrer Lebensweisen und Kulturen war das Ziel des Heimatschutzes und die bäuerliche Bevölkerung wurde tendenziell zu unmündigen ‚Schutzobjekten' verklärt[181]. Der erste Vorsitzende des Bundes Heimatschutz von 1904-1912 war der ‚rassehygienisch' orientierte Architekt Paul Schultze-Naumburg (1869-1949), der mit seiner Buchreihe ‚Kulturarbeiten' die Entstellung des ländlichen Bauens und ihrer Bauweisen brandmarkte und dörfliche Architektur kritisierte, die nicht regional-traditionalistisch orientiert war[182]. Wichtige Repräsentanten der Bewegung waren der Schriftsteller und das Mitglied des Friedrichshagener Dichterkreises Wilhelm Bölsche (1861-1939), der Lehrer Heinrich Sohnrey (1859-1948), Ferdinand Avenarius (1856-1923), Herausgeber des ‚Kunstwart' und der Literaturwissenschaftler Adolf Bartels (1862-1945), der auch im ‚Hammer' publizierte.

Weltanschauung und Lebensanschauung verschmolzen bei den Lebensreformbewegungen zu einem vagen Lebensgefühl, zu einer kulturellen Haltung und zu einem Lebensstil[183]. Während die Bodenreformer um 100.000 Mitglieder zählten, die Naturheilkundler 150.000 Mitglieder aufwiesen und auch die Antialkoholbewegung eine Massenbewegung war, bildete die Gartenstadtbewegung mit ca. 1.500 Mitglieder – vorwiegend Spitzen des Bildungsbürgertums – nur eine kleine Reforminitiative[184]. Die Führer und ‚Propheten' der Reformbewegungen stammten vorwiegend aus ‚akademischen Kreisen'. Mitglieder gewann die Lebensreformbewegung vor allem in der Mittel- und Kleinbürgerschicht, Lehrer, Akademiker, Beamte, Kaufleute und Handwerker dominierten. Das Proletariat hatte in dieser Phase vor allem um die Verbesserung der Arbeits- und Reproduktionsbedingungen zu kämpfen, Lebensreform war für die Arbeiterklasse ein unbedeutender Nebenkriegsschauplatz. Die Erfolge der Lebensreformer waren daher in Bereichen zu finden, die die industriell-kapitalistische Wirtschaftsstruktur und die damit verwobenen gesellschaftlichen Verhältnisse nicht grundlegend in Frage stellten. In den Bewegungen, die auf Reform von Ernährung, Leibeserziehung und Pädagogik zielten, gab es Fortschritte. Im Siedlungswesen und bei der Gründung von Gartenstädten war das Scheitern dagegen häufig vorprogrammiert. Der Bodenpreismechanismus war nicht außer Kraft zu setzen und ein Ausscheren aus der kapitalistischen Geld- und Warenwirtschaft war nur schwerlich möglich.

6 Auf der Suche nach völkischen Siedlungskonzepten

Die Lebens-, Boden- und Wohnreformer und die Gartenstadtbewegung suchten um die Jahrhundertwende ihre Vorstellungen in diversen Modellsiedlungen umzusetzen. Fast alle Bewegungen einte Agrarromantik und Großstadtfeindschaft. Kontrovers wurde dabei diskutiert, ob die neuen Modellsiedlungen in Deutschland oder in Übersee entstehen sollten. Mitte der 1880er Jahre erregte Bernhard Förster (1845-1899) mit seinen Kolonialprojekten großes Aufsehen. Förster war mit Liebermann von Sonnenberg (1848-1911) in der antisemitischen Bewegung führend, war vom Schuldienst wegen antisemitischer Propaganda suspendiert worden und hatte 1880 eine an Bismarck gerichtete ‚Antisemiten-Petition' an den Reichstag verfasst[185]. Die Schrift richtete sich gegen die Einwanderung ausländischer Juden, forderte den Ausschluss von Juden aus obrigkeitlichen Ämtern, speziell aus Lehrberufen und die Wiedereinführung einer Statistik über die jüdische Bevölkerung. Theodor Fritsch gehörte nicht zu den Unterzeichnern. Nachdem Förster die antisemitische Stimmung in Deutschland überspannt hatte, bestand sein Rezept in der Emigration und er begann nach einem geeigneten Paradies für ein neues deutsches Gemeinwesen zu suchen.

Den Schwager Friedrich Nietzsches, Wagnerverehrer und radikalen Antisemiten zog es schließlich nach Paraguay, um dort auf jungfräulichem ‚judenfreien' Boden ein ‚Neu-Germania' zu errichten[186]. Eine diffuse Mischung von Richard Wagners Regenerationsgedanken, idealisiertem Germanentum, Antisemitismus und Vegetarismus sollte die deutsche Überlegenheit reproduzieren und eine „rein germanische Rasse heranwachsen lassen"[187]. Da Försters Meinung nach ein derartiges Vorhaben im ‚verjudeten' Deutschen Reich nicht mehr möglich sei, beschloss er mit seiner Frau Elisabeth, dieses Vorhaben in Paraguay umzusetzen. „Dass jenes unser Neu-Germanien den ekelhaften und Krankheit erzeugenden Fleischgenuss des entarteten alten Landes nicht kennen darf, versteht sich von selbst. Ebenso wenig sollen alle die anderen Krankheiten der alten Welt den Weg in die neue schönere Heimath finden, so vor allem das auf den Grund und Boden angewandte, verkehrte und verderbliche Eigenthumsrecht, diese Hauptquelle aller unser sozialen Leiden, durch welche das Judenthum erst in den Stand gesetzt worden ist, festen Boden unter uns zu fassen und seine vergiftenden Wirkungen zu äussern"[188]. Fritsch war zunächst ein wichtiger Partner für Förster, der seine Aufrufe druckte und neue Siedler vermittelte, bis er später begann Förster zu kritisieren[189].

Das Fehlen von kulturellen, wirtschaftlichen und wissenschaftlichen Einrichtungen in Paraguay schien besonders verlockend, um ein neues germanisches Gemeinwesen – ‚Försterei' nannte Friedrich Nietzsche[190] es – zu errichten. Förster hatte von der Regierung Paraguays 222 qkm als ‚Kolonialgebiet' erhalten und wollte Mustersiedlungen, ein ‚Nueva Germania' errichten, wo Vegetarier und Nichtvegetarier willkommen waren[191]. Förster konnte jedoch nicht genügend Siedler anwerben und in Folge fataler Planungsfehler wurde das Vorhaben zum Desaster. Nach der Ansiedlung von 140 Familien wäre das Land in das Eigentum von Förster übergegangen. Förster beging 1889 nach einem Nervenzusammenbruch Selbstmord. Seine Vision eines antisemitischen Utopia, die Geburt eines neuen Deutschland konnte im südamerikanischen Urwald nicht realisiert werden. Auch Försters Frau Elisabeth konnte das Scheitern nicht abwenden und wandte sich nach dem Konkurs von Neu-Germania 1891 dem schriftlichen Nachlass ihres Bruders Friedrich Nietzsche zu[192]. Der auch von Försters Ideen zunächst begeisterte und bald vom ‚Auswanderungsfieber geheilte' Mitarbeiter von Theodor Fritsch Willi Buch[193] hatte erkannt, „dass jeder Tropfen deutschen Blutes in tropischen und subtropischen Gegenden nur Völkerdünger bedeutet". Er wandte sich von Auswanderungsplänen ab und trat daraufhin 1906 in die Schriftleitung des ‚Hammer' ein.

Auch Friedrich Nietzsche (1844-1900) korrespondierte 1887 mit Theodor Fritsch und forderte ihn auf: „Ein Wunsch: geben Sie doch eine Liste deutscher Gelehrter, Künstler, Dichter und Schriftsteller, Schauspieler u. Virtuosen von jüdischer Abkunft oder Herkunft heraus! Es wäre ein werthvoller Beitrag zur Geschichte der deutschen Cultur (und auch zu deren Kritik)"[194]. Philipp Stauff, völkischer Weggenosse von Fritsch und Verehrer der esoterisch-okkulten Visionen von Guido von List (1848-1919), sollte diese Arbeit mit seinem ‚Semi-Kürschner', einem steckbriefartigem, antisemitisch geprägten Lexikon zur Aufdeckung ‚jüdischer Unterwanderung' leisten[195]. Nietzsche kennzeichnete weiter in der Korrespondenz Paul de Lagarde, der im ‚Hammer' als bedeutender völkischer Vordenker eingestuft wurde, als ‚gespreizten, sentimentalen Querkopf'[196]. In einem Brief an seine Schwester von 1887 schrieb er: „Ein Leipziger Tollpatsch und Biedermeyer (Fritsch, wenn ich mich recht erinnere) unterzog sich dieser Aufgabe, – er übersandte mir bisher regelmäßig, trotz meines energischen Protestes die antisemitische Correspondenz (ich habe nichts Verächtlicheres bisher gelesen als diese Correspondenz)"[197].

Um ein Haar hätte Fritsch die Rechte an Nietzsches Werken erworben. Als der Verleger Schmeitzner (Chemnitz) in wirtschaftliche Schwierigkeiten geriet, verkaufte der die Rechte an den Titeln seines Verlages. Fritsch erwarb die antisemitischen Titel und ein Leipziger Verleger mit fast gleichem Namen, Ernst Wilhelm Fritzsch, erwarb die Rechte an Nietzsches Werken für 1.000 Mark.

Viele Reformer sahen vor allem die niedrigen Pacht- und Bodenpreise in anderen Erdteilen als Argument für eine Auswanderung. Theodor Hertzka (1845-1893), Nationalökonom und Sohn jüdischer Eltern suchte seine bodenreformerische Utopie ‚Freiland' in Afrika zu realisieren. Sein 1890 erschienener Staatsroman ‚Freiland. Ein sociales Zukunftsbild', eine Robinsonade in Briefen, war ein Bestseller, erreichte zehn Auflagen und wurde in mehrere Sprachen übersetzt. Die bodenreformerische Sozialutopie war unter dem Eindruck von Edward Bellamys ‚Looking Backwards' entstanden. In Österreich-Ungarn, Deutschland, der Schweiz und sogar in den USA entwickelte sich eine ‚Freiland'-Bewegung, die Hertzkas Ideen in die Realität umsetzen wollte. Aber die Freiland-Expedition 1894 nach Kenia scheiterte am britischen Einreiseverbot und die kolonialen Siedlungsphantasien erhielten einen deutlichen Rückschlag. Theodor Herzl (1860-1904) der Vater des Judenstaates ging bei seinen Vorschlägen zur Einrichtung eines Judenstaates von einer Kritik Hertzkas aus, um die Umsetzbarkeit seiner Siedlungspläne zu dokumentieren[198]. Herzl hatte in Wien mit Hertzka bei der gleichen Zeitung gearbeitet und kannte dessen Pläne genau.

Fritsch setzte dagegen andere Prioritäten, für ihn war die Kolonialpolitik nachrangig. Zwischen 1881 und 1895 hatten über 1,7 Millionen Menschen Deutschland verlassen. Ab den 1890er Jahren kehrte sich die Auswanderung in eine Binnenwanderung um (‚Flucht aus der Landwirtschaft'). Fritsch sah in der Auswanderung eher ein Krankheitszeichen der deutschen Zustände. „Nicht überseeische Kolonialpolitik, sondern festländische Kolonisations-Politik sollte das deutsche Losungswort der Zukunft sein"[199]. Landkult und Agrarutopismus wurde dabei unterschiedlich pointiert mit Kulturkritik und lebensreformerischen Ansätzen propagandistisch verbunden. Gesunde Landarbeit würde Regelmäßigkeit, Gehorsam und Stetigkeit verlangen. Ausgehend von seinen ideologischen Vorstellungen, wurden von Fritsch im ‚Hammer' zwei Siedlungen als vorbildlich beschrieben: die Siedlung Eden bei Oranienburg-Berlin und die von Fritsch und seinen Gesinnungsgenossen errichtete Siedlung Heimland.

6. 1 Eden-Oranienburg – ‚Oase in der kapitalistischen Wüste'

Eden gilt unter den lebensreformerischen Siedlungen als die langlebigste und breitenwirksamste Gründung. Der Name wurde zum symbolhaften Begriff für eine Unternehmung, die Lebensreform in die Tat umsetzte. Das Paradies, der Garten Eden, stand für die intendierte schöne, gesunde, saubere, friedliche Welt. Am 28. Mai 1893 hatte im Berliner vegetarischen Speisehaus ‚Ceres' die Gründungsversammlung für die ‚Vegetarische Obstbaukolonie Eden' stattgefunden. „In Berlin, wo der Gegensatz des Menschen zum Menschen am schärfsten zugespitzt, die Kultur und Überfeinerung am höchsten gestiegen, die Natur am meisten verlassen ist, reifte der Plan zu unserer Siedelung"[200].

In Eden bei Oranienburg (in der Nähe Berlins) wurden mit einer vegetarischen Obst-baukolonie lebensreformerische Ziele zum ersten Mal in Deutschland umgesetzt und damit die Emigration von Vegetariern überflüssig gemacht. Der Vegetarismus ging in Deutschland auf Eduard Baltzer (1814-1887) zurück, der ihn als einheitliche Lebensan-schauung zur Selbstreform bewertete. Der Vegetarismus machte dabei die Ernährung zum ersten Gegenstand seiner Erneuerungsbestrebungen. „Ein ungestümer und wenig klarer Drang hatte zahlreiche Vegetarier ins Ausland getrieben, wo sie unter freieren oder vielmehr ungeordneteren Verhältnissen Spielraum zu ihren Verjüngungswünschen zu finden hofften"[201].

„Wie ein Programm-Stück des ‚Hammer' liest sich der Geschäfts-Bericht über die ersten 10 Jahre des Bestehens der Obstbau-Kolonie ‚Eden'", ist 1903 in Fritschs Zeit-schrift zu lesen. In der Kolonie Eden, die auch von anderen Reformbewegungen pro-pagiert wurde, versuchte eine Mischung aus reformistischen Idealisten, völkischen und linken Intellektuellen lebensreformerische Ziele zu realisieren. „Missvergnügte, Ent-täuschte und Verärgerte, sozialpolitische Einzelgänger, Leute die die Wahrheit suchten, und solche, die schon ein fertiges Programm in der Tasche trugen, Bodenreformer, Frei-länder, Egidyaner, Ethiker, demokratische und anarchistische Sozialisten, Sozialisten aus der Schule Proudhons, Carlylisten, konservative Radikale und radikale Konservative (…) kurz eine bunte Gesellschaft von allerlei Zukunftsmenschen, die in vielerlei Zungen redeten und doch einander verstanden, weil ihnen allen die großen Fragen und Nöte der Zeit auf der Seele lasteten, und weil sie allzumeist von ehrlichem Wollen und von dem heißen Drange erfüllt waren, irgendetwas zu tun"[202]. Das Mitglied von Eden, der

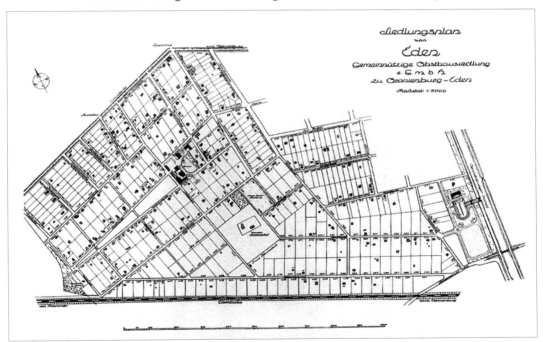

Abb. 17: Lageplan der Siedlung Eden

bedeutende Genossenschaftstheoretiker Franz Oppenheimer (1864-1943) beschreibt die Gründer in seinen Memoiren wie folgt: „Es waren sozusagen pflastermüde Städter, eine ganze Anzahl von Sonderlingen und Sektierern aller Art dazwischen; sie wollten ihre Existenz auf den Obstbau stellen, von dem kaum einer von ihnen die geringste Ahnung hatte"[203]. Unterschiedlich akzentuiert wurde von den Vorzügen Edens der boden- und lebensreformerische[204] bzw. der ernährungsbezogene Aspekt hervorgehoben.

Unter Führung des Kaufmannes Bruno Wilhelmi (1865-1909), der sich in England aufgehalten hatte, waren 1893 achtzehn Lebensreformer an der Gründung Edens beteiligt. „In Eden herrscht Geselligkeit: Geselligkeit wollen wir auch pflegen, Geselligkeit und geistiges Leben. Zu fruchtbarer Geistestätigkeit werden wir uns alle Grundbedingungen schaffen: Gesundheit erwerben und erhalten durch reine Nahrung, Betätigung im Freien, Pflege des Körpers mit Hilfe von Licht,

Abb. 18: Luftbild von Eden

Luft und Wasser, Sorgenlosigkeit als Folge unserer leicht befriedigten geringen körperlichen Bedürfnisse"[205]. Neben den lebens- und bodenreformerischen Idealen war die vegetarische Ernährungsweise vorgegeben. „Von den Genossen wird die Bethätigung dieses Vegetarismus als eines sittlichen Prinzips verlangt"[206]. Der Name Eden, wurde in bewusster Anlehnung an den biblischen Garten Eden gewählt, um damit den Wunsch nach einem lebensreformerischen, großstadtferneren natürlichen Leben zu manifestieren.

Zunächst waren 160 Morgen Land für 225 Mark pro Morgen gekauft worden. Das Gelände wurde dann in ‚Heimstätten‘ von 40 x 70 Meter (2.800 qm) aufgeteilt[207]. 1905 und 1907 kaufte die Genossenschaft weitere 36 bzw. 27 Morgen hinzu. Laut Statut war Ziel der Eden-Gründung: „Die Landbesiedlung, in Verbindung mit Obst- und Gemüsebau, sowie die Errichtung von Wohnhäusern für die Ansiedler"[208]. 1894, ein Jahr nach der Gründung, hatte die Genossenschaft 80 Mitglieder und 22 ‚Heimstätten‘ waren errichtet worden. 1899 lag die Mitgliederzahl bei 139 und stieg dann nach einem kurzfristigem Rückgang bis 1918 auf 239 Mitglieder. 1930 gab es 230 Siedlungshäuser und rund 850 Einwohner[209]. Nach einer Satzungs-

Abb. 19: Die ersten Siedler – Fest in Eden

änderung wurden nach 1895 auch Nichtvegetarier aufgenommen, der Grundsatz des gemeinschaftlichen Bodeneigentums blieb aber unangetastet und 1906 wurde das Erbbaurecht eingeführt, um der ‚reinen Lehre' nicht untreu zu werden.

1895 wurde die Oranienburger Bau- und Kreditgesellschaft, später Edener Siedlungsbank, gegründet, über die der Bau der Häuser finanziert wurde. Neben Einfamilienhäusern entstanden Werkstätten und andere wirtschaftliche Nutzbauten. Die Wege wurden nicht gepflastert, um den ländlichen Siedlungscharakter zu dokumentieren. Das Siedlungsgelände wurde weiter sukzessive bis auf 120 Hektar erweitert. Es lag ca. eine Bahnstunde von Berlin entfernt. Das Land wurde in zu verpachtende Heimstätten aufgeteilt und mit Obst und Gemüse bepflanzt. Entgegen der ursprünglichen Siedlungsidee mussten neben genossenschaftlichem Eigentum und genossenschaftlicher Produktionsweise auch andere Eigentums- und Produktionsformen zugelassen werden. Auch von der Idee der Gründer eine Abgeschiedenheit der Reformsiedlung zu sichern, musste Abstand genommen werden, da es bald eine starke Abhängigkeit vom großen Markt Berlin mit damals über 200 Reformhäusern gab.

Abb. 20: Symbol von Eden – Drei stilisierte Bäume-Symbiose von Boden-, Wirtschafts- und Lebensreform

Die drei stilisierten Eden-Bäume im Wappen symbolisierten Lebensform, Bodenreform und Sozialreform. „Die Gründer Edens waren vom alten Stadtmilieu längst losgelöste Menschen, waren überzeugte Vegetarier"[210] und strebten Sozial- und Lebensreform durch Selbstreform an. Im Mittelpunkt des Siedlungsgedankens stand Gemeineigentum an Grund und Boden, Kooperation statt Wettbewerb, genossenschaftliche Verwaltungs- und Versorgungsstruktur, weitgehende Autonomie durch hohen Selbstversorgungsgrad und harmonische Verbindung von Landwirtschaft, Industrie und Handwerk. Aber auch auf die positiven Wirkungen einer „verbesserten Aufzucht der Jugend" wurde verwiesen und Vergleiche mit andern Siedlungen aufgeführt. Eden wies mit 3,8 % die niedrigste Säuglingssterblichkeitsziffer in Deutschland auf, gegenüber den englischen Gartenstädten 5,5 % in Letchworth, 6,6 % in Hampstead, Hellerau 9 % und 18 % im deutschen Reichsdurchschnitt. 1897 begann der Schulunterricht in der eigenen Schule, in der reformpädagogische Ansätze und eine ‚jugendgemäße Lebensreform' praktiziert wurden, die eine Erziehung zur Gemeinschaft vorsahen.

1989 wurde ein Gasthaus und ein Erholungsheim eingeweiht. In Eden gab es keinen Alkoholausschank, keinen Tabakladen, keine Schlachterei, kein Kino und ähnliche Vergnügungsstätten. Es mutet wie ein schlechter Witz an, dass

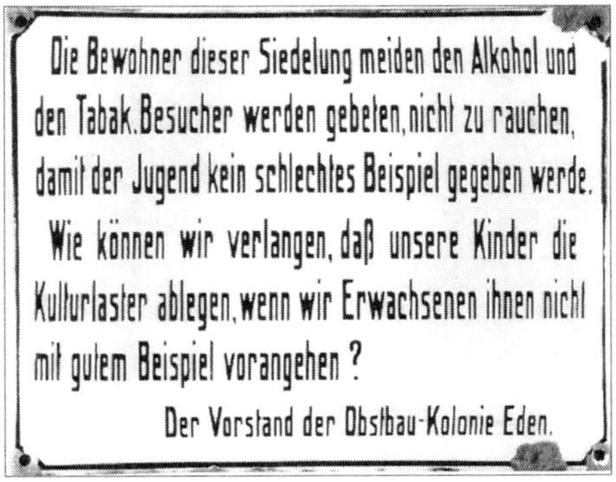

Die Bewohner dieser Siedelung meiden den Alkohol und den Tabak. Besucher werden gebeten, nicht zu rauchen, damit der Jugend kein schlechtes Beispiel gegeben werde. Wie können wir verlangen, daß unsere Kinder die Kulturlaster ablegen, wenn wir Erwachsenen ihnen nicht mit gutem Beispiel vorangehen?
Der Vorstand der Obstbau-Kolonie Eden.

Abb. 21: Emailleschild am Eingang von Eden

heute ein Steakhaus den Eingang zur Siedlung markiert. In Eden wurde damals „kein Alkoholausschank geduldet. Eden ist die erste und einzig ‚trockengelegte' Gemeinde in Deutschland. In Eden kann sich keine Schlächterei, kein Tabakladen, kein Vertrieb von moderner Schmutzliteratur, kein modernes Kino, kein Tingeltangel, kein Wettbureau, kein Spielclub auftun; alle derartigen Betriebe würden schon an der Grenze Edens zurückgewiesen werden. Prostitution und Geschlechtskrankheiten sind in Eden unbekannt"[211]. Der Anbau und Verkauf von Obst und Gemüse, die Herstellung von Marmeladen, Säften und Margarine (‚EDEN-Reformbutter') waren durchaus wirtschaftlich erfolgreich und die ‚Edener Kraftnahrung' (‚Gesunde Kraft', pflanzlicher Fleischersatz) fand in Reformhäusern guten Absatz. Eine Gartenbau-Genossenschaft arbeitet noch heute auf dem Areal. 1903 wurde die Geschäftsführung durch Otto Jackisch (der ‚Bismarck von Eden') übernommen und der Obstverwertungsbetrieb ging in die Hände der Genossenschaft unter dem Namen EDEN über. Die Genossenschaft übernahm das Konsumgeschäft, das den Grundstock für den weiteren wirtschaftlichen Erfolg bildete. Bis 1914 standen ungefähr 90 Einfamilienhäuser, 1923 lag die Mitgliederzahl in Eden bei 450. Beindruckender war noch die Zahl der Bäume in der Obstbausiedlung: 15.000 Obstbäume, 50.000 Beerensträucher, 3.000 Haselnusssträucher, 20.000 Rhabarberstauden und 200.000 Erdbeerstauden[212].

Als Brotreformer (‚Simons-Brot') und Mitglied der Obstbausiedlung Eden hatte Gustav Simons (1860-1914) krude Theorien zur ‚Abwehr der bestehenden Rassenverschlechterung durch Vegetarismus' entwickelt. Simons sah einen kausalen Zusammenhang zwischen Rassemerkmalen und Ernährung. Er hielt es für möglich, dass das ‚haferstrohgelbe' Haar mit der Vorliebe der germanischen Vorfahren für Haferspeisen in Verbindung stünde[213]. Simons betonte die Verdienste Fritschs für die Gartenstadtbewegung zur Erreichung ‚völkischer Ziele' und wies auf die bodenreformerischen Wirkungen von Eden hin. „Den besten Beweis erzieherischen Wirkens einer gartenstadtmäßig angelegten Kolonie auf bodenreformerischer Rechtsgrundlage liefert die Obstbaukolonie Eden"[214]. „Der zigarettenrauchende halbwüchsige Bengel (ist) in Eden eine unbekannte Erscheinung" wurde stolz vermerkt[215]. Man blieb in Eden unter sich, man war sich einig darin, stadtfern, autark und möglichst natürlich leben zu wollen. „Für die Oranienburger waren wir sowieso die Intellektuellen, ‚intellektuelle Krautfresser'". So lebten Christen, Kommunisten, Juden, Sozialisten aller Schattierungen, Freimaurer und sogar Buddhisten in Eden dicht beieinander. Interessenten aus der ganzen Welt, Gesinnungsfreunde, Vegetarier und Bodenreformer, besuchten Eden.

Im ‚Hammer' lesen wir zum 10-jährigen Jubiläum der Siedlung: „Die Kolonie Eden stellt nach Erweiterung ihrer Grenzen einen neutralen Boden dar, auf welchem alle modernen Reform-Bestrebungen, die Bodenbesitz- und Wirtschafts-Reform, alle selbstreformatorischen Bestrebungen in diätisch-hygienischer und ethischer Beziehung, alle Produktiv- und Konsum-Reformationen sich zu gemeinsamer Entwicklungs-Arbeit die Hände reichen können und ihre wesentlichen Grundgedanken hier zur Reife gebracht sehen. Selbst die pädagogische Reform-Arbeit findet in unserer edener Schule praktische Bestätigung, und auch sie soll, bei weiterem Wachstum, einmal vorbildlich wirken.

(…) Wollen wir in unserer Rasse das ursprünglich heroische Element wieder heranzüchten zu sieghaftem Vorbilde der Welt, dann müssen wir uns bewusst der Mutter-Erde wieder nähern, von der wir die besten Kräfte empfangen"[216]. Nur zu verständlich, dass sich nicht nur die Gegner sondern auch ‚normale' Kleinbürger damals über ‚alternative' Lebensweise und über die ‚Schrulligkeit' der Edener mokierten. „Absonderliche Ideen brauchen absonderliche Menschen, (…) den Vegetarismus"[217].

Abb. 22: Wohnhaus in Eden

1932 fand in Eden der 8. Internationale Vegetarier-Kongress statt und die Siedlung wurde zu einem Mekka der Gesinnungsgenossen und Sympathisanten. Das Familien- und Genossenschaftsleben in Eden wurde nach Prinzipien der Gesundheit, Abhärtung, Zucht und Einfachheit geführt, wobei auch völkische Einschläge unverkennbar waren. In einer 1941 verfassten Studie über Eden heißt es: „In der sandigen Mark Brandenburg erfuhr das, was vielen eine Utopie war, eine Läuterung zum Nüchternen, zur Sachlichkeit und zu wirtschaftlichem Realismus. So haben sich die Edener Genossenschaftler als wahre Artamanen (Hüter der Scholle) erwiesen"[218]. Aus Eden wurden über Reformhäuser später die Olympischen Spiele 1936 versorgt, die Reichskanzlei Adolf Hitlers und das Braune Haus in München mit Waren beliefert. Fritsch kritisierte dagegen an der Eden-Siedlung, dass hier die vegetarische Lebensweise überbewertet – denn „viele schwache und degenerierte Naturen wenden sich dem Vegetarismus zu" – und keine rassische Auswahl der Siedler getroffen würde [219]. Immerhin sollte Eden bald für Fritsch zu einem Vorbild für die Siedlung Heimland werden.

Prominente Mitglieder in Eden waren Karl Bartes (1879-1962), später Vorsitzender des Verbandes deutscher Vegetariervereine, Otto Jackisch (1872-1956) seit 1905 Geschäftsführer der Edener Siedlungsbank, Dr. Friedrich Landmann (1864-1931), Erfinder der ‚Eden-Pflanzenbutter', der Genossenschaftspionier Hermann Krecke und Gustav Lilienthal (1849-1933), Architekt und Baumeister und Bruder des Erfinders der ‚Flugmaschine'. In dem Haus des Musikprofessors und Freundes von Richard Wagner Karl Klindworth in Eden verbrachte Winifred Wagner (geb. Williams, 1897-1980) einen Teil ihrer Jugend. 1907 kam das kranke Waisenkind aus Sussex nach Eden zu ihren entfernten Verwandten, den kinderlosen 70 bzw. 77 Jahre alten Eheleuten Klindworth. Klindworth war Wagnerverehrer, sandte Cosima Wagner regelmäßig Kostproben aus seinem Edener Garten und war eng mit Heinrich Claß (1868-1953) dem Vorsitzenden des Alldeutschen Verbandes von 1880-1939, einer Autorität unter Deutschvölkischen und Antisemiten bekannt[220]. Er verstarb 1916 und wurde als ältester und getreuester

Mitstreiter in den Edener Nachrichten gewürdigt. Seine Todesanzeige war als Zeichen seiner völkischen Gesinnung mit einem Hakenkreuz versehen. Von 1911 bis 1916 und in den letzten Jahre seines Lebens ab 1927 lebte auch der deutschargentinische Kaufmann und Sozialreformer Silvio Gesell (1862-1930) in Eden. Er war im Steakland Argentinien zum Vegetarier mutiert. Seine Schriften wurden im ‚Hammer' beworben und er selbst publizierte in Fritschs Zeitschrift[221]. Auch der bekannte Bodenreformer Adolf Damaschke (1865-1935) war seit 1911 Mitglied der Genossenschaft. Die Edener Feste wie Fasching, Frühlingsfest, Erdbeerfest und Sonnenwendfeiern waren Bestandteile des Gemeinschaftslebens und gehörten zu den Höhepunkten jeden Jahres.

Mit der Realisierung von Eden war der Schritt von der papiernen Vision zur gebauten Realität gemacht worden. Der Wunsch nach alternativem Gemeinschaftsleben war also in der kapitalistischen Gesellschaft realisierbar. Der Siedlungsgenossenschaftstheoretiker Franz Oppenheimer bewertete den Versuch wie folgt: „So klein die Genossenschaft der gemeinwirtschaftlichen Richtungen; hier ist der Beweis erbracht, dass Bedingungen geschaffen werden können, unter denen Menschen in leiblicher und seelischer Harmonie zu wirklicher Kultur aufleben können (…); Diese kleine Siedlung blüht wie eine Oase inmitten der kapitalistischen Wüste (…); wenn die soziologische Wissenschaft der Neuzeit wäre, was sie sein sollte, die Wegweiserin zur Rettung, so müsste diese erste vollgereifte Frucht des liberalen Sozialismus in jedem Lehrbuche der Ökonomik und sozialen Psychologie ein ganzes Kapital füllen"[222]. Oppenheimer hatte mit Krecke die Statuten der Genossenschaft abgefasst, war jedoch nicht aktives Mitglied in Eden geworden. „Ich (…) konnte der Gruppe nicht aktiv beitreten, weil ich die lebensreformerischen Ansichten zwar achte, aber nicht teile. Ich bin kein Vegetarier, verachte gelegentlich einen guten Tropfen nicht, wenn ich auch im allgemeinen Wassertrinker bin, und bin leider passionierter Raucher: nur mit der Zigarre kann ich arbeiten"[223].

Die völkisch-rassistische Unterwanderung begann in Eden spätestens nach dem Ersten Weltkrieg. 1921 berichtete Herbert Rosemann stolz, dass am er am Giebel eines Hauses als erster ein Hakenkreuz angebracht hätte. Unter seiner Führung wird in Eden die ‚Siegfried-Siedlungsgemeinschaft deutschvölkischer Lebenserneuerer' gegründet. 1922 schrieb Rosemann: „Eden hat in seiner ‚Denkschrift von 1920' nun ein Sonderheft ‚Edener Mitteilungen' folgen lassen, das es Otto Jackisch widmet. Der ‚amerikanische' Reklameton kehrt hier in verstärktem Maße wieder und besonders der Jude Oppenheimer, der zionistische Siedlungspascha, findet für seinen Freund schmalzige Worte. – demnächst werde ich meine Erlebnisse im Genossenschaftsstaat Eden (80v.H. rot) auch in einer Denkschrift schildern und dadurch zu einer Dämpfung des Überschwanges beitragen"[224].

In der Zeit des Nationalsozialismus wurde Eden zu einem Zentrum des Antisemitismus umgedeutet. „Man beschäftigt sich kaum irgendwo eingehender mit den Fragen der völkischen Erneuerung als gerade dort (…). Eden ist heute eine rechte Hegestätte deutscher Wesensart"[225]. „An der Entstehung der Obstbau-Kolonie Eden bei Oranienburg waren Antisemiten in großer Zahl beteiligt, so auch der Förderer der naturgemäßen Lebensweise (…) Gustav Simons"[226]. Das Verdikt von Brigitte Hamann in ihrer Winifred Wagner Biographie: „Die meisten Siedler waren deutschvölkisch, anti-semitisch und verfochten das Ideal von Blut und Boden ohne ‚kapitalistische' Ziele" ist allerdings zu einseitig[227]. Die vielfältigen politischen Schattierungen der Vorkriegszeit gingen in Eden allerdings zunehmend verloren. 1916 wurde anlässlich der Feier des ‚Freiland-Tages' verkündet: „Zu solchem Siedeln ist die deutsch-völkische Gesinnung Voraussetzung. Und dazu befähigt nur deutsches Ariertum"[228].

Eden war keine Garten(vor)stadt im engeren Sinne, es dominieren freistehende Einzelhäuser auf großen Parzellen, industrielle Arbeitsstätten sind nicht vorhanden. Eden war aber auch keine völkische Siedlung, wie sie Fritsch herbeisehnte. Eden war eine genossenschaftliche Siedlung im lebensreformerischen Geiste, heute würde man sie ökologisch nennen, und bot mannigfaltigen Reformbewegungen und Weltanschau-ungen eine Heimat. Siedler, die ein Konglomerat von völkisch-vaterländischen Zielen favorisierten, lebten neben anderen, die Vorstellungen von Lebensreform und sozialis-tisch-egalitären Ideen umsetzen wollten: Eine lebensreformerische selbstgeschaffene Insel im kapitalistischen Ozean. Architektonisch und städtebaulich bieten die Häuser und die Siedlung wenig Spektakuläres, der genossenschaftliche ‚bottom up' Reforman-satz erschließt sich erst durch den Blick hinter die Fassaden. Innovativ bezogen auf die bauliche Gestaltung und auf die Einbeziehung der Siedler und Nutzer in die Planung ist dagegen die wohl bekannteste deutsche Gartenstadtgründung, Inbegriff der deut-schen Städtebaureform: Dresden-Hellerau.

6.2 Hellerau-Dresden – das ‚deutsche Letchworth'

Das ‚deutsche Letchworth' entstand 1906 in Hellerau (Dresden), auf Initiative des In-dustriellen Karl Schmidt. Der Möbelfabrikant (‚Holz-Goethe', ‚Möbel-Revolutionär') Karl Schmidt (1873-1948) hatte auf einer Fahr-radtour 1908 die reizvolle Umgebung Dresdens kennen gelernt. Er beschloss, sein Unternehmen aus der Stadt hierher zu verlegen und nach eng-lischem Vorbilde die erste deutsche Gartenstadt zu errichten. Franz Oppenheimer hatte noch 1903 beklagt, dass es in Deutschland keine Phi-lanthropen wie George Cadbury (1839-1922) geben würde, die Vorhaben wie das von Cad-bury initiierte gartenstadtähnliche Bournville bei Birmingham unterstützen würden. „Es wäre ein außerordentlicher Glücksfall zu nennen, wenn es bald gelingen sollte, einen deutschen Cadbury zu finden"[229]. Die Gründerpersönlichkeiten von Hellerau hatten eine Synthese von Lebens-, Sozial- und Kulturreform im Blick. Verbündete von Karl Schmidt waren der welt- und sprach-gewandte Sozial- und Kunstreformator Wolf

Abb. 23: Wohnungsvermietung in Hellerau

WOHNUNGEN
in Einfamilienhäusern mit angrenzendem Garten in der
Gartenstadt Hellerau
vermietet an ihre Mitglieder die Baugenossenschaft Hellerau Mietvertrag seitens der Genossenschaft unkündbar Mietesteigerung ausge-schlossen -- Prospekte durch die Geschäfsstelle in Hellerau -- Dresden 15 Fernspr. 18817 (Amt Dresden)

Dohrn (1878-1914) und die Architekten Richard Riemerschmidt (1868-1957), Heinrich Tessenow (1861-1927) und Hermann Muthesius (1861-1927). Dohrn wurde später Geschäftsführer des Deutschen Werkbundes und er war der große Inspirator des Projektes. Früh wurde in Hellerau der Mythos einer besonderen Lebens- und Wohnkultur kultiviert: „ein selbständiger Wohn- und Arbeitsorganismus, der sich aus seiner geistigen und künstlerisch-handwerklichen Struktur heraus seine eigene kulturelle Aufgabe und Lebensform schuf. Diese Lebensform wiederum zog auf Grund ihrer Eigenheit bald aus allen Teilen Deutschlands gleich- und ähnlich gesinnte Menschen heran"[230].

Karl Schmidt hatte in England die ‚Arts- and Crafts'-Bewegung kennengelernt und dann in Dresden die ‚Dresdner Werkstätten' aufgebaut[231]. Zusammen mit seinem Schwager, dem Architekten Richard Riemerschmid fasste er den Plan für den Bau einer Gartenstadt im Zusammenhang mit den Produktionsstätten und erwarb ein ca. 130 Hektar großes Gelände. Es mussten schwierige Verhandlungen mit 73 alteingesessenen Vorbesitzern geführt werden, bevor das Areal für 1,75 Mio. Mark erworben werden konnte[232]. Schmidt ging es darum, „das Notwendige, den Neubau seiner Fabrik und die Schaffung von Wohnungen für seine Betriebsangehörigen mit einer Reihe sozialer und künstlerischer Verbesserungen zu verknüpfen"[233]. Wolfgang Dorn zeichnete für den organisatorischen und kaufmännischen Rahmen verantwortlich. Das Experiment gelang, die Möbelproduktion der ‚Deutschen Werkstätten' florierten bei mustergültigen sozialen Bedingungen für die Arbeiter und Angestellten.

Drei Kernbereiche waren geplant: Die Fabrikanlage als Zentrum, die Wohnhäuser der Arbeiter und Landhäuser. Eine aus den Reihen der Arbeiterschaft gewählte Kommission formulierte Wohnbedürfnisse, die dann vom Architekten geprüft und in Pläne umgesetzt wurden. Die Arbeiter füllten Fragebögen aus, wurden damit in den Planungsprozess integriert und moralisch mit in die Verantwortung einbezogen[234]. Dem hügeligen Gelände angepasst, entstand ein idyllisch-anmutiges System der ‚krummen Straßen'. Um ein künstlerisch einheitliches Werk zu gewährleisten, wurde eine Bau- und Kunstkommission eingesetzt, die jeden Bau genehmigen musste. Zu der Kommission gehörten u.a. Theodor Fischer, Hermann Muthesius, Otto Gussmann, Richard Riemerschmid und Fritz Schumacher[235].

Die bauliche Gestaltung und Erschließung lag zunächst in den Händen von zwei Gesellschaften: der ‚Gartenstadt-Gesellschaft' und der ‚Baugenossenschaft'. Der Gartenstadt-Gesellschaft kam die Aufgabe der Erschließung und Parzellierung zu, die Baugenossenschaft war für den Bau und Vermietung von Kleinwohnungen zuständig. Diese Entkopplung war von Karl Schmidt intendiert, um Abhängigkeiten der Arbeiter als gleichzeitiger Mieter und Arbeitnehmer zu umgehen. Die Genossenschaftsmitglieder waren unkündbar und gemeinsame Eigentümer der Wohnungen. Die (aus heutiger Sicht) geringe Wohnfläche wird durch die Gärten kompensiert. 1909 zogen die ersten Bewohner in Hellerau ein, 1914 betrug die Einwohnerzahl 2.000. Die großzügige Anlage weist malerische und puristisch-strenge Elemente auf, deren Reiz in der Einfachheit liegt. Um die Gefahr der Gleichförmigkeit der Architektur zu meiden, wurden Heinrich Tessenow und Hermann Muthesius als weitere Architekten herangezogen. Kulturelles

Zentrum der Siedlung wurde das asketisch-schlichte von Heinrich Tessenow entworfe-ne Festspielhaus.

Ebenezer Howard, der 1912 an dem Internationalen Esperanto Kongress in Krakau teilnahm, bewertete Hellerau bei einem Besuch wie folgt: „Hellerau ist keine bloße Nachahmung der englischen Gartenvorstädte, sondern es zeigt das Wesen des deut-schen Volkes, das seine eigenen Wege geht und von anderen lernt, sie aber nicht skla-visch kopiert (…). In Hellerau tritt deutlich das Bemühen hervor, den Menschen Heime in der Nähe ihrer Arbeitsstätten zu bauen und Arbeit in die Nähe ihrer Heimstätten zu bringen. (…) Ich bekenne, dass mir in Hellerau sowohl die innere Einrichtung der Häu-ser als ihre Gruppierung sehr gefallen hat"[236].

Hellerau wurde umgehend zu einem Treffpunkt der Avantgarde und der Mythos der Reformkultur wurde etabliert. Hier lebten und wirkten der Tanzpädagoge Emile Jaques-Dalcroze (1865-1950), die Schriftsteller Paul Claudel (1868-1955), der Päda-goge Otto Rühle (1874-1943), Paul Adler, Peter de Mendelssohn (1908-1982) und Gottfried Benn (1886-1956) sowie der Verleger Jacob Hegner (1882-1962). Dalcroze sah in einem harmonisierenden Rhythmus (‚Dalcrozeritis') die methodische Klammer, die das Zusammenleben, das Miteinander und das Gemeinschaftsgefühl fördern sollte[237]. Zu den prominenten Besuchern Helleraus zählten Franz Kafka (1883-1924), Else Lasker-Schüler (1869-1945), Gustav Stresemann (1878-1929), Gustav Landauer (1870-1919), Fidus (Hugo Höppener), George Bernard Shaw, Rainer Maria Rilke, Mar-tin Buber, Upton Sinclair und Franz Werfel. Der Pädagoge S. Neill war an den Reform-versuchen an deutschen Schulen interessiert und sammelte in Hellerau Erfahrungen für sein späteres alternatives Schulprojekt Summerhill[238].

In Dresden war aber als Gegenpol zur sozialreformerischen Gartenstadtidylle in Hel-lerau das Spektrum deutsch-völkischer und nationalistischer Bewegungen breit vertre-ten. Neben Berlin konnte in Dresden zu Beginn der 1880er Jahre die antisemitische Agi-tation Wurzeln um Alexander Pinkert fassen. Dresden bot während der Amtszeit von Oberbürgermeister Gustav Otto Beutler (nach 1895) „konservativen, nationalistischen und antisemitischen Kräften ein günstiges Klima, ein großes Reservoir an potentiellen Mitgliedern und Sympathisanten und eine breite Resonanz in der Öffentlichkeit"[239]. So erreichte der Alldeutsche Verband, dass die Stadt ab 1909 keine polnischen und tsche-chischen Wanderarbeiter mehr einstellte.

Zum Reformspektrum in Hellerau (und in Deutschland) gehörte als integraler Be-standteil auch die völkische Bewegung. Die reformerische Idylle und Verklärung von Hellerau wurde in den 1920er Jahren zunehmend zwischen Ideologien zermahlen. Bruno Tanzmann (1878-1939), wirkte seit 1910 hier und gründete hier unter dem ‚germanischen Heilszeichen' mit Heinrich Pudor und Georg Stammler (Ernst Emanuel Kraus) den Hakenkreuzverlag, einen völkischen Lesering und das ‚Deutschschriften-haus'[240]. Tanzmann, Ideologe und Organisator zugleich, fühlte sich zum Volkserzieher berufen und verbreitete völkische Schriften unter die bäuerliche Bevölkerung Sachsens. Der Vorkämpfer des paramilitärischen Arbeitsdienstes, sah Hellerau „von Juden und Kommunisten durchsetzt". Tanzmanns geistiger Vater war der völkische Literaturhistoriker Adolf Bartels (1862-1945), der auch im ‚Hammer' publizierte. Tanzmann, ein gelern- ter Landwirt und sein Gesinnungsgenosse Heinrich Pudor (1865-1943) wollten in Hel- lerau den Grundstein für ein neues Reich le- gen. Sie waren Vorkämpfer einer Deutschen Bauernhochschule[241], die in der Zeitschrift ‚Deutsche Bauern-Hochschule-Sendschrift für deutsche Art an alle Stände im Reich und jenseits der Grenzen und Meere' propagiert wurde, wie einer ‚Deutschen Volkshoch-

Abb. 24a: Ansicht aus Hellerau

hochschule'[242], eines völkischen Siedlungswerkes und der Artamanenbewegung. Tanz- mann, der Fritschs ‚Hammer' mitverbreitete und in einem Haus von Heinrich Tessenow wohnte, interpretierte Hellerau als „ein Stück Schollen- und Natursehnsucht von der krankgewordenen Stadt- und Industriezivilisation" und das vom „genialen Tempelbau- meister" Tessenow errichtete Festspielhaus als „Akropolis des deutsch- germanischen Weltgedankens"[243].

In der von H. Tessenow geplanten Bildungsanstalt in Hellerau richtete Bruno Tanz- mann seine völkische Verlagsarbeit ein. „Denn diesen Bau halte ich für den gegebenen Mittelpunkt für die völkische Kulturbewegung. Ich wollte ihn auch für das Artama- nenwerk erobern"[244]. Tanzmann schrieb, der Siedlungsgedanke, wie er von Fritsch propagiert wurde, sei „zum Schlachtruf der großen völkischen und vaterländischen Be- wegung geworden". „Rückkehr zur Natur, Überwindung der Verstädterung, Neuland für Kraftzuwachs, Nahrungsraum, organisches Leben, Selbständigkeit und Freiheit: die alte bluteingeborene, germanische Bauernsehnsucht lebt noch in jedem unverdorbenen deutschen Menschen [245]. Tanzmann, dessen Erscheinung eher dem antisemitischen Kli- schee des ‚Juden' entsprach, wurde von dem deutsch-jüdischen Intellektuellen Paul Ad- ler, der von 1912-1933 in Hellerau leb- te, ‚Schmulchen Hakenkreuz' genannt. Tanzmann galt in völkischen und später auch in nationalsozialistischen Kreisen als verschrobener Agitator und schied 1939 freiwillig aus dem Leben[246].

Tanzmanns Mitstreiter Heinrich Pudor, der sich auch ‚Scham' nannte, fokussierte seine Bemühungen im Bündnis mit völkischen Bestrebungen auf ein noch exotischeres Feld, die

Abb. 24b: Ansicht aus Hellerau

Nackt-Kultur, den ‚völkischen Nudismus'. Kleider würden nach Pudor verweichlichen. „Je mehr Kleider und je mehr Luxus in den Kleidern, desto größer die Verweichlichung – und desto näher der Ruin. (…) Ich will eine Gesundung der Volkskraft, ich will dazu beitragen, dass wir ein starkes, zähes, ausdauerndes, hartes, lebensfähiges Volk bekommen, dass die Sterblichkeit zurückgeht, dass die Gebärtüchtigkeit zunimmt, dass die Rasse verbessert wird"[247]. Für Pudor, der auch im ‚Hammer' publizierte, galt Nacktheit als Sittlichkeit und durch Abhärtung galt es im Kontext seiner Nordland-Mythologie die Rasse unempfindlich gegen die Beschwernisse des Alltags zu machen[248]. Pudor proklamierte die Rückkehr zur Natürlichkeit und forderte weitläufigere Städte. „Die Häuser sollten einzeln stehen und von Gärten umgeben sein. In diesen undeutschen Häuserhaufen und Massen-Quartieren kann ein wirklich deutsches Geschlecht nicht gedeihen. Es ist, wie Lagarde sagt, für den deutschen eine ethische Notwendigkeit unter seinem eigenen Dache zu schlafen". Pudor, der jahrzehntelange fanatische Abstinenzler, Vorkämpfer für Ernährungs-, Sexual- und Kleiderreform, endete 1943 als bettelarmer Alkoholiker in einer Leipziger Dachkammer, sein Wirken als Vorkämpfer des Nationalsozialismus zählte nur noch wenig[249]. Pudor hatte den Führerkult um Adolf Hitler abgelehnt, wurde als staatsfeindlich eingestuft und 1933 von den Nationalsozialisten zeitweise inhaftiert[250]. Das Verhältnis zwischen Pudor und Fritsch war teilweise gespannt, zumal Pudor Fritsch die finanziellen und publizistischen Erfolge neidete. Pudor hatte große finanzielle Probleme und zerbrach daran, dass er keine hinreichende Anerkennung als Vordenker des Dritten Reiches erhielt.

Die Erfahrungen in Hellerau illustrieren, dass Siedlungen und Architektursprachen nicht resistent gegenüber gesellschaftlichen Ver-

Abb. 25: Ansichten aus Hellerau

änderungen sind. Der ursprünglich sozialreformerische Siedlungsgedanke von Hellerau wurde später für die Ostmarkbesiedlung als „Waffe des nationalen Behauptungskampfes" pervertiert. „Aus Nationalbewusstsein und Vaterlandsstolz wurden Nationalismus und Überheblichkeit der einen"[251]. Aus der Euphorie und Anfangstoleranz war auch in Hellerau ein Kampf der Meinungen geworden. Reichspropagandaminister Josef Goebbels besuchte Hellerau, aber Pläne scheiterten, das Festspielhaus zur ‚Weihebühne des völkischen Dramas' werden zu lassen. Ende der 1930er Jahre wurde das Festspielhaus zu einer Unterkunft der SS und nach dem Zweiten Weltkrieg zogen die Soldaten der Roten Armee hier ein. Nach dem Zweiten Weltkrieg wurde Hellerau nach Dresden eingemeindet, das Festspielhaus konnte nicht mehr genutzt werden und „alles atmete artiges Mittelmaß"[252].

Die städtebauliche Meisterleistung steht heute unter Denkmalschutz. Das ‚Wohnen im Denkmal' ist allerdings nicht problemlos. Viele Häuser gingen nach der zwangsweisen Auflösung der Baugenossenschaft in Privateigentum über. Falsche Baumaterialien und ‚Eigentümermentalität' bedrohen die ursprüngliche Einheitlichkeit des Gesamtbildes[253]. Dresden-Hellerau und die von Alfred Krupp gebaute Siedlung Margarethenhöhe[254] (Essen) (Architekt Georg Metzendorf) galten bisher als erste deutsche

Gartenstädte. Aber fast einhundert Jahre später, nach der deutschen Vereinigung ist nun die Siedlung Marga (wieder-)entdeckt worden, die schon 1905 gebaut wurde und große Ähnlichkeiten mit dem räumlichen Strukturkonzept der Gartenstadt von Theodor Fritsch aufweist.

6.3 Marga-Brieske

Für Marga fehlte die werbewirksame publizistische Wegbegleitung, die bei der Siedlung Margarethenhöhe durch das Unternehmen Krupp und die bei der Siedlung Hellerau durch die Deutsche Gartenstadtgesellschaft und den Werkbund erfolgte[255]. Zudem bildete sich kein bemerkenswertes soziales Siedlungsinnenleben wie in Eden und Hellerau heraus. Zum geringen Bekanntheitsgrad in der Gartenstadtbewegung mögen auch die unklaren Bezeichnungen für die Siedlung Grube Marga, Colonie Marga, Marga oder Arbeiter-Gartenstadt Marga beigetragen haben. Der fehlende überregionale publizistische Niederschlag hat dazu geführt, dass Marga in den einschlägigen Publikationen zur Gartenstadtbewegung kaum erwähnt wurde[256].

Die Gartenstadt Marga in Brieske im Niederlausitzer Braunkohlegebiet liegt 2,6 km von Senftenberg entfernt und wurde von dem Fabrikanten Kunheim für die Arbeiter seiner Ilse-Bergbaugesellschaft gebaut. Die Gesellschaft war 1888 gegründet worden und betrieb Braunkohlegruben und Brikettfabriken. Die Namensgebung der Siedlung erfolgte nach der im jugendlichen Alter verstorbenen Tochter Marga des Generaldirektors Georg Gottlieb Schumann. In der dünnbesiedelten Gegend sahen sich die Unternehmen gezwungen, selbst Unterkünfte für die Wanderarbeiter, Angestellten und Beamten in der Nähe der Abbauflächen und Produktionsstätten bereitzustellen. In einem Schreiben der Bergbaugesellschaft an die zuständige Kreisverwaltung in Calau von 1906 hieß es: „Um genügende Arbeitskräfte zu erhalten, und zur Sicherung des

Abb. 26: Gesamtansicht der Kolonie Marga

Abb. 27: Marga – Entwurfszeichnung 1907

erforderlichen Arbeiterbestandes tragen wir uns mit der Absicht, auf dem Grundstück des von uns erworbenen Gutes Viktoriahof im Anschluss an die jetzt bestehenden Guts- und Wirtschaftsgebäude eine grosse Reihe von Beamten- und Arbeiterwohnungen zu errichten. (...) Zunächst ist geplant, soviel Wohngebäude zu errichten, um etwa 100 Beamten- und Arbeiterfamilien unterzubringen, und sollen diese Gebäude sowohl wie das erforderlich werdende Gasthaus, Kaufhaus mit der daran hängenden Bäckerei und Schlachterei im Laufe des Jahres 1907 errichtet werden. Im Laufe der späteren Jahre soll die Kolonie wesentlich erweitert und auf eine Ziffer von 250 bis 300 Beamten- und Arbeiterwohnungen gebracht werden"[257]. Das ebene, unbebaute Gelände eröffnete die Möglichkeiten für eine Reißbrettplanung, bei der auf topographische und landschaftliche Gegebenheiten kein Bezug genommen werden konnte.

Vermutlich nach einem Wettbewerb für 500 Wohnungen erhielt der Dresdener Architekt Georg Heinsius von Mayenburg (1870-1930) den Zuschlag für die Planung[258]. Er war zuvor für seine dekorativen und innenarchitektonischen Arbeiten bekannt geworden. Für die Internationale Hygieneausstellung in Dresden 1911 hatte er die Gesamtkonzeption für Vergnügungsbauten entwickelt und bei der Großen Kunstausstellung 1912 in Dresden entwarf er den Saal der Dresdener Kunstgenossenschaft[259]. Mit dem Bau der Siedlung wurde 1907 begonnen, später war an der Planung auch Ewald Kleffel beteiligt. Die Wohnungen sind in Gruppenhäusern mit bis zu zehn Wohnungen zusammengefasst. Entsprechend dem sozialen Status und dem Einkommen der Bewohner gab es unterschiedlich große Wohnungen und Häuser. 1914 hatte Marga ca. 2.500 Einwohner, 1922 wurde die Einwohnerzahl mit 3.377 angegeben. Die Gebäude in Marga haben Sattel- und Walmdächer, eine Vielzahl von Haustypen mit Jugendstilelementen, Schieferverkleidung und aufgesetztem Fachwerk lassen ein malerisches Bild entstehen. Statt geschlossener Straßenfronten bevorzugte der Architekt Einzelgebäude. Gewundene oder abgeknickte Straßen fassen die Strassenräume ein, es

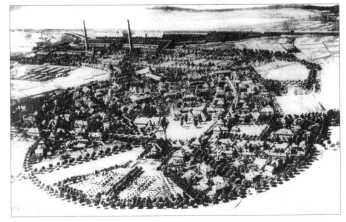

Abb. 28: Luftperspektive von Marga Ende der 1920er Jahre

gibt kleine Alleen, Bänke und (nun mit großem Aufwand wieder hergestellte) Garten-
zäune, kurz eine gebaute Idylle. Alle Häuser hatten einen Vorgarten und einen Nutz-
garten. Zu jeder Wohnung gehörte zudem ein Stall mit einem Futter- und Heuboden
sowie im gleichen Gebäude ein Abort. Die Nebenbauten waren in das gestalterische
Gesamtkonzept der Siedlung einbezogen. Die Nutzgärten gruppierten sich unterschiedlich angeordnet um die Wohn- und Nebengebäude.

Abb. 29: Luftbild von Marga 1992

Den Mittelpunkt der fast kreis-
runden Siedlung bildet der
Marktplatz, um den herum
sich die öffentlichen Gebäude,
Kirche, Gaststätte ‚Kaiserkro-
ne‘, Schule, Kaufhaus, Post,
Bäckerei und Fleischerei gruppieren. Am Rand der Siedlung
gibt es einen Grünring. Für
den Gasthof wurde ein großer
Garten mit Kegelbahn und
einer Konzertbühne vorgesehen. Der Freiraumgestaltung
wurde in der ganzen Siedlung
eine große Bedeutung beigemessen[260]. Der Durchmesser
der Siedlung beträgt 375
Meter. Alle Straßen sind als
Baumalleen ausgeformt, die
unterschiedlich bepflanzt waren. Die Gestaltung orientiert
sich an der Formensprache des
Spätjugendstils, der heimattü-
melnden Architektur und wohl auch an englischen Vorbildern, die von Mayenburg nach
einem Besuch in England und durch das Buch von Hermann Muthesius ‚Das englische
Haus‘ (3 Bd., deutsch 1908) bekannt gewesen sein dürften. Walmdächer, Krüppel-
walme, Fachwerk und Holzverkleidungen sowie farbliche Abstufungen lassen ein ab-
wechslungsreiches Siedlungsbild entstehen. Bewusst vorgesehene Unregelmäßigkeiten
vermeiden den Eindruck einer vom Reißbrett geplanten Siedlung. Die Siedlung war
ein großer Wurf aus einem Guß, ‚vom Städtebau bis zum Kaffeelöffel‘. Stallgebäude,
Rankgerüste, Türsprossen, Fensteroliven und andere Details tragen eine einheitliche
Handschrift.

Die städtebauliche Gesamtanlage weist eine große Ähnlichkeit mit dem Strukturkonzept der Gartenstadt von Theodor Fritsch auf. Es gibt aber keine schlüssigen Belege
dafür, dass Georg Heinsius von Mayenburg Theodor Fritsch persönlich, oder aber sein
Buch gekannt hat[261]. Der ringförmige Grundriss eröffnete jederzeit Möglichkeiten der

Abb. 30: Zentrum von Marga mit Geschäftshäusern 1914

Erweiterung. Die Bergbaugesellschaft hatte großzügig Flächen aufgekauft. Die Geometrie der Gesamtanlage sollte das Abbild der braven Utopie einer klassenlosen, harmonischen Gesellschaft guter Menschen sein, die abends den Garten pflegen und nicht ins Wirtshaus gehen.

Marga gehörte nicht zu den prominenten deutschen Gartenstädten und der Denkmalpflege in der DDR fehlte das nötige Geld, um die Siedlung Marga vor dem Verfall zu schützen. Nach der Vereinigung ging das Eigentum der Siedlung auf die TLG Treuhand Liegenschaftsgesellschaft über. Mit der denkmalgerechten und sozial verträglichen Sanierung des Quartiers wurde 1997 begonnen, sie war 2002 weitgehend abgeschlossen.

Marga, Margarethenhöhe und Hellerau sind städtebaulich unterschiedlich ausgeformt als Werkwohnungsbau entstanden, die ähnlich wie die englischen Vorbilder Bournville und Port Sunlight, maßgeblich auf philanthropische Unternehmer zurückgehen. Zufriedene Arbeiter waren verlässliche Arbeiter. Häufig erforderten betriebswirtschaftliche Gründe die Neuanlage oder die Verlagerung von Produktions- und Abbaustätten und damit auch den Bau neuer Wohnsiedlungen. Die neuen Fabrik-Städte, Fabrik-Dörfer oder Kolonien entstanden meist außerhalb der städtischen Siedlungsräume. Nun der städtischen Enge entwichen konnten planvolle Fabrik- und Wohnanlagen entstehen, hier gab es gestalterische Freiheiten, etwas Einheitliches zu schaffen und nicht selten wurden sozialreformerische Ansätze in die Siedlungskonzepte integriert.

Der Protagonist der DGG H. Kampffmeyer kritisierte an der Planung von Marga, dass der Architekt zu sehr Häuserbauer und zu wenig Städtebauer sei. Damit war der Diskurs um die ,echte‘ Gartenstadt, um ,Pseudogartenstädte‘ und Villenvororte eröffnet, der auch in dem Publikationsorgan ,Gartenstadt‘ der Deutschen Gartenstadtgesellschaft geführt wurde. So wurde zwischen kapitalistischen, genossenschaftlichen und von privaten Arbeitgebern initiierten Gartenstadtgründungen unterschieden[262]. Schnell hatten sich auch Immobilienspekulanten des Begriffs der Gartenstadt bemächtigt und nutzten ihn zur Vermarktung ihrer Stadtrandsiedlungen. Die konstituierenden Elemente der Gartenstadtidee von Fritsch und Howard waren dabei noch von marginaler Bedeutung. Für Fritsch kam eine Verwässerung seiner Ideen nicht in Betracht. Es galt seine Vision ohne Abstriche umzusetzen.

Abb. 31: Architekt von Marga: Georg Heinsius von Meyenburg (1870-1930)

6.4 Heimland – ‚Probe aufs Exempel'

Schon 1896 hatte Fritsch in einem vertraulichen Rundschreiben zur „Gründung von sozialpolitischen Versuchsstationen" aufgerufen. „Meine Erfahrungen der letzten fünf Jahre haben mich daran verzweifeln gelernt, dass es möglich sei, ein Volk in seiner Gesamtheit einer neuen reiferen Einsicht und Gesittung, gleichsam einem neuen Kulturgedanken, rasch und sicher zuzuführen. (...) Abseits vom wüsten Leben der Großstädte sollten sich kleine Ansiedlungen bilden von gleichgesinnten Männern, die das Recht beanspruchen, ihre Lebensverhältnisse nach eigenen Grundsätzen zu gestalten und alle unwillkommenen Elemente dabei fern zu halten"[263]. Fast zeitgleich mit der Veröffentlichung seines Gartenstadtbuches – dort allerdings ohne Fokussierung auf die rassistischen und antisemitischen Aspekte – waren damit für Eingeweihte die Ziele des Siedlungsunternehmens, Erneuerung des deutschen Volkes „durch Züchtung neuer überlegener Menschen, Auslese der Tüchtigen, Ausmerzung aller Entarteten aus dem Fortpflanzungskreis"[264] explizit formuliert worden.

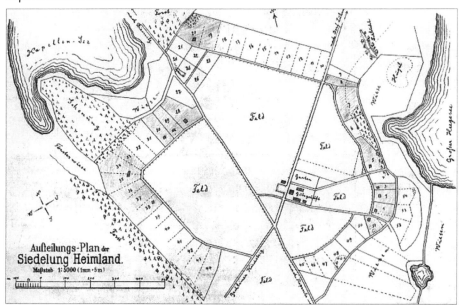

Abb. 32: Aufteilungsplan der Siedlung Heimland

Bei der von Fritsch 1908 über den ‚Hammer' initiierten ‚Erneuerungsgemeinde' und ‚Siedlungsgenossenschaft' war Vegetarismus keine Vorbedingung. Aber „die räumliche und numerische Begrenzung ist notwendig"[265]. In ländlicher Abgeschlossenheit und Anlehnung an die altgermanische Gemeindeverfassung wollte man sich auf die Züchtung einer neuen arischen Führungsschicht konzentrieren. Zunächst sollte ein Gut in Pommern erworben werden, das dann aber anderweitig veräußert wurde. Die 1908/09 gegründete ‚Siedlungs-Gesellschaft Heimland' (Vorsitzender des Aufsichtsrates Theodor Fritsch) erwarb 1909 ein 450 preußische Morgen (ca. 115 ha) großes Areal des vormaligen Gutes Luhme II in der Nähe von Rheinsberg, wo am 1. Oktober der erste Siedler seine Tätigkeit aufnahm. Hohe Anforderungen wurden gestellt: „wer als „Jungmannschaft nach Heimland kommen will, muß Spartanergeist und innere Disziplin mitbringen", und man hoffte, dass Heimland einmal zum ‚Treffpunkt für alle nationalen Deutschen' würde, zu den „Sonnenwendfeiern und germanischen Volksspielen Hunderte von Deutschen nach Heimland wallfahrten werden"[266]. In der Gründungsversammlung stellte Fritsch die Prioritäten klar: „Alle Einrichtungen und Maßnahmen in der Siedlung sollen an der Frage gemessen werden: Wie wirken sie sich auf das künftige Geschlecht aus?"[267]. Erster Geschäftsführer des Siedlungsunternehmens wurde Fritschs unehelicher Sohn Walther Kramer (1881-1964 [268]).

Abb. 33: Mitglieder der Siedlungsgemeinschaft vor dem Gästehaus um 1910

Beim zuständigen Landrat firmierte die Anlage Heimland zunächst als „Gartenbaukolonie" mit Kolonistenstellen[269]. 1911 hatten sich 12 männliche und 2 weibliche Siedler niedergelassen. Es fanden sich nur wenige völkisch orientierte Siedler, die den hohen Anforderungen genügten und „schwieriger als die Männerfrage hat sich die Frauenfrage für Heimland erwiesen. Der allgemeine Mangel an wirtschaftlich tüchtigen Frauen zeigt sich hier in ganz erschreckender Weise; es scheint, daß die Verbildung durch das Schulwesen und die damit verknüpfte Arbeitsscheu und Arbeits-Unfähigkeit unter den Frauen noch viel verheerender gewirkt hat als unter Männern. (…) Ein Königreich für ein Weib, das nicht studieren und schriftstellern will, sondern ehrlich zu kochen und zu wirtschaften versteht"[270]. Das Verhältnis zu der einheimischen Bevölkerung war nicht unproblematisch. „Unsere Bemühungen kräftige Landmädchen aus der Umgebung für die derbere Hausarbeit zu gewinnen, waren erfolglos. Fast alle gesunden jungen Mädchen aus der dortigen Gegend wandern nach Berlin. Junge Mädchen gebildeter Stände, die sich anboten, brachten meist nicht die nötige Rüstigkeit mit und sahen diesen Landaufenthalt mehr als eine Gelegenheit zur Erholung an"[271]. Der ‚Altmeister Fritsch' selbst zog nicht in seine Modellsiedlung. Er lebte im Vorort einer der von ihm bekämpften Großstädte (Leipzig). Die Verklärung des Landlebens und das hohe Lied auf das Bauernleben wurde in dem Roman ‚Der Schatz im Acker' von Rudolf von Koschützke (1866-1954) betrieben, der sich 1911 mehrere Wochen in Heimland aufhielt.

Abb. 34: Blick vom Kapellensee auf Heimland 1913

Pro Siedlerstelle war ca. ein halber Hektar vorgesehen. Insgesamt umfasste das Siedlungsareal 5.100 qm. Das Siedlungsgelände wurde in zwei konzentrische Kreise aufgeteilt. Im inneren Kreis wurde der Boden von den ‚Gemeinwirtschaftlern' gemeinsam bearbeitet, im äußeren Kreis mit 50 Grundstücken arbeiteten ‚Einzelwirtschaftler'. Auf den Flächen der Gemeinwirtschaft wurden Roggen, Hafer, Kartoffeln und Futterrüben, Gemüsesorten und Erdbeeren angebaut. Auf dem Entwicklungshöhepunkt gab es 1914 20 Kühe und Kälber sowie über 50 Schweine. Die Siedler hatten mit vielerlei Problemen zu kämpfen. 1911 schrieb Fritsch an den Landrat und forderte eine Selbständigkeit der Verwaltung von Heimland gegenüber der Gemeinde Luhme. Die Pflasterung einer Straße zwischen Luhme und Heimland sollte von der Erneuerungs-Gemeinde getragen

werden. Fritsch wies gegenüber dem Landrat auf das hehre Bestreben hin, „städtische Menschen wieder für das Landleben zu erziehen, die durch „Nebendinge" erschwert würden. 1912 wurde die Genehmigung für den Bau weiterer Siedlerhäuser erteilt. Der Regierungspräsident ersuchte 1914 nach Informationen über die Weiterentwicklung des Unternehmens und es wurde mitgeteilt, dass die Siedlung sich in „zufriedenstellender Weise" entwickelt hätte und alle Siedlerstellen belegt seien.

Abb. 35: Pferdefuhrwerk in Heimland um 1930

„Eine eigene Tracht soll geschaffen werden, die Gebäude werden in gleichartigem Stile als Einfamilien-Häuser hergestellt. 60 Hammer-Leser werden die Gründer bilden"[272]. Architekt der ersten Häuser war Jorg (eigentlich Georg) Brücke (1880-1967), ein ‚linientreuer' Hammerleser und Mitglied der Deutschen Erneuerungsgemeinde[273]. 1909 wurde Brücke von Theodor Fritsch mit dem Entwurf der ersten Siedlerhäuser beauftragt. Die Häuser waren unterschiedlich groß, in der Regel verputzt, Teile des Giebels verbrettert und hatten ein Krüppelwalmdach. Bis zum Ersten Weltkrieg wurden 11 Gebäude errichtet und von Siedlerfamilien bezogen. Die Anlage der Wege ergab

sich aus den vorhandenen Feldern und Wäldern. Brücke fertigte auch den Entwurf für eine Klebemarke der Siedlungsgesellschaft Heimland, mit deren Erlös die Siedlung unterstützt wurde und gestaltete auch das Emblem der Siedlungsgesellschaft mit einem Hakenkreuz im Schriftzug. Er posierte in ‚germanischer Tracht' mit wallendem Gewand neben einem deutschen Schäferhund für Fotos. Das Hakenkreuz stand für die vermeintliche ‚Edelrasse' der Germanen und wurde von verschiedenen völkischen

Abb. 36: Postkarte aus Heimland um 1912

Gruppen verwandt. Brücke gehörte von 1911 bis 1920 auch dem Aufsichtsrat der Siedlungsgesellschaft Heimland an und wollte sich in Heimland niederlassen, zog dann aber die Teilhaberschaft in einem Architekturbüro mit Paul Korff in Laage (Mecklenburg) vor. In späteren Jahren arbeitete Brücke vorwiegend als Künstler und beteiligte sich an diversen Kunstausstellungen. Die Kosten für die Errichtung der Häuser lagen zwischen 8.000 bis 15.000 Mark[274].

Die Siedler in Heimland kamen aus ganz Deutschland, vor allem aber aus Sachsen, Schlesien, Brandenburg und Thüringen. Sie einte ein mehr oder minder ausgeprägter Antisemitismus und die Ablehnung des ‚entarteten' großstädtischen Lebens. Nur kräftige und gesunde Siedler wurden zugelassen, um die „Aufzucht eines tüchtigen Geschlechts" zu ermöglichen. 1908 hieß es in einer Notiz in der Neuen Hamburger Zeitung unter „Die Züchtung des Edelmenschen": Diese ‚auserlesenen Menschen', die alle vorher auf ‚Herz und Nieren geprüft' werden und eine Probezeit durchmachen müssen, sollen natürlich auch die Urheber eines auserlesenen Geschlechts werden. Der zukünftige ‚Edelmensch' wird in dieser ‚Erneuerungs-Gemeinde' gezüchtet werden. Die ‚Zuchtwahl' wird oberstes Prinzip sein, wie früher schon wiederholt angekündigt worden ist. (…) Für 500 Mark kann schon eine Aktie erworben werden, also immer heran, ihr ‚teutschen' Jünglinge und ‚teutschen' Jungfrauen!"[275] Nach der Probezeit erhielten die Gemeinwirtschaftler ‚germanische' Namen, wie Eckhart, Siegbert oder Roland, mit denen sie dann angeredet wurden.

Abb. 37: Werbemarke für Heimland

Der Ausschank alkoholischer Getränke war in Heimland verboten[276]. ‚Einfachheit und Bedürfnislosigkeit' sollten die Heimländer lernen. „Sie haben nicht nötig, durch Alkohol und Tabak sich in einen künstlichen Freudenrausch zu versetzten: Auch nach einer Buttermilchsuppe mit einem Stück kernigem Schwarzbrot ertönt am Abend ihr fröhlicher Gesang zu Zupfgeige und Fiedel"[277]. Neben freier Unterkunft und ‚einfacher Kost' mit wenig Fleisch erhielten die Gemeinwirtschaftler ein wöchentliches Taschengeld von 3 Mark.

1919 war unter Walther Kramer in Heimland ein ‚deutsches Kinderheim' initiiert worden. ‚Rassisch wertvolle Kinder' sollten vor der ‚Welt des Verfalls' gerettet werden. Die Perversion der Züchtungsideen zieht sich wie ein roter Faden durch die Siedlungsgeschichte. Es war eine „gediegene völkische Charakterbildung der in Obhut genommenen Zöglinge" vorgesehen. 1919 wurde ein „prächtiger, artgerechter blonder Junge von 4 ½ Jahren" bei einer Heimländer Familie untergebracht. „Bei der Aufnahme von Zöglingen sollen rassische und biologische Gesichtspunkte besonders berücksichtigt werden"[278]. Kramer berichtete 1925 über ein gemietetes Haus in Heimland ,mit einem Fräulein und zwei schönen blonden Jungen'. Kramer hatte in einem Kinderheim „zwischen vielen Judenbastarden ein paar ganz prächtige germanische Kinder" gefunden. Da war z.B. der sechsjährige Sohn einer ostpreußischen Kriegerwitwe, der geradezu ein rassisches Idealkind war". Kramer hatte sich 1922 in der Nähe von Leipzig ein Stück Feld erworben und war „Vater von drei strammen blonden Mädels mit großen Blauaugen. Die

Rangen sollen alle einmal Gärtnerinnen oder Siedlerinnen werden, oder Siedler heiraten"[279].

Das Ziel der Siedlungsgesellschaft Heimland, eine Siedlerschule und ein ,deutsches Kinderheim' zu errichten, konnte nicht realisiert werden. In der Siedlerschule sollte ,der vaterländische Geist und völkische Eigenart gewahrt' bleiben. Prof. Dr. Heinrich Kraemer, der am Sonnenweg 6 in Heimland ein Haus besaß, war maßgeblich an dem Konzept: ,Landheimat für Stadtkinder und Kriegerwaisen' beteiligt. ,Es gilt, dieser Welt

Frauen und Mädchen,

die nicht durch Verbildung körperlich und seelisch gelitten haben, sich stark genug fühlen, an unserem Werke,

das Menschengeschlecht zu regenerieren,

sich zu beteiligen und vernunftvolle, gesundmachende praktische Arbeit zu tun, finden Aufnahme in der Siedelung Heimland.

In Heimland ist die Frau nicht ein untergeordnetes Wesen, sondern von allen geschätzt und geehrt, nicht „gleichberechtigt" sondern bevorrechtigt und vor den härtesten Gefahren des Lebens ritterlich behütet.

Nähere Auskunft erteilt die Haupt-Geschäftsstelle der Siedelungs-Gesellschaft Heimland, Leipzig, Königstraße 27 I.

Abb. 38: Aufzucht der germanischen Rasse in Heimland

der Auflösung und des Verfalls eine Anzahl art-echter deutscher Kinder zu retten. Jeder noch so kleine Beitrag hilft mit, den deutschen Rassenverfall zu steuern"[280]. Auch ein Altersheim für ,völkische Vorkämpfer' konnte nicht umgesetzt werden.

Schlechte Ernten und der Heeresdienst von Siedlern seit 1914 erschwerten die weitere Entwicklung von Heimland. 1921 wurde noch optimistisch im ,Hammer' prognostiziert: „Die völkische Siedlung Heimland erholt sich langsam von den Schäden der Kriegszeit, die ihr fast alle Arbeitskräfte weggenommen hatte"[281]. Acht Morgen Land wurden zurückgekauft und transportable Holzhäuser aufgestellt, um den Ansiedlungslustigen eine Bleibe zu bieten. Als Leiter des Gemeinwirtschaftsbetriebes wirkten Lorenz Raupp (bis 1914), Hans John (bis 1918) und Otto Jungheinrich (bis 1922). 1921 besuchte eine Gruppe aus Eden die Siedlung Heimland. In dem Bericht von Herrn Rosemann im ,Hammer' heißt es dazu: „Ein vorliegender Bewässerungsplan mit praktischen Teil-Ergebnissen, die sehr günstig sind, würde den Ertrag überraschend steigern und so den Ausbau einer deutschvölkischen Siedlungsschule, die im ganzen Lande als mustergültig anzusehen wäre, ermöglichen. (…) Nun gehe, sehe und helfe sogleich, wer irgend kann"[282].

Der minderwertige Boden und das regenarme Mikroklima, fehlende Erfahrung der Siedler in der Landwirtschaft und die ungewohnte schwere Landarbeit ließen jedoch das Ende des Vorhabens nahen. Eine erforderliche künstliche Bewässerung konnte nicht finanziert werden. Neue Siedler kamen, von den Kriegs- und Nachkriegswirren desillusioniert und desorientiert, nicht hinzu, andere wiederum verzogen aus Heimland aus Krankheitsgründen und wegen anderer persönlicher Motive. Nach dem Ersten Weltkrieg suchte Fritsch staatliche Mittel für den Bau eines Heimes für Kriegswaisenkinder und Stadtkinder zu akquirieren, das von 1919 bis 1922 bestand, aber vermutlich nie mehr als vier Kinder beherbergt hat. 1920 wurde angefragt, ob die Siedlung Kriegsbeschädigten empfohlen werden könne und ob es sich um ein gemeinnütziges Unternehmen handeln würde. 1922 wurde die Gemeinwirtschaft aufgegeben und das Gutsgebäude an zwei vormalige Siedler verpachtet. 1926 wurde der Vorstand von Heimland mit der Liquidation der Siedlungsgesellschaft beauftragt. 1928 heißt es in einem lapidarem Vermerk des zuständigen Landrats: „Die Siedlung ‚Heimland' bei Luhme hat sich nicht mehr weiter entwickelt. Die Siedler haben häufiger gewechselt. Nach Lage der Verhältnisse dürfte es sich erübrigen, die Entwicklung der Siedlung weiter zu verfolgen"[283]. 1935 diskutierten die Gemeinderäte des Ortes, die Ringstraße in Luhme-Heimland als Theodor Fritsch-Ring umzubenennen und die Luhmer Dorfstraße als Adolf-Hitler-Straße zu bezeichnen.

Die hohen Erwartungen, eine völkische Siedlung nach den Vorstellungen von Fritsch zu gründen und als Modellprojekt auszubauen, waren damit endgültig gescheitert. Mitte der 1920er Jahre stellten sich für die völkischen Ideologen andere (parlamentarische) Aufgaben als im Kaiserreich. Nach dem Zweiten Weltkrieg wurden die teilweise erweiterten Siedlungshäuser als betriebliche Ferienanlagen von Mitarbeitern der VEB Stahl- und Walzwerk Henningsdorf, des VEB Glaswerk Berlin-Stralau und der Konsumgenossenschaft Berlin und Umgebung genutzt. Das Gutsgebäude und die Ackerflächen wurden von der örtlichen LPG Solidarität bewirtschaftet[284]. Blenden wir noch einmal von der Gartenstadtvision und den Siedlungsexperimenten zurück zum ideengeschichtlichen Kontext der Zeit vor dem Ersten Weltkrieg.

7 Antisemitismus, völkische Bewegung und Propaganda für völkische Siedlungen

Schon vor der Jahrhundertwende suchte Fritsch die zersplitterten Kräfte der völkischen Bewegung zu bündeln und 1904 wurde ein ‚völkischer Generalstab' vorgeschlagen, der zu einem Kampfund ausgebaut werden sollte[285]. Im Generalstab sollten Personennamen nach außen hin nicht in Erscheinung treten, aber eine überparteiliche Einheit und Gemeinschaft völkischer antisemitischer Kräfte dokumentieren. In einem Artikel im ‚Hammer' beklagte Paul Förster die „Zersplitterung, die Sondertümelei, die gegenseitige Eifersucht, ja Verfeindung, der doch den selben Zwecken dienenden Gedanken. (…) Der Schleier des Geheimnisses wird ihrem Schaffen gut stehen und wohl tun. An ihren Früchten aber, an ihrem Tun wird man auch sie erkennen"[286]. Als Ausgangs- und Mittelpunkt des deutsch-völkischen Generalstabes wurde ‚Hammer-Schmied' Theodor Fritsch vorgeschlagen.

Die völkische Bewegung wird häufig als unmittelbares Vorspiel des Nationalsozialismus betrachtet. Aber die Ursprünge liegen schon im letzten Viertel des 19. Jahrhunderts, als sich um die drei Schlüsselbegriffe Sprache-Rasse-Religion die weltanschauliche Dreifaltigkeit der völkischen Bewegung konstituierte[287]. Kerngedanke der völkischen Vision ist die Auffassung, dass das Volk als oberster Wert über dem Staat stehe, ihm gewissermaßen voraus- und über ihn hinausgehe[288]. Im Brockhaus Lexikon wird er definiert als „Verdeutschung des Wortes ‚national' im Sinne eines auf den Rassegedanken begründeten und daher entschieden antisemitischen Nationalismus". Die Aufwertung des Rassegedankens im völkischen Gedankenkontext implizierte die Abwertung anderer Ideen und implizierte den Antisemitismus. „Rassismus ersetzte Realität durch Mythos – und seine Welt aus Stereotypen, Tugenden und Untugenden war eine Märchenwelt"[289]. Die Verknüpfung von Rassismus und Sozialdarwinismus bildet den theoretischen Unterbau des Judenhasses und das ‚Rassenantisemitismus'.

Aus heutiger Sicht ist die damalige Attraktivität der völkischen Vision der Lebensreform kaum verständlich. Die Ablehnung des Kapitalismus als undeutscher Wirtschaftsform war durchaus verbreitet und wurde als vom materialistischen Judentum initiierte Verführungskampagne gegen die deutsche Seele gebrandmarkt. Als weitere Ingredienzien kamen zur völkischen Ideologie die Gedanken der Abstammungslehre und der Ungleichheit der Rassen hinzu[290]. Der (Wieder-)Aufschwung antisemitischer Bewegungen um die Wende zum 20. Jahrhundert war dabei kein rein deutsches, sondern ein gesamteuropäisches Problem. Der Rassenantisemitismus vermochte sich dabei nur in Deutschland und Österreich durchzusetzen, während in Russland andere Formen des Judenhasses dominierten. Die Krise des Mittelstandes als Folge politischer und ökonomischer Krisen und Strukturveränderungen wurde dabei jüdischen Börsen- und Finanzspekulationen zugeschrieben.

Die dynamische Verstädterung und der Strukturwandel von Wirtschaft und Gesellschaft wurde von den völkischen und konservativen Denkern als eine ideologische Krise gedeutet. So sah der einflussreiche völkische Vordenker Paul de Lagarde (eigentlich Paul Bötticher, 1827–1891) in seinen ‚Deutschen Schriften' (1878) im Bismarckschen Reich einen Vorläufer eines neuen germanischen Imperiums. Lagarde ging davon aus, dass „der Bauernstand die wirkliche Grundlage des Staates ist" und er begründete den ‚Drang nach Osten': „Die Germanisierung der (von Polen und Kassuben) bewohnten, nur dünn bevölkerten Landstriche ist in jeder Hinsicht eine Notwendigkeit"[291]. Die Juden seien nach Lagarde inkompatibel mit der deutschen Bevölkerung, eine Verschmelzung der Juden mit der deutschen Volksgemeinschaft sei nur möglich, wenn die Juden auf ihre Traditionen verzichten und die Überlegenheit der Deutschen anerkennen würden. „Aber der Plan macht noch eine schwere Arbeit nötig, die Verpflanzung der polnischen und österreichischen Juden nach Palästina. (...) Es ist unmöglich eine Nation in der Nation zu dulden. Und eine Nation sind die Juden, keine Religionsgemeinschaft (...). Dazu kommt, dass wir Deutschen ein viel zu weiches Material sind, um diesen durch die talmudische Zucht hartgeschmiedeten Juden widerstehen zu können"[292].

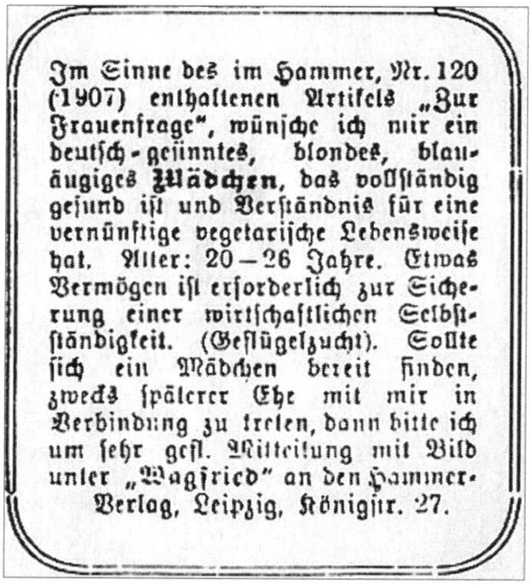
Im Sinne des im Hammer, Nr. 120 (1907) enthaltenen Artikels „Zur Frauenfrage", wünsche ich mir ein deutsch-gesinntes, blondes, blauäugiges **Mädchen**, das vollständig gesund ist und Verständnis für eine vernünftige vegetarische Lebensweise hat. Alter: 20–26 Jahre. Etwas Vermögen ist erforderlich zur Sicherung einer wirtschaftlichen Selbständigkeit. (Geflügelzucht). Sollte sich ein Mädchen bereit finden, zwecks späterer Ehe mit mir in Verbindung zu treten, dann bitte ich um sehr gefl. Mitteilung mit Bild unter „Wagfried" an den Hammer-Verlag, Leipzig, Königstr. 27.

Abb 39: Aufzucht der blonden germanischen Rasse in völkischen Siedlungen

Fritsch propagierte trotz einiger Gegensätze unermüdlich die deutsch-nationalen und antisemitischen Visionen von Lagarde und Ludwig Schemann (1852-1938), einem Wagnerianer, Hammer-Autor und Mittler zwischen den diversen völkischen Zirkeln, der schrieb: „Dem unermüdlichen Wirken dieses Mannes (Theodor Fritsch) ist die Ausbreitung Lagardes in allererster Linie zu verdanken. Er ist in Wahrheit der Treueste der Treuen unter den Jüngern Lagardes"[293].

Ähnlich strebte Julius Langbehn (1851–1907) in seinem Bestseller ‚Rembrandt als Erzieher' (1890) eine Vergeistigung und Beseelung der Kultur, Individualismus, Ursprünglichkeit und Bodenständigkeit statt Rationalisierung, Mechanisierung und Massenvergötterung an und propagierte den ‚Jugendkult'. Diese Mischung aus Kulturpessimismus und nationalistischen Hoffnungen strebte eine Rückkehr zu ‚ewigen geistigen Werten' und zu den germanischen Wurzeln für das deutsche Volk an. Diese Weltanschauungsessayisten waren ‚zeitgemäß unzeitgemäß' und trafen in ihrer Verworrenheit den Zeitgeist der Menschen, die auf dem Lande keine Existenzgrundlage mehr fanden und in die Städte gesogen wurden. Langbehns Mutation vom deutsch-nationalen Denker zum Rassenantisemiten lässt sich an den verschiedenen Auflagen seines Bestsellers belegen. Diese Zuspitzung war nicht zuletzt auf eine Korrespondenz mit Theodor Fritsch zurückzuführen, von dem er Auszüge aus seinen Briefen in die späteren Fassungen seines Buches aufnahm[294].

Die wichtigsten ‚Theoretiker' und Vordenker des Rassenantisemitismus waren Eugen Dühring (1833-1921) und der Schwiegersohn von Richard Wagner, Houston Stewart Chamberlain (1855-1927). Dühring hatte in seiner 1881 erschienenen Schrift ‚Die Judenfrage als Rassen-, Sitten- und Kulturfrage' versucht, den Antisemitismus philosophisch, geschichtlich und biologisch zu fundieren. Eine größere Massenwirksamkeit erzielte Chamberlain 1899 mit den unter dem harmlosen Titel ‚Die Grundlagen des 19. Jahrhunderts' erschienenen Bänden, die zu Hitlers Lieblingslektüre zählten. Das Buch wurde in mehrere Sprachen übersetzt, erreichte 30 Auflagen und Chamberlain wurde zu einer literarischen Berühmtheit. Chamberlain stellte sich in den 1920er Jahren vorbehaltlos hinter Hitler und dabei kam es auch zu persönlichen Begegnungen.

Nach dem einflussreichen protestantischen Berliner Hof- und Domprediger Adolf Stöcker (1835-1909) waren die Juden national unzuverlässig und ein eigenständiges Volk. Er begründete die kleinbürgerlich orientierte Christlich-Soziale (Arbeiter)Partei (1878) mit ‚gemäßigtem' Antisemitismus und suchte die Arbeiterschaft von der Sozialdemokratie fern zu halten und sie in monarchisch-nationalistischer Hinsicht zu beeinflussen. Stöcker strebte die Assimilation der Juden an, wollte den Verfall der Religion aufhalten und suchte als sozialkonservativer Volkstribun, Monarchie und Sozialreform zu verbinden, wurde aber bald von radikaleren Antisemiten ‚überholt'.

Mit der einprägsamen Formel: ‚die Juden sind unser Unglück' machte vor allem der Historiker Heinrich von Treitschke (1834-1896) den Antisemitismus gesellschafts- und kulturfähig. Im Berliner Antisemitismusstreit 1879 kulminierten die Auffassungen[295]. Treitschkes Veröffentlichungen (‚Treitschkiade') lösten eine Debatte zur Zugehörigkeit der deutschen Juden zur deutschen Nation aus. Die judenfeindlichen Aufsätze wurden in der Broschüre ‚Ein Wort über unser Judentum' zusammengefasst. Kein anderes antisemitisches Pamphlet sollte in Deutschland jemals wieder solche Aufmerksamkeit erregen. Vor allem der Althistoriker Theodor Mommsen zog gegen den antisemitischen ‚Wahn' zu Felde, der ‚jetzt die Massen erfasst' hätte. „Sein rechter Prophet ist Heinrich von Treitschke". Durch sein Prestige werde das „was er sagte, (…) anständig gemacht"[296]. Die Juden würden eine ‚parasitische Existenz führen' und die antisemitische

Propaganda setzte sich für eine Einschränkung der gerade erreichten Gleichstellung der Juden ein. Fritsch trat erst kurz nach dem Berliner Antisemitismusstreit als Antisemit in Erscheinung. 1882 nahm er am vom vor allem von Alexander Pinkert initiierten ersten internationalen Antisemiten-Kongress im nahegelegenen Dresden teil. Der Kongress mit drei- bis vierhundert Teilnehmern (u.a. Stöcker, B. Förster und Liebermann von Sonnenberg) offenbarte die schroffen Gegensätze zwischen den Judenfeinden.

Vor allem aber entfaltete der Antisemitismus des populären Richard Wagner (1813-1883) eine große Breitenwirkung. Die satirische Zeitschrift ,Kladdaradatsch' karikierte den ,Wagnerismus' wie folgt: „Was Wagner tut ist wohlgetan, mit Wagner fang an, mit Wagner hör auf, das ist der beste Lebenslauf"[297]. Wagner untermauerte seine zeitgenössische Gesellschafts- und Kulturkritik mittels der Wiederbelebung altgermanischer Mythenstoffe in seinen Opern. Damit wurden in der Rezeption völkisch-patriotische Impulse verstärkt[298]. Er nahm eine negative Verabsolutierung des jüdischen Wesens unter einem völkisch-weltanschaulichen Aspekt vor[299]. Wagner konfrontierte ,jüdisch-fremdartige' mit ,deutsch-eigenartigen' Eigenschaften und legte mit seiner Schrift ,Das Judenthum in der Musik' (zuerst 1850 unter dem Pseudonym K. Freigedank) den Grundstein für ein folgenreiches antisemitisches Denken[300]. 1869, fast zwanzig Jahre später, erschien die Veröffentlichung dann unter dem Namen von Richard Wagner und entfaltete erst dann eine größere Publikumswirkung.

Richard Wagner knüpfte eine enge Freundschaft mit Joseph Arthur Comte Gobineau (1816-1882) in dessen letzten Lebensjahren an und er verhalf seinen Werken zur Popularität. Nach Gobineau gab es drei ,Grundrassen': gelb, schwarz und weiß. Gobineau ging von einer natürlichen Ungleichheit der Rassen, einer pessimistischen Geschichtsbetrachtung und dem künftigen Untergang der zivilisierten Völker aus. Den Grund der Degeneration sah Gobineau in der Rassenvermischung. Gobineaus Rassentheorie ist zunächst nicht nationalistisch oder antisemitisch motiviert. Im ,Hammer' wird konstatiert: „So kannte Gobineau z.B. eine Juden-Frage noch nicht; sie hatte zu jener Zeit ihre drohende Gestalt noch nicht angenommen"[301]. Erst mit der Rezeption in Deutschland fällt sie auf ,fruchtbaren' Boden und wird für völkische und antisemitische Zwecke instrumentalisiert.

Ludwig Schemann, Mitglied des Bayreuther Kreises und ,Hammer'-Autor widmete sein Leben Gobineau, um seine Schriften zu übersetzen und bekannt zu machen und akzentuiert dabei die antisemitische Töne[302]. Zu Schemanns näherem Benanntenkreis zählten neben Theodor Fritsch auch Bernhard und Paul Förster, Liebermann von Sonnenberg und Heinrich Claß. Schemann hatte zudem mehrere Beiträge für den von Fritsch herausgegebenen ,Antisemiten-Katechismus' verfasst. In seinen Memoiren schrieb Schemann: „Von den besten Führern der deutschen Sache, einem Lagarde und Wahrmund, einem Stöcker und Liebermann von Sonnenberg, einem Theodor Fritsch und den Brüdern Förster darf jedenfalls gesagt werden, dass es ihnen um die höchsten Güter ihres Volkes, ja recht eigentlich um dessen Seele ging, wenn sie es von Juda loszureißen und zu befreien suchten, dass ihre noch so heißen und heftigen Kämpfe ihnen stets nur Abwehrkämpfe bedeutet haben"[303].

Der Bayreuther Kreis, ein literarisch-weltanschaulicher Zirkel, der die Kunst- und Kultur-ideen Wagners propagierte, unterstützte Schemann bei der Verbreitung der Werke Go-bineaus (‚Gobineau-Vereinigung') moralisch und finanziell[304]. In den ‚Bayreuther Blät-tern', die sechzig Jahre lang von Hans von Wolzogen herausgegeben wurden, wurde der Kult um Richard Wagner mit deutscher Nationalkultur und Antisemitismus versetzt und völkischen Denkern wurde ein Wirkungsfeld eröffnet. Die Flut antisemitischer Literatur machte zwischen 1873 und 1890 um fünfhundert Schriften zur ‚Judenfrage' aus.

Seit Ende des 19. Jahrhunderts entstanden weltweit vielfältige derartige Protest- und Lebensreformbewegungen, die sich um eine Idee oder eine Führerfigur scharten. Sie bildeten Lebens- und Weltanschauungsgemeinschaften, gründeten Genossenschaften und Siedlungen. „Kein Gebiet des Lebens bietet so viel Gelegenheit zur Körperkultur wie die Siedlung. Man könnte sie ‚angewandte Körperkultur' nennen (…). Die Siedlung bildet den Abschluß all der zersplitterten Bestrebungen. Sie ist die Suche nach dem neuen, nach dem gesunden Menschen"[305]. Großstadtmüdigkeit und Maschinenhass beförderten den Trend zur Stadtflucht. Das Siedeln war dabei eine Bewegung, in der sich die Großstadtkritik und das Streben „zurück zum Boden" manifestierte[306].

Das Siedlungs- und Gartenstadtkonzept von Fritsch fokussierte auf ‚Rückverpflan-zung aufs Land' und Handeln, Siedeln als „eine Regenerations-Kur für unser krankes Volk". Siedeln war praktisches Tun und nicht nutzloses und überflüssiges Theoreti-sieren. Aber auch die Siedlerbewegung war zersplittert und zerstritten, es gab keine einheitliche Strategie und Perspektive. Die Vielzahl der Typen beinhaltete u.a.: Land-arbeitersiedlung, Gärtnersiedlung, Erwerbslosensiedlung, Gartenheimstätte, Genos-senschaftssiedlung, Gartenstadtsiedlung, Kleinhaussiedlung, Laubenkoloniesiedlung, Werksiedlung, Künstlerkolonie und weitere Formen [307]. Die Bewegung war nicht auf Deutschland beschränkt, auch in England und in den USA gab es bereits vor der Jahr-hundertwende eine Vielzahl weltanschaulich unterschiedlichster utopisch-ländlicher Siedlungsgemeinschaften[308].

Viele der hehren Ziele der Siedlerbewegung wie Freikörperkultur, Abstinenzlertum, Vegetarismus und Mystizismus, ethische Ziele und die Erprobung neuer Lebensgemein-schaften, die Aufhebung von Hand- und Kopfarbeit blieben intellektuell-abgehobene Ideale, mit häufig elitärem Anspruch, die sich vielfach nicht auf den Arbeits- und Wohnalltag der Masse der Bevölkerung übertragen ließen. Die Siedlungen wollten „ge-lebte Utopien" sein, sie basierten auf ideellen Zielen nicht bloßen Nützlichkeitserwä-gungen und suchten das künftig Mögliche keimhaft vorweg zu nehmen. In der Weima-rer Republik wurde aus dem Nebeneinander unterschiedlicher Siedlungskonzepte eine polarisierte, dogmatische, ideologisierte, nicht selten politisch motivierte Konkurrenz und Feindschaft um die ‚richtige' Form der Siedlung.

Willibald Hentschels (1858-1947) seltsames Buch ‚Varuna – Eine Welt- und Ge-schichtsbetrachtung vom Standpunkte des Ariers', ein Werk, welches Fritsch in seinem Hammer-Verlag publiziert hatte, war eine Art Bibel der völkischen Bewegung. Die Ideen der Lebensreformbewegung waren für Hentschel nicht hinreichend. Die Nation sei – so Hentschels Kritik an der Siedlung Eden – nicht durch Erdbeer-Plantagen und

Aepfel-Kolonien zu retten. „Es wäre viel erreicht, wenn es gelänge, das verderbliche Fressen, Saufen, Rauchen und Huren einzudämmen und die Nation der Natur und ihren Heilwirkungen wie einer mehr heroischen Auffassung von Leben und Sterben näherzubringen"[309]. Hentschel verwendet die Metapher von einem Baum, an dem durch einen gesunden Stoffwechsel die morschen und kranken Äste abfallen – Synonym für Kranke und Greise in der Gesellschaft – und nicht durch vergebliche Maßnahmen am Leben erhalten werden.

Hentschel schlug in seinen Züchtungsutopien zur ,Erneuerung des gesamten deutschen Volkslebens' Mittgartbünde und Mittgart-Ehen (,Garten der Mitte') vor, die nur zur Kinderzeugung dienen und

Abb. 40: Willibald Hentschel (Mitte der 1880er Jahre)

bei Schwangerschaft der Frau jeweils erlöschen würden: „Ich habe diese neu zu errichtende Stätte rassischer Hochzucht Mittgart genannt, in Anknüpfung an die sagenhafte Pflanzenstätte des nordischen Menschen und weil das neu zu schaffende junge Leben der Hegung und Pflege bedarf"[310]. Mittgart hieß bei den Völkern des Nordens die Siedlung der Menschen, im Gegensatz zum Wohnsitz der Götter Ansgard[311]. Auf jeweils 100 nach streng ,ario-heroischen' Gesichtspunkten ausgewählte bäuerliche Männer sollten 1.000 nordische Frauen kommen, um eine neue arttüchtige Blondrasse zu züchten. Gartenstädte erschienen Hentschel nur als eine Halbheit, Menschenzucht durch Rassenhygiene war das übergeordnete Siedlungsziel: „Aus einer vornehmlich wirtschaftlichen Produktionsstätte" sollte ein „Menschen-Garten" werden, eine „Stätte völkischer Hochzucht" mit dem Ziel der Herausbildung einer „neuen völkischen Oberschicht"[312]. Unter den Bewerbern sollten nur die Besten ausgewählt werden. „Dabei soll Wuchs, Gesichts- und Haarfarbe, Körperbau und Leistungsfähigkeit in Betracht kommen, die Männer durch Weit- und Hochsprung, die Frauen durch Wettlauf erprobt werden"[313]. Hentschels wahnwitzige Vorstellungen sahen landwirtschaftliche Autarkie und Arierkolonien vor, die altgermanische Feste feiern würden und sich sonst ausschließlich der Aufzucht rassenstarker Nachkommen widmen würden.

Hentschel, dessen Mittgartidee Fritsch in verschiedenen ,Hammer'-Ausgaben unterstützte, propagierte ein ,neues System der nationalen Fortzeugung', Dörfer und Sied-

Abb. 41: Illustration von Fidus

lungen in ‚Menschen-Gärten‘, wo ‚kluge Gärtner kenntnisreich ihres Amtes walten‘ und von ‚ergrauten Freunden der Mittgart-Sache beraten werden‘ und wo entwöhnte Mittgart-Kinder grundsätzlich von allem ‚Schulstaub ferngehalten‘ werden. „Die Mädchen wachsen im Haushalt ihrer Mütter, die Knaben in spartanischer Einfachheit zu Hundertschaften vereint empor. Sie tummeln sich Tags über in der Pferde-Koppel, spielen und werden von den Alten in Hieb und Stoß, in Wehrhaftigkeit und mutiger Gesinnung erzogen"[314]. Geld und Geldverkehr sollten in Mittgart ausgeschlossen sein. Damit sollte eine Stätte der ‚Rassen-Hochzucht‘ entstehen und ein neues ‚Soldaten-Geschlecht‘ heranwachsen. ‚Bundesverweser‘ des 1906 gegründeten ‚Mittgart-Bundes‘ wurde von 1921-1936 der Hellerauer Volksschullehrer und Verleger Kurt Gerlach.

Die Übertragung von Zuchtprinzipien aus der Tierwelt auf den Menschen bedeute-te, dass mit Überlegung und planmäßiger Anwendung von Hilfsmitteln eine Nachkommenschaft erzeugt werden sollte, deren Wert nicht unter dem Wert der Erzeuger stand, wenn möglich aber den Wert der Anfangsgeschlechter steigerte. ‚Die Ausschaltung und Beseitigung des Untauglichen‘ mag Hentschel nicht denken. Aber „neue Aufgaben setzen neue Mittel voraus. Das Neue aber erscheint als das Unbequeme und Pietätlose, wenn nicht als das Verbrecherische"[315]. Die Mittgart-Herrschaftskaste sollte über absolute Verfügungsgewalt der Zeugungen und über den Leib der blond-blauäugigen ‚Nordinnen‘ verfügen. Im ‚Hammer‘ wird 1904 (S. 473) über einen Versuch in Russland berichtet, die Mittgartidee in die Realität umzusetzen. „Es scheint doch immer so bleiben zu sollen, dass der Deutsche die Ideen hat und Andere sie ausführen und nutzbar machen. Während der Gedanke einer vernünftigen Menschenzüchtung dem deutschen Spießer noch ein Grauen einflößt, gehen andere munter an's Werk (…). Weiter wird berichtet über den Großgrundbesitzer Raschatnikow, der eine größere Geldsumme der ‚Züchtung schöner Menschen geweiht‘ hatte. „So hat er sich nach und nach eine Kolonie auserlesener Schönheiten geschaffen und hat sich auf seiner ‚Zuchtfarm‘ der Aufgabe unterzogen, das Menschen-Geschlecht zu verbessern. Er hat bereits 40 Musterpaare zusammengebracht, und diese haben ihm über 100 wirklich außerordentlich schöne Kinder in die Welt gesetzt".

Abb. 42: Der blonde germanische Jüngling mit Pflug unterdrückt den jüdischen Krämer

Für kleinbürgerlich-konservative Kreise lösten Hentschels Vorschläge der Polygamie verständliche Irritationen aus. Fritsch wurde um Aufklärung gebeten, ob der ‚Hammer‘ derartige ‚Züchtungs-Ideen‘ (‚Tummelplätze maßloser Ausschweifung‘) des Mittgart-Bundes rechtfertigen oder verwerfen würde. Mittgart wolle also „die erprobten Methoden der Viehzucht unverändert in's Menschliche übertragen" hieß es in einem Bericht, der mit dem Ruf nach dem Staatsanwalt unter Hinweis auf den Unzuchtparagraphen endete. Fritsch stellte in einer ausführlichen Polemik klar: „Der rassische

Verfall zeigt sich zunächst weniger in der äußeren Entartung als in dem Versagen der seelischen und sittlichen Kräfte. Alle der Rasse bisher eigenen idealen Begriffe entschwinden dem Entarteten; er verliert den Maßstab für alle ethischen Werte; er weiß nicht mehr, was Tugend, Ehre, Sitte, Zucht, Anstand, Pflichtgefühl, Scham, Gewissen, Selbst-Beherrschung, Treue, Gemeinsinn, Ordnung etc. ist"[316]. Die Entartung sei weit fortgeschritten, ihre Bekämpfung aussichtslos. „Wir haben es bei einem großen Teile unserer Nebenmenschen mit einem kranken, nicht mehr ganz zurechnungsfähigen Geschlecht zu tun, das von Vernunfts und Rechts wegen unter Vormundschaft gestellt werden müsste. (…) Es ist vergeblich, Sozial-Demokratie und Frauen-Bewegung durch Belehrung oder Gesetzgebung beseitigen zu wollen; sie sind Erscheinungen der Entartung". Nach Fritsch rechtfertigen die hehren Ziele der völkischen Rassenpflege jegliche Maßnahmen der „Aufzucht". „Denn im Viehstall herrscht heute eine bessere Sittlichkeit als im Menschengeschlecht. (…) Alles, was die Zucht zum Ziele hat, die Zucht erhöht, ist züchtig und sittlich. Unzucht ist der Zeugung feindlich, darum verbietet sich alles Unzüchtige von selbst, wo der Sinn auf Zeugung und Zucht gerichtet ist"[317].

Fritsch leitet seine Moral aus der Notwendigkeit ab, dem rassischen Verfall entgegen zu wirken. „Moral, Sittlichkeit entspringt aus dem Erhaltungsgesetz der Art, der Rasse. Was die Zukunft der Gattung sichert, was das Geschlecht auf immer höhere Stufe leiblicher und seelischer Vollkommenheit zu erheben geeignet ist, das ist moralisch. (…) Alles was Zucht zum Ziele hat, die Zucht erhöht, ist züchtig und sittlich". Bezogen auf die Ein- oder Mehrehe folgert Fritsch: „Die beste Ehe ist die, die uns den besten Menschen schenkt"[318]. Im ‚Archiv für Rassen- und Gesellschaftsbiologie' kritisierte auch Alfred Ploetz die Vorschläge von W. Hentschel, die von dem ‚Feuerkopf Theodor Fritsch verbreitet würden: „So ganz glatt kann man die Züchtung in einem Kuhstall doch nicht mit der Züchtung bei Menschen vergleichen"[319].

Hentschel trat Ende der 1920er Jahre in die NSDAP ein, verließ aber nach dem Röhm-Putsch 1934 enttäuscht die Partei. Mit dem Diplom-Landwirt Walter Darré unterhielt er eine Korrespondenz über landwirtschaftliche Fragen. Fritsch war ein langjähriger Freund Hentschels und verbrachte häufiger Wochen in seinem Haus in Seiffersdorf[320]. Anfang der 1930er Jahre siedelte Hentschel im Kehdinger Moor in Westerwanna an der Elbe. Ähnliche germanische ‚Zuchtkommunen' propagierte auch Jörg Lanz von Liebenfels, der Wiener Prophet des Ariertums, der rassistisch gewendeten Theosophie, der Ariosophie und der Mann, der ‚Hitler seine Ideen gab'[321]. In der Zeitschrift ‚Ostara, Zeitung für Blonde Leute' bemühte er Analogien zur Tierzucht und warb für das ‚Zuchtziel' einer arischen Herrenrasse, blonder Übermenschen.

Abb. 43: Heinrich Pudor

Auch der Gärtnereigehilfe Richard Ungewitter (1868-1958) unterstützte in einer anderen Variante die Ideen von Fritsch und publizierte u.a. im ‚Hammer'. Er ist heute als Pionier der Freikörperkultur und progressiver Vorkämpfer und Organisator der FKK-Bewegung bekannt. Um die Jahrhundertwende strebte Ungewitter die zielgerichtete Züchtung von ‚Edelmenschen' an. „Zu diesem Zwecke müsste eine Siedelung in schönster obstreicher Gegend unseres deutschen Vaterlandes gegründet werden, gross genug, um vorerst ein Dutzend Familiensitze begründen zu können. Aufgenommen dürften nur schon länger dem Vegetarismus ergebene gesunde, normal gebaute und kräftig entwickelte verheiratete oder unverheiratete Genossen beiderlei Geschlechts von reinem germanischen Typus werden. (…) Die Bekleidung sei sehr einfach, möglichst lose Gewänder frei von modischen Einflüssen französischen und englischen Einflüssen. Innerhalb der Siedlung möglichst Nacktleben bei voller Sittenreinheit. (…) Die Wohnungen sollen aus Blockhäusern im nordischen Stil erbaut, den höchsten gesundheitlichen Anforderungen entsprechend, bestehen. Aller Luxus, wie Vorhänge, Decken, Teppiche, Polstermöbel und Federbetten, seien verbannt. (…) Auf dieser Grundlage wäre die Züchtung germanischer Edelmenschen in unserem Sinne zu erreichen, die dann befruchtend auf die Aussenwelt einwirken könnten. Das ist mein Ideal, harrend der Verwirklichung"[322]. Ungewitter, von seinen Zeitgenossen als ‚Schrumpfgermane' karikiert, begründete eine rassistische Loge, später den ‚Treubund für das aufsteigende Leben' (Tefal) und suchte Freikörperkultur mit Lebensreform und völkischen Zuchtzielen zu vernetzen.

Auch andere völkische Autoren und Denker bezogen sich auf Fritsch und suchten seine Ideen weiter zu entwickeln und in die Tat umzusetzen. In Hellerau hatte – wie bereits ausgeführt – der völkische Ideologe, Publizist und Gesinnungsgenosse Fritschs, Bruno Tanzmann, eine völkische Verlagsarbeit eingerichtet. Tanzmanns Ideen basierten auf der Gartenstadtvision des ‚Märtyrers Fritsch', auf Erfahrungen des ‚Mustersiedlers' Leberecht Migge (1881-1935), Hans Grimms (1875-1959) Roman ‚Volk ohne Raum' und Peter Rosseggers (1889-1976) Buch ‚Heim zur Scholle'. Dabei war Anti-Slawismus der Leitgedanke der von Tanzmann begründeten Artamanenbewegung, hinter der sich eine Polemik gegen den ‚Dunst der Städte', ‚Zeitungsgestank, Büroluft, Großstadtlärm' und die ‚Fäulnis der Großstadtzivilisation' verbarg[323]. „Naturverbundenheit, fern der ‚Asphaltkultur' der Großstadt; eine natürliche, ja spartanische Lebensweise bei gesunder, wenn auch oft harter Arbeit; der Verzicht, besser das Vonsichwerfen aller übertriebener, überfeinerter Genüsse des heutigen, nicht nur städtischen Lebens", so wurde das Anliegen der Artamanen umschrieben[324]. Auch Willibald Hentschel unterstützte den Artamanenbund und kann als einer der geistigen Väter gelten. In den 1920er Jahren zählten die Artamanen bis zu 30.000 Mitglieder, die über gemeinsame Freizeitgestaltung hinaus ‚Dienst für das Volk' tun wollten und ein neues Grenzlandbauerntum begründen wollten[325]. Walter Darré (1895-1953), bedeutender Ideologe der SS, Rudolf Hess (1894-1987) und Heinrich Himmler (1900-1945) zählten zu den prominentesten Artamanen. Hitler wusste von Himmlers Siedlungs- und Ostinteressen und machte ihn 1939 zum ‚Reichskommissar für die Festigung des deutschen Volkstums'. Mancher Artamane lernte – wie der Kommandant des Vernichtungslagers Auschwitz Rudolf Höß (1900-1947) – unter den Artam-Mädeln seine spätere Frau kennen.

Die ,Einkreisung Deutschlands' im Ersten Weltkrieg, die vom ,Deutschenhaß' ausgehenden Diffamierungen und das vom ,perfiden Albion' in „wahrhaft raffinierter Weise (geschürte) Misstrauen und Verachtung gegen Deutschland" ließen die von Theodor Fritsch gebündelte völkisch-rassische Propaganda rechthaberisch und gebetsmühlenartig immer wieder ihre ,Argumente' aufführen. Friedrich Nietzsches Philosophie und „Unbesonnenheit", die Visionen des Übermenschentums, der Herrenmoral und Herrenrasse hätten im Ausland Missverständnisse über das deutsche Wesen befördert. „Nietzsche (war) letzten Endes nur ein großer Krankmacher. (...) Nietzsche ist etwas, das überwunden werden muß"[326]. Fritsch rückte dagegen den völkisch-rassischen Gedanken ins Zentrum. „Das Wesen der Rasse beruht vor allem auf der Erblichkeit der angeborenen Anlagen, Triebe und geistigen Gaben". (...) Als Merkmal des arischen Geistes gilt uns das Streben zum Licht, der Wille zur Reinheit. (...) Rassische Einheitlichkeit zu erstreben ist daher ein Selbst-Erhaltungs-Gebot der Staaten und Völker. Das unbegrenzte Rassengemisch muß mit Natur-Notwendigkeit zur geistig-sittlichen und politischen Anarchie führen; es macht den Verfall unabwendbar"[327].

Mit Ausbruch des Ersten Weltkrieges erlebt der völkische Siedlungsgedanke eine Renaissance. 1914 hatte Georg Hauerstein – seit 1910 Aufsichtsratmitglied in Heimland – ,Sippensiedlungen' gefordert, als ,Wegeleite zur Wiedergeburt deutschgermanischen Lebens'. Der „Verbastardisierung mit minderwertigen Völkern negroider und mongoloider Art" sollte Einhalt geboten werden durch „Errichtung von Sippen-Siedlungsgemeinden auf dem Lande außerhalb der Großstadt". Nur „rassisch erprobte Männer" sollten zur „Wiedergeburt im deutsch-germanischen Geiste" beitragen.

Im Rahmen der ideologischen Ausrichtung auf den Ersten Weltkrieg konnte auch die sozialreformerische Teilvariante der Gartenstadtbewegung mühelos für die imperialistischen Kriegsziele vereinnahmt werden. Zunehmend verschmolzen die Ziele der Bewegung für Innere Kolonisation, der Gartenstadtbewegung, der Wohnungsreform- und Bodenreformbewegung im Rahmen einer reaktionär ausgerichteten Siedlungspolitik mit der Kriegerheimstättenbewegung. Auch der Vorsitzende der DGG, B. Kampffmeyer, unterstützte nun Gartenstädte und Innere Kolonisation zur ,Förderung von Volks- und Wehrkraft' (...) auch im „Interesse der Volkskraft, der Nation, der Rasse"[328]. Die DGG gab 1915 eine Schrift heraus, in der Heim und Werkstatt in Gartensiedlungen für die Kriegsinvaliden gefordert wurde. Die Terminologie nähert sich Visionen von Fritsch stärker an: „Die Gartenstadtgesellschaft glaubt, dass diese Grundkrankheit unseres Volkskörpers nur organisch geheilt werden kann, durch Bildung neuer gesunder Zellen"[329]. Aus den zunächst anvisierten ,Siegerheimstätten' wurden ,Kriegerheimstätten' und schließlich blieben ,Volksheimstätten'.

Konnte Fritsch noch von der zunehmend auch völkisch-rassistisch orientierten Kriegerheimstättenbewegung während und nach dem Ersten Weltkrieg Unterstützung seiner Siedlungsideen erwarten, so häuften sich nach 1918 in seiner Heimland-Siedlung die Misserfolge. Aber immer wieder propagierte Fritsch im ,Hammer' seine Gedanken von völkischer Siedlung und völkischer Lebensreform. Die ‚Wohnungszwangswirtschaft' der Weimarer Republik, den Beginn nationalstaatlicher Wohnungspolitik, diskreditierte Fritsch als von Juden absichtlich falsch geführt, und immer wieder betonte er seine Urheberschaft des Gartenstadtgedankens.

Von der ‚aufkommenden' nationalsozialistischen Bewegung in den 1920er Jahren versprach sich Fritsch endlich eine Realisierung seiner rassistischen Siedlungskonzepte. Mit ‚Freude' sah Fritsch das Erstarken der nationalsozialistischen Bewegung, wobei Unterschiede zwischen nationaler und völkischer Weltanschauung betont wurden. „Für uns Völkische ist es ein erhebendes und begeisterndes Schauspiel, zu sehen, wie der größte Feldherr des Weltkrieges, General Ludendorff, einen Treubund auf Leben und Tod mit dem ‚Tapezierer' Hitler geschlossen hat. Wir Völkischen machen die blödsinnige Unterscheidung in ‚Bürgerliche' und ‚Arbeiterschaft' nicht mit; wir kennen nur Deutsche und Undeutsche, ehrlich Schaffende und Ausbeuter"[330]. Der Hellerauer Volksschullehrer und Verleger (Hellenhaus-Verlag) Kurt Gerlach forderte Siedlungen im Osten „als Bollwerk gegen die Asiaten"[331] und im ‚Hammer' wurden immer wieder die ‚ewigen Gegensätze' zwischen dem „positiven Pol, dem ewigen Bauern, im Boden verwurzelt, und dem ‚negativen Pol, dem ewigen nichtseßhaften Juden", beschworen. Fritsch betonte immer wieder die ‚Bedeutung von Blut und Rasse' und die Wichtigkeit einer vom Buchwesen abgekehrten, der Natur und dem tatfrischen Leben zugewandten Jugenderziehung.

Völkisch-jugendbewegte Siedlungskonzepte der Kriegs- und Nachkriegszeit knüpften an diesen Geist an. „Alle Siedlungen der Jugendbewegung sind revolutionär, indem sie sich bewusst in Gegensatz zur kapitalistischen Wirtschaft stellen. Ihr Ziel ist geistigsittliche Lebenserneuerung, das soziale Verantwortungsgefühl drängt nach neuen Formen des Gemeinschaftslebens durch Bildung von ‚Arbeits- und Lebensgemeinschaften'".[332] Fritsch war mit dem Desaster in Heimland allerdings die Lust an der Planung und Realisierung völkischer Siedlungen vergangen. Die nach dem Ersten Weltkrieg 1921 um Ernst Hunkel, der einst die Edener Zeitung herausgegeben hatte, gegründete Siedlung Donnershag in Sontra (Hessen), die für einige Zeit zum Zentrum aggressiver völkisch-antisemitischer Propaganda wurde, fand keine nachhaltige Unterstützung von Fritsch. Die Siedler betrieben viehlose Landwirtschaft und Gartenbau. Einige Siedler betrieben Freikörperkultur und Diskrepanzen in der moralischen Lebenshaltung (Ein- oder Mehrehe) führten zu internen Spannungen und Konflikten mit der einheimischen Bevölkerung. Sippenpflege, rassische Auslese, Pflege altgermanischen Brauchtums und germanisches Boden- und Gemeinschaftsrecht sollten gepflegt werden. In Donnershag wurden die ökonomischen Theorien Sylvio Gesells übernommen und germanischer Glaube des völkischen Propheten Paul de Lagarde praktiziert. Hunkels Frau hatte 1917 die Deutsche Schwesternschaft gegründet, die die Erziehung ‚wertvoller Kinder im Sinne deutscher Volks- und Lebenserneuerung' propagierte. Zählte die Genossenschaft in der Inflationszeit noch 350 Menschen, so löste sie sich wegen interner Differenzen nach 1924 wieder auf.

8 Ebenezer Howard und Theodor Fritsch: Ein Vergleich zweier Konzepte und ihrer Kontexte

Die Gartenstadtvision wird in der einschlägigen Fachliteratur per se als fortschrittliche Idee interpretiert, obwohl Howard und Fritsch mit ihrer Idee jeweils vollkommen unterschiedliche Ziele verfolgten[333]. Gartenstädte im Grünen galten und gelten als fortschrittliche Alternative zur Großstadt mit ihren Elendsvierteln, überbelegten Wohnungen, hohen Bodenpreisen, hochverdichteten Bebauungen und Mietskasernen mit ihren vielbeschriebenen negativen Folgeerscheinungen[334]. Howard verfolgte mit seiner Konzeption sozialreformerische Ziele, eine Affinität zu den damaligen eugenischen Ideen in England ist nicht zu belegen[335]. Fritsch ging es dagegen um die ‚Erneuerung der germanischen Rasse', um völkisch-rassistische und antisemitische Interessen, die er eben in Gartenstädten zu realisieren suchte. Die Gartenstadt bildete für Fritsch nur die ‚äußere Hülle', das ‚Laboratorium', „den Kern bilden die inneren Ziele: der neue Geist, die neue Ordnung"[336]. Unterziehen wir beide Autoren und ihre Werke einem knappen Vergleich.

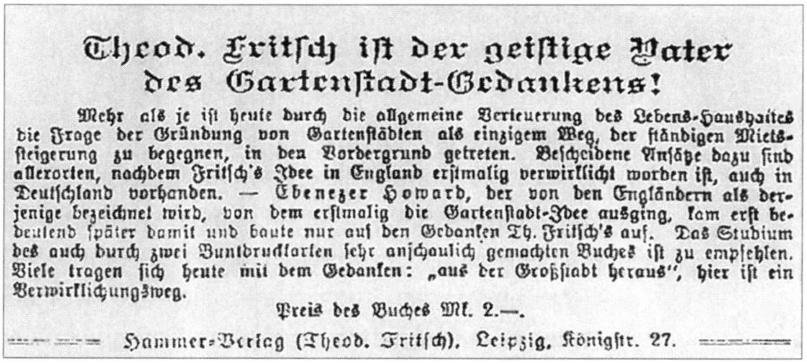
Theod. Fritsch ist der geistige Vater des Gartenstadt-Gedankens!

Mehr als je ist heute durch die allgemeine Verteuerung des Lebens-Haushaltes die Frage der Gründung von Gartenstädten als einzigem Weg, der ständigen Mietssteigerung zu begegnen, in den Vordergrund getreten. Bescheidene Ansätze dazu sind allerorten, nachdem Fritsch's Idee in England erstmalig verwirklicht worden ist, auch in Deutschland vorhanden. — Ebenezer Howard, der von den Engländern als derjenige bezeichnet wird, von dem erstmalig die Gartenstadt-Idee ausging, kam erst bedeutend später damit und baute nur auf den Gedanken Th. Fritsch's auf. Das Studium des auch durch zwei Buntdruckkarten sehr anschaulich gemachten Buches ist zu empfehlen. Viele tragen sich heute mit dem Gedanken: „aus der Großstadt heraus", hier ist ein Verwirklichungsweg.

Preis des Buches Mk. 2.—.

Hammer-Verlag (Theod. Fritsch), Leipzig, Königstr. 27.

Abb. 44: Nicht Ebenezer Howard, sondern Theodor Fritsch ist der Vater der Gartenstadtidee

Die Lebensdaten beider Gartenstadtprotagonisten sind ähnlich: Ebenezer Howard (1850-1929), Theodor Fritsch (1853-1933), beide publizierten ihre Konzepte als sie um die fünfzig Jahre alt waren, in der Blüte ihres Schaffens standen und bereits auf umfangreiche berufliche Erfahrungen zurückblicken konnten. Während Howard ein Spätstarter war, der sich 50 Pfd. für die Veröffentlichung leihen musste, da es sein erstes und einziges Buch war, war Fritsch Verfasser vieler Bücher und Pamphlete und Herausgeber von diversen Zeitschriften. Howards Buch erlebte 1898 die erste, dann eine Taschenbuchausgabe und 1902 die zweite veränderte Auflage, Fritschs Buch 1896 die erste und 1912 die zweite Auflage. Fritsch machte sich nicht die Mühe den Text zu verändern, er fügte nur den inzwischen publikumswirksamen Begriff ‚Gartenstadt' als Untertitel ein und suchte damit von den aufstrebenden Reformbewegungen zu profitieren. In der zweiten Auflage fügte Howard neben kleineren redaktionellen Änderungen ein Kapitel über Wasserversorgung ein, veränderte einige Diagramme und verwandte nun auch den griffigeren Titel ‚Gartenstädte'[337]. Howards Buch sollte später noch weitere Neuauflagen (u.a. 1922, 1948, 1965 und 2003) erleben, das Buch von Fritsch geriet dagegen in Vergessenheit. Das Werk von Fritsch umfasst 32 Seiten mit 15 Abbildungen, Howards Band umfasst 176 Seiten, er beschränkt sich auf sieben Skizzen. Howards Buch erschien 1907 auf Deutsch im Verlag von Eugen Diederichs, dem bedeutenden Mäzen und Kulturreformer[338]. Das Geleitwort zu dem Band verfasste F. Oppenheimer, ein Volkswirtschaftler und Soziologe, den Anhang steuerte Bernhard Kampffmeyer, ein Betriebswirt und Baugenossenschaftler bei. Howards Buch wurde in weitere Sprachen übersetzt, der Band von Fritsch blieb – vor allem im englischsprachigen Raum – weitgehend unbekannt. In Osteuropa, wo Kenntnisse der deutsche Sprache üblich waren, war der Band von Fritsch dagegen durchaus bekannt und verbreitet[339].

Abb. 45: Bildnis von Ebenezer Howard

Beide Autoren entstammten der unteren Mittelschicht. Sie einte die Ablehnung der Großstadt mit ihren vielfältigen Problemen. Sie traten damit an die Öffentlichkeit, als die Auflockerung und Dezentralisierung der Städte zu einem dringenden, allgemein anerkannten Anliegen geworden war. Howard wurde im Zentrum der Weltstadt London (Fore Street) geboren, wuchs in Kleinstädten wie Sudbury, Ipswich und Cheshunt auf, er kannte die Metropolen New York und Chicago, aber vor allem die Probleme und Slums in London bilden die Hintergrundfolie seiner Vision. London sei das „Anschwellen einer krankhaften Wucherung", die man ‚entmagnetisieren' und

bei der man den Fortzug größerer Teile der Bevölkerung einleiten müsse. „Heimstätten werden für die errichtet, die lange im Slum gelebt haben. (…) Diese elenden Slums werden niedergerissen werden, und an ihre Stelle werden Parkanlagen, Spielplätze und kleine Pachtgärten treten"[340]. Der weltanschauliche Hintergrund war bei Howard weltoffen und sozialreformerisch ausgeprägt[341]. Die 1884 gegründete Fabian Society mit Mitgliedern wie Beatrice und Sidney Webb (1858-1943 und 1859-1947), George Bernard Shaw (1856-1950) und H. G. Wells (1866-1946) beeinflusste seine Denkkategorien. Howard war zudem Anhänger der Esperanto-Bewegung und besuchte die Esperanto-Kongresse. Mit 21 Jahren war Howard nach Amerika ausgewandert, um in Nebraska zu siedeln. Nach dem Scheitern als Farmer hatte er vier Jahre von 1872-1876 in Chicago als Stenograph gearbeitet. Chicago galt vor dem großen Brand 1871 als ‚Gartenstadt' (‚city in a garden') und dort war auch der vom Landschaftsarchitekten Frederick Law Olmsted geplante Vorort Riverside entstanden, der viele gestalterische Elemente der Gartenstadtplanung vorwegnahm. Überlegungen zur Rationalität und Effektivität dominierten Howards Vorstellungen, der die Gartenstadt auch als seine ‚Erfindung' interpretierte. Howard war optimistisch eingestellt und sehr an Innovationen und Verbesserungen interessiert. So hatte der Tüftler auch eine Verbesserung der Schreibmaschine erdacht[342].

Fritsch war dagegen ein national und völkisch eingestellter antisemitischer Rassist, der dogmatisch reaktionäre Positionen vertrat. Um 1910 hatten die Howard bekannten Großstädte London 7.256.000, Paris 2.888.000, Chicago 2.185.000 und New York 4.767.00 Einwohner, die Fritsch bekannten Großstädte Berlin (2.071.000 E), Hamburg (931.000 E) und Leipzig (679.000 E) dagegen waren deutlich kleiner[343]. Howard war ein Städter, der die negativen Erscheinungen der Großstadt zu reformieren suchte, Fritsch lehnte dagegen die Großstädte grundsätzlich ab.

Beide Verfasser betonen die Notwendigkeit von geplanten Städten[344]. Die dynamische und chaotische Verstädterung hatte vielerorts einen Wildwuchs unterschiedlicher Nutzungen und Bauten entstehen lassen. Howard und Fritsch vermeiden fachliche Details und die Terminologie der Fachleute. Die Entstehung der Disziplin (‚Town Planning') steckte ohnehin in England noch in den Kinderschuhen, während es in Deutschland schon Lehrbücher, Tagungen, Ausstellungen und ausgewiesene Experten im Bereich des Städtebaus und der Stadtplanung gab. Beide Schriften richten sich an Laien, nicht an die entstehende Scientific Community der Städtebauer und Stadtplaner, die nicht umsonst die Schriften in den einschlägigen Fachpublikationen zunächst weitgehend ignorierte. Howard bezog sich auf die bekannten geplanten Siedlungen der Gentle-

Abb. 46: Titelseite der Erstausgabe von E. Howard's ‚ To-Morrow' (1. Auflage)

men-Reformer[345] Bournville und Port Sunlight in England und (in der zweiten Auflage) auf Adelaide in Australien, wo ein Grüngürtel um die bestehende Stadt gelegt wurde und das weitere Wachstum der Stadt außerhalb des Gürtels vorgesehen war. Fritsch leitete seine Vorstellungen der geplanten Stadt eher aus Plausibilitätsüberlegungen ab, die gegen ein ungeordnetes Nebeneinander und für eine Separierung und Zonierung von Nutzungen sprechen.

Die Besiedlung der Gartenstadt soll bei Fritsch und Howard nach einem vorgegebenem Schema erfolgen. Howard sieht konzentrische Kreise für die Stadtstruktur vor, im Zentrum sind ein Park und öffentliche Gebäude vorgesehen, die Stadt soll von einem Grüngürtel umgeben sein. Fritsch plant eine spiralförmige Entwicklung, bei der die Stadt im Bedarfsfall über den Halbkreis hinaus auch zu einem Vollkreis entwickelt werden kann. Auf die kreisähnliche Struktur wurde vermutlich zurückgegriffen, da sie die wirtschaftlichste Form der Siedlung bildet. Beide Konzepte beinhalten Schreber- bzw. Mietergärten am Stadtrand. Howards Konzept zielt auf die regionale Ebene, auf ein Netzwerk von Gartenstädten und beinhaltet weniger konkrete Angaben für die zu bauende Gartenstadt, während die Skizzen bei Fritsch detaillierte stadträumliche Vorgaben beinhalten. Howard verweist zudem bei seinen Diagrammen darauf: „Plan cannot be drawn until site selection" und „Plan must depend on site selection". Bei der internen Struktur geht Howard von sechs Bezirken (Wards) aus, die ähnlich große Nachbarschaften entstehen lassen. Die Titelvignette des Buches von Howard zeigt einen übergroßen nackten Gärtner, der behutsam Wohngebäude und Bäume ins Gelände pflanzt.

Abb. 47: Titelseite des Buches von Ebenezer Howard (2. Auflage)

Die planerischen Darstellungen und Diagramme sind in Howards Werk professioneller, in Fritschs Band muten sie eher dilettantisch an. Das Titelbild der ersten Auflage zeigt einen Straßenquerschnitt mit unterirdischer Infrastruktur. Das Titelbild von Howards Buch (1902) zeigt eine Dame mit Krone (auf einer Art Thron), die ein Stadtmodell präsentiert. Die Illustration stammt von Walter Crane (1845-1915), einem bekannten englischen, sozialistischen Kreisen nahestehenden Künstler. Die Darstellung wurde auch für die Zeitschrift der Garden City Association ‚Garden Cities and Town Planning‘ als Vignette verwandt. Die Skizzen und Pläne in dem Band von Theodor Fritsch sind nicht namentlich gekennzeichnet. Die Illustrationen im ‚Hammer‘ stammen vorwiegend von drei Künstlern: Georg Schwenk (1863-1936), L. Brauns und von Lina Burger (1865-?), die unter anderem auch die verbreitete Lesefibel von Ferdinand Hirt (19. Aufl. 1928) illustrierte. Sie setzte sich mit der Arbeit von Walter Crane auseinander und vermittelte dessen künstlerische Ansätze nach Deutschland.

Eine (städte-)bauliche Implementierung in ‚vollkommener‘ Form der beiden Versionen der Gartenstadt hat es nicht gegeben. Howards Idee wurden in dem Londoner Vorort Hampstead Garden Suburb (1910) in Form einer Gartenvorstadt[346] und dann mit Letchworth[347] (1903) und mit Welwyn Garden City (1919) umgesetzt, aber immer mit deutlichen Abstrichen der ‚reinen Lehre‘. Image, Mythos und Realität lagen auch bei den englischen Gartenstädten weit auseinander. So wurde Letchworth als ‚rote Insel‘ und ‚Spinnerkolonie‘ eingeschätzt, die mit magischer Kraft Fruchtsaftapostel, Nudisten, Sandalenträger, Sexverrückte, Quäker, Naturheilpfuscher, Pazifisten und Feministen in England wie magisch an sich zog[348]. Die überregionalen Tageszeitung stürzten sich voll Begierde auf Letchworth und berichteten vom ‚skandalösen‘ Lebenswandel der Bewohner. Die Bewohnerinnen verstanden sich auch selbst durchaus als ‚Alternative‘. „Of course we were looked on as cranks (…) I suppose we were cranks, but I think we were nice ones (…). Bare legs and sandals, for both men and women soon became quite common-place (most unusual in 1905). We led the way to many things. Vegetarianism was still young enough to cause great amusement"[349]. Alkoholausschank war bis 1975 in Letchworth nicht erlaubt. Heute können Gartenstadtpilger und Howardianer im Pub ‚The Three Magnets‘ mit (nach London pendelnden) Ortsansässigen einen Drink nehmen.

Die von Fritsch propagierten Siedlungen Eden wurde 1893, Heimland 1911 begründet. Ging es Howard um die wohnliche Unterbringung der Arbeiterschaft und die Verbesserung ihrer Wohnverhältnisse, suchte Fritsch dagegen ‚unliebsame Elemente‘ nicht

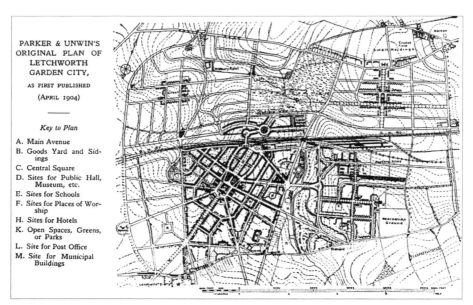

Abb. 48: Plan von Letchworth, der ersten Gartenstadt

zu berücksichtigen und Werktätige in der Nähe der Fabriken unterzubringen. Howard ging es vorerst nicht um die eine ‚100%-Lösung', die Gartenstadt in Reinkultur, die unterschiedlichen Ansätze der Realisierung sah er vielmehr als Prozess und wichtige Teilschritte an. Diese Howardsche Offenheit trug zu viel Erfolgen bei der Umsetzung bei, während das besserwisserische und dogmatische Beharren von Fritsch auf ‚seine'

Gartenstadtvision die Realisierung seiner Ideen erschwerte. Vegetarische und alkoholfreie Lebensweise wurden in Heimland und Letchworth propagiert und praktiziert.

Das Wachstum der Gartenstadt wird bei Fritsch und Howard jeweils von der Entwicklung der Industrie abhängig gemacht. Dem Dienstleistungssektor wir stadträumlich keine Bedeutung beigemessen. Die Fabrikzonen liegen bei Fritsch durch einen Grüngürtel von der Stadt getrennt an der Peripherie, wodurch die Stadt vom Güterverkehr freigehalten werden kann. Die Emissionen der industriellen Produktion

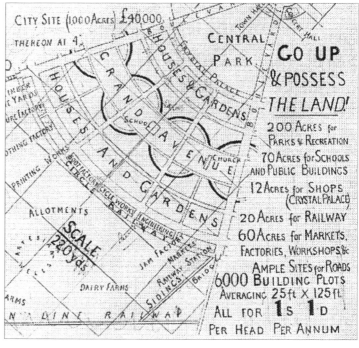

Abb. 49: Diagramm von Howard

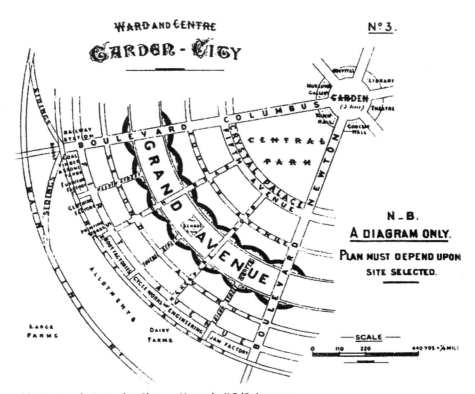

Abb. 50: Ausschnitt aus dem Plan von Howard mit Erläuterungen

können so als Auswirkungen für die Stadt und die Wohngebiete minimiert werden. Bei Howard ist die Stadt von einem Gürtel von Industrie- und Gewerbeanlagen umgeben, in dem auch Lagerplätze, Speicher und Märkte untergebracht sind. Eine Ringlinie verbindet diese Einrichtungen. Um die damals vor allem in London bekannte Rauchplage zu vermeiden, werden alle Maschinen elektrisch betrieben.

Fritsch spezifiziert die Größe seiner Gartenstadt nicht, er gibt sie ‚mit einigen Tausend Köpfen' an und sieht ein spiralförmiges Wachstum vor. Sechs 36 Meter breite Boulevards erschließen die Stadt vom Zentrum aus, der ringförmige ca. 5 Kilometer lange Grand Boulevard ist 130 Meter breit vorgesehen. Howard geht dagegen von einer Größe von ca. 32.000 Personen und 2.400 Hektar (Gemeineigentum) aus. Davon werden nur ein Sechstel Bauflächen (400 ha), die in 5.500 Bauplätze aufgeteilt werden, der Rest verbleibt als Grüngürtel landwirtschaftlicher Nutzung vorbehalten. Die Bauplätze sind jeweils um 240 qm groß. Im Zentrum ist ein 2 ¼ ha großer Zentralplatz und ein 58 ha großer Zentralpark vorgesehen. Das entspricht ca. anderthalbmal der Größe der City of London.

Fritsch sieht für den Grunderwerb 100.000 Mark für 50 Hektar vor, Howard geht von – umgerechnet – 2.000 Mark pro Hektar aus. Die Grundstückspreise pro Hektar für das zu erwerbende Areal der Gartenstadt sind also exakt gleich. Howard sieht weiter vor, dass das die Gartenstadt umgebende Land, der Grüngürtel, mit erworben werden muss. Dazu wäre der Erwerb von weiteren gut 2.000 Hektar Land erforderlich (100

Pfd. / ha), dass also insgesamt Grunderwerbskosten von 4.800 Pfd. anfallen würden. Beide gehen dann in der bodenreformerischen Tradition davon aus, dass Grund und Boden in der Gartenstadt nicht verkauft, sondern nur verpachtet werden sollen. Das Grundeigentum soll bei der Gemeinde bzw. der Genossenschaft verbleiben.

Howard war der Typ eines ‚Machers', der vor allem an der Umsetzbarkeit seiner Vision interessiert war. Er war offen, suchte seriöse Bündnispartner wie Neville Chamberlain (1869-1940) und Earl Grey und Unterstützungen von Philanthropen wie George Cadbury (1839-1940) und William H. Lever (1851-1925) sowie weiteren Netzwerken und war bereit, Abstriche von der ‚reinen Lehre' zu machen. Fritsch vertrat dagegen dogmatisch seine Grundsätze, er polemisierte und kritisierte besserwisserisch alle Vorschläge, die nicht auf seiner Linie lagen.

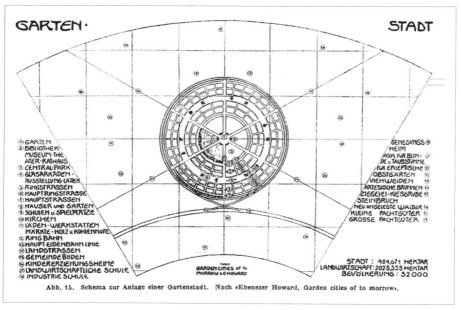

Abb. 51: Gartenstadtschema nach Ebenezer Howard

Howard war Mitglied eines freidenkerischen Zirkels, der Zetecial Society, die der bereits erwähnten 1884 gegründeten Fabian Society mit bedeutenden Mitgliedern wie Sidney Webb und George Bernard Shaw nahestand und ein Vorläufer der Labour Party war[350]. Er bezog sich auf die Schriften von Edward Bellamy (1850-1898)[351], Henry George (1839-1897), Edward Gibbon Wakefield (1786-1855), James Silk Buckingham (1786-1855), Alfred Marshall (1842-1924), John Stuart Mill (1806-1873), Thomas Spence (1750-1814), Peter Kropotkin (1842-1921)[352], Benjamin Ward Richardson (1828-1896)[353], Herbert Spencer (1820-1903) und William Morris (1834-1896). Morris hatte mit seinem 1890 erschienenen, in der deutschen Übersetzung (1892) mit einer Einleitung von Wilhelm Liebknecht versehenen Vision, eine nachindustrielle Zeit skizziert, in der Ungleichheit und Ausbeutung abgeschafft waren. Er entwarf ein Idyll technischen Rückschritts und geistigen Fortschritts. London, das Babel der Zivilisation, war verschwunden, der Gegensatz von Stadt und Land aufgehoben und Gartenstädte waren entstanden[354].

Howard verdichtete die populärsten Idealvorstellungen zu einem stimmigen und werbe-
wirksamen Konzept. Sein Buch beginnt mit einem Text von William Blake: „Nicht ruhen
soll der Geisteskampf, das Schwert nicht rasten in der Hand, bis neu entsteht Jerusalem,
in Englands schönem, grünen Land"[355]. Ideen der Reorganisation von Stadt und Land
lagen in England – vor allem vor dem Hintergrund des Wachstums vom Moloch London
– ‚in der Luft' und auch schon Karl Marx hatte ein „Hinwirken auf die allmähliche Beseitigung des Unterschieds von Stadt und Land" gefordert[356].

Fritsch schöpft dagegen aus den Schriften der Bodenreformer, ohne diese explizit zu
erwähnen und polemisiert implizit (auch in späteren Schriften) gegen den ‚Phantasten'
Henry George. Lediglich Herbert Spencers Schriften werden wohlwollend im ‚Hammer'
kommentiert und bilden eine Überschneidung von Autoren auf die explizit Bezug genommen wird.

Howard setzt nicht auf den Staat, wenn es um die Realisierung seiner Vision geht.
Neue Gesetze sind nicht erforderlich, die Transformation kann im Rahmen bestehender
Verhältnisse, ohne revolutionäre Umwälzungen, Schritt für Schritt begonnen werden.
Er hofft, dass sich einsichtige Philanthropen und Sozialreformer finden, auch Angestell-
te und Arbeiter sind erwünscht. Industrielle wie George Cadbury, Joseph Rowntree und
W. H. Lever unterstützen die Umsetzung der Ideen von Howard auch finanziell. Fritsch
findet dagegen kaum solvente Geldgeber, seine Erneuerungsgemeinde kämpft gegen
chronische Geldknappheit. Beide gründen zur Umsetzung ihrer Visionen Institutionen,
die speziell mit der Implementierung betraut sind: Fritsch die Erneuerungsgemeinde,
Howard 1902 die Garden City Pioneer Company Ltd.

Aufschlussreich ist schließlich auch der Stellenwert, den beide dem weiblichen
Geschlecht zuweisen. Howard sieht Männer und Frauen im Verwaltungsrat der Gartenstadt vor, Sachkenntnis erhebt er zum entscheidenden Kriterium. Im Nachwort
schreibt er: „Der Einfluß der Frau wird nur zu oft ignoriert. Wenn die Gartenstadt (…)
gebaut wird, wird es sich zeigen, dass die Frauen großen Anteil an der Arbeit gehabt
haben; Frauen gehören zu den tätigsten Vertretern unserer Ideen"[357].

Fritsch und seine Mitstreiter, aber auch weibliche Autorinnen im ‚Hammer' pole-
misieren gegen den ‚Weiberwahn'[358]. Der Mann sei „kraft seiner größeren Intelligenz,
seiner moralischen und sittlichen Würde, seiner überlegenen Welt- und Menschen-
kenntnis" überlegen, so dass sich „das Weib selbst und freiwillig unterordnet. (…)
In jedem Weibe ruht der Wunsch geführt zu werden"[359]. „Der Feminismus ist ein An-

**Abb. 52: Titelseite des Buches vom Berlepsch-Va-
lendas über die Gartenstadtbewegung in England**

zeichen und zugleich eine Ursache des Verfalls eines Volkes. Er zerstört die männliche Gesinnung und Tatkraft, er verdirbt die Frauen für die Mutterschaft: er verweichlicht, ja vernichtet schließlich das Volk. Der Feminismus ist eine Entartungserscheinung"[360] beklagen Autoren im ‚Hammer' und Fritsch befürchtet die ‚Herrschaft des Unterrocks'. Nach Fritsch sei der Mann verantwortlich für die „Zustände in Haus und Staat." Der Rassenverfall und die Rassen-Entartung geht einher mit der „Entmannung der Männer und Entweibung der Weiber. „Beide verlieren die besonderen Fähigkeiten und Vorzüge ihres Geschlechtes; die Männer werden weibisch, die Weiber männlich"[361]. Als der erste deutsche Filmstar Henny Porten (1890-1960) 1921 den ‚waschechten' jüdischen Arzt Wilhelm von Kaufmann-Asser heiratete, wurde im ‚Hammer' zynisch angemerkt, dass diese zur Mutter prädestinierte ‚herrliche blonde deutsche Frau' ihren nächsten Film unter dem Titel ‚Rassenschande' drehen sollte[362].

In England wurde 1899 die Garden City Association (später: Garden Cities and Town Planning Association, schließlich: Town and Country Planning Association) gegründet, die Deutsche Gartenstadtgesellschaft folgte 1902. Beide Gesellschaften kooperierten intensiv, es gab enge persönliche Kontakte, Fachbesuche und gemeinsame Tagungen. Die Deutsche Gartenstadtgesellschaft wurde in Anlehnung an das englische Vorbild und mit Bezug auf Howard begründet, Fritschs Buch findet nur in einer Fußnote Erwähnung. Nicht nur die damals in Deutschland verbreitete Anglomanie – auch in der Gartenstadtbewegung – sondern vielmehr Fritschs dogmatische antisemitische Grundhaltung beförderten seine Abseitsstellung.

Auch die antiurbanistischen Reformbewegungen in Deutschland und England korrespondieren miteinander. Mit Fokus auf Innenkolonisation wurde in England 1887 die ‚Home Colonisation Society' gegründet, in Deutschland 1912 die ‚Gesellschaft zur Förderung der inneren Kolonisation'. Die Bodenreformbewegungen mündeten 1898 in Deutschland im ‚Bund Deutscher Bodenreformer', in England 1890 in der ‚Land Nationalisation Society' (LNS) und die Bewegungen zur Verbesserung der Wohnverhältnisse führten 1900 zur Gründung des ‚National Housing Reform Council' und in Deutschland 1898 zum ‚Deutschen Verein für Wohnungsreform' (vormals ‚Verein Reichswohnungsgesetz').

Howards Buch war wohl so folgenreich, weil es sich nicht in Einzelheiten verlor, sondern vielfältige Identifikations- und Interpretationsmöglichkeiten anbot. Er formulierte eine einzigartige Synthese aus dem ihm bekannten Gedankengut von hundert Jahren, das verschiedenste individualistische und kollektivistische Elemente integrierte. Franz Oppenheimer hatte 1903 geschrieben, die Gartenstadtbewegung in England sei schon ein Jahrhundert alt und Howards Buch als „außerordentlich geschickt geschrieben, mit ebenso viel prophetischem Schwung wie kaufmännisch rechnerischer Nüchternheit verfasst"[363] gekennzeichnet. Diese Art ‚Ideensteinbruch der Dezentralisierung' sollte den Schlüssel, den ‚Master key'[364], wie Howard sein Buch zuerst nennen wollte, zur Auflösung und Auflockerung der Großstädte bilden.

Die Folgenlosigkeit der Gartenstadtversion von Fritsch ist auf seinen antisemitischen Hintergrund zurückzuführen. Die penetrante, pauschale und einseitige Anklage des

Judentums für alle Probleme, vor allem aber für die der Großstädte, erschwerten eine breite ernsthafte Auseinandersetzung mit seinen Vorstellungen. Die Vorstellung vom ‚wucherisch-händlerischen Juden' nahm bei Fritsch paranoide Züge an, die sich immer wieder in Stereotypen und Vorurteilen manifestierten. Aus seinen Frustrationen wurden Aggressionen, die im Juden schließlich ihren Sündenbock fanden[365]. Die Verdrängung der Kleinmühlen durch Großmühlen, die dynamische Industrialisierung und der Untergang des Handels und Mittelstandes bildeten die Hintergrundfolie für seine simplifizierenden antisemitischen ‚Argumente'. Fritsch galt vor allem als antisemitischer Publizist, und einmal in dieser Schublade abgelegt, war es müßig, sich mit anderen Schriften und seiner Gartenstadtidee auseinander zu setzen.

Bezogen auf die (Langzeit)Wirkung der beiden Schriften gibt es einen weiteren bedeutenden Unterschied. Howard machte sich die Werbung für und die Realisierung von Gartenstädten zur Lebensaufgabe, er bündelte alle Kräfte in dieser einen Richtung[366]. Für Fritsch stand dagegen die völkisch-antisemitische Propaganda im Zentrum seines Wirkens, die Gartenstadt und die Umsetzung seiner Siedlungsideen waren nur Mittel zum Zweck. Das Buch von Fritsch wird in England nicht rezipiert während Howards Werk in Deutschland vielfältig gewürdigt wird. In einer Rezension des Sozialdemokraten Eduard Bernstein in der ‚Neuen Zeit' war 1900 zu lesen: Würden im ‚Stadtungeheuer London' Höhlenquartiere gelichtet, „so bildet sich schnell in seiner Nachbarschaft ein anderes Höhlenquartier heraus. (...) Die elendsten Quartiere sind durchaus nicht die radikalsten Quartiere (...). Die einzige Lichtungsmethode aber, die nicht das Wiedereinnisten des beseitigten Übels an anderer Stelle nothwendig nach sich ziehen soll, ist ganz offenbar die, welche mit den Menschen zugleich ihre Arbeit aus den Quartieren herausbringt"[367].

Beide kultivierten vor ihrem Lebensende den Mythos als ‚Grand old Man', Fritsch in der völkischen Bewegung in Deutschland und Howard in der Gartenstadtbewegung und in der internationalen Stadtplanerszene. Howard, 1927 in den Adelsstand erhoben, war ein zurückhaltender, unauffälliger, bescheidener Mann mit starker Stimme und ausgezeichneten rhetorischen Fähigkeiten, dessen Denken in christlicher Nächstenliebe und freiheitlichem Miteinander wurzelte. Als 1907 der Internationale Esperanto Kongress in Cambridge stattfand, besuchten die Teilnehmer die junge Gartenstadt Letchworth und Howard begrüßte die Teilnehmer in Esperanto: „Esperanto and the Garden City are both bringing about new and better conditions of peace and agreement. (...) The fundamental principles of Garden City, like the grammatical rules of Esperanto, are very few and easily grasped"[368]. Fritsch dagegen wirkte immer als verstockter, zorniger Ideologe, festgelegt nur auf seine Visionen. Er hielt die Gleichheit aller Menschen für eine Phrase, lehnte die parlamentarische Demokratie ab und vertrat eine organistische Staatsauffassung, die einer starken Führung durch einen Monarchen bedürfe.

Von nationalistischen und völkischen Kreisen wurde immer wieder die Anglomanie der Reformbewegungen beklagt und darauf verwiesen, dass deutsche Ideen wie die von Theodor Fritsch erst über England reimportiert werden müssten, um Beachtung zu finden. „Es darf bei dieser Gelegenheit wohl auch erwähnt werden, dass der Urheber des Gartenstadtgedankens keineswegs der Brite Howard gewesen ist, sondern eben der Hammer-Herausgeber Th. Fritsch in Leipzig. Schon im Jahre 1893 (Datierung falsch, der Verf.) erschien zum erstenmal dessen Werkchen ‚Die neue Gemeinde (Gartenstadt)‘ von Th. Fritsch. Aber natürlich fand es kaum Beachtung, da ja der Urheber ein Deutscher war. Der Brite Howard aber griff den Gedanken auf, stellte ihn fast ganz gleich, wie Fritsch ihn entwickelt hatte, den Engländern hin, und die gingen an die Verwirklichung der ja wahrlich einleuchtenden Idee. Jetzt erst wurden die Deutschen aufmerksam; denn nun konnten sie den Gedanken vom Ausland beziehen"[369]. Fritsch sah die Gartenstadt als ein Instrument seiner rassistischen Vision. „Die Gartenstadt wäre ein armseliges Unternehmen, wenn sie nichts Anderes bezwecke als einen neu-artigen äußeren Aufbau der Stadt. Ich habe immer betont, dass sie nur die äußere Hülle bilden soll für eine innere Gesellschafts- und Lebens-Reform. In solchem Sinne soll auch sie nichts Anderes sein, als ein Weg zum neuen Menschen"[370].

Gegensätzlicher können die Hintergründe der Gartenstadtkonzepte von Howard und Fritsch also kaum sein, die zu einem ähnlichen räumlichen Strukturkonzept führten. Aber Howard hatte seine Vision ohnehin in Grundzügen schon um 1894 formuliert, für einen Artikel im ‚Contemporary Review‘, der als zu lang abgelehnt wurde. Zunächst nannte er die Stadt ‚Unionville‘ oder auch ‚Rurisville‘ und hatte als Titel ‚The Master Key‘ vorgesehen. Es gibt daher keinen begründeten Anhaltspunkt dafür, dass Howard die Schrift Fritschs gekannt hätte, oder auch nur in Teilen kopiert habe. Die Rezeptur von verschiedensten Zutaten macht Howards Gartenstadtversion einzigartig.

9 Epilog

Theodor Fritsch, der ‚Schmied des völkischen Gedankens‘, ließ 1933 den ‚Hammer sinken‘, durfte aber noch den „Beginn der Ernte seiner kostbaren Saat sehen"[371]. „Der Sähmann des Dritten Reiches"[372] erlebte noch die Machtergreifung der Nationalsozialisten, Nazigrößen gaben sich an seinem Grabe bei der Beerdigung am 12. September 1933 ein Stelldichein, die SA hielt die Grabwache. Adolf Hitler, Wilhelm Frick, Joseph Goebbels, Hermann Göring, Gottfried Feder und viele andere der völkischen und nationalsozialistischen Führer sandten Beileidstelegramme zum ‚Heimgang des völkischen Altmeisters‘[373]. Landesbischof Fr. Otto Coch, Herausgeber der Zeitschrift ‚Christenkreuz und Hakenkreuz‘ sprach davon, dass Fritsch „noch die herrlichen Ereignisse dieses wunderschönen Jahres 1933 hat miterleben dürfen"[374]. „Die Nachricht vom Tode des Altmeisters ging wie eine schattende Wolke über das siegsonnige Deutschland (...). Es ist ein Mann heimgegangen, der die Geschichte des deutschen Volkes mitgeschrieben hat"[375]. So vollendet Hitler Fritschs Lebenswerk, lesen wir im ‚Hammer‘. Als „Altmeister und bewährter Vorkämpfer der völkischen Bewegung" wurde Fritsch in einem Beileidtelegramm von Reichsinnenminister Frick gewürdigt und Joseph Goebbels bezeichnete Fritsch als „hochverdienten Vorkämpfer unserer völkischen Wiedergeburt" und Wilhelm Kube, der spätere berüchtigte Reichskommissar von Weißrußland formulierte: „Theodor Fritsch (ist) von sämtlichen Führern der Vorkriegszeit der bedeutendste, (...) er ist der größte Vorläufer Adolf Hitlers"[376]. Julius Streicher schrieb im ‚Hammer‘ zur Bedeutung

Das Urteil der Nationalsozialistischen Führung

über

Theodor Fritsch

und sein soeben in dreißigster, von Grund auf neu-bearbeiteter Auflage erschienenes Lebenswerk, das

Handbuch der Judenfrage

512 Seiten, in biegsamem Ganzleinenband 8.50 R.M.

Adolf Hitler:
Das „Handbuch der Judenfrage" habe ich bereits in früher Jugend in Wien eingehend studiert. Ich bin überzeugt, daß gerade dieses in besonderer Weise mitgewirkt hat, den Boden vorzubereiten für die nationalsozialistische antisemitische Bewegung. Ich hoffe, daß der dreißigsten Auflage noch weitere folgen werden und das Handbuch allmählich in jeder deutschen Familie zu finden ist.

Dr. Wilhelm Frick, Thüringischer Minister des Innern: Für die Übersendung dieses grundlegenden Werkes spreche ich Ihnen meinen verbindlichen Dank aus. Sie haben sich damit ein hervorragendes Verdienst um die Klärung dieser das deutsche Volk tief berührenden und wichtigen Frage erworben. Die Nachwelt wird es Ihnen sicherlich noch mehr danken als die Mitwelt, von der Sie jahrzehntelang verlannt und übel bedankt worden sind. Ich wünsche dem Buch jedenfalls die weiteste Verbreitung. Möge es zum Erwachen und zur Wiedergeburt des deutschen Volkes das Seinige beitragen.

Franz Stöhr, 1. Vizepräsident des Deutschen Reichstages: Mir hat das „Handbuch" in dem politischen Kampf, in dem ich seit einem Vierteljahrhundert stehe, immer ausgezeichnete Dienste geleistet, und ich habe mit großer Freude und Befriedigung festgestellt, daß die neueste Ausgabe dieses für jeden Gesinnungsgenossen geradezu unentbehrlichen Werkes nach mancherlei Richtungen hin die wertvollste Bereicherung erfahren hat. Wenn Fritsch unserem Volke nichts anderes gegeben hätte als dieses Buch, dann müßte sein Name auf lange Geschlechterfolgen hinaus fest und unauflöslich mit der Geschichte des Ringens der edelsten Geister der Nation um die kulturellen und rassischen Grundlagen eines reinen und wahren Deutschtums verbunden sein.

Zu beziehen durch jede gut • deutsche Buchhandlung

Hammer-Verlag / Leipzig

Abb. 53: Urteil der Nationalsozialistischen Führung über Theodor Fritsch's ‚Handbuch der Judenfrage'

des ‚Altmeisters' und ‚Vorkämpfers': „Unsere Kinder werden es einmal sagen: Theodor Fritsch hat mitgeholfen, das deutsche und durch das deutsche Volk die arische Menschheit zu erlösen. Aus der Schande, die Alljuda in die Welt brachte"[377].

In der Stadtverordnetenversammlung in Leipzig wurde seiner gedacht und in den Leipziger Neuesten Nachrichten war zu lesen: „In Theodor Fritsch verliert das neue Deutschland wohl den ältesten seiner Vorkämpfer, die den Ausbruch der neuen Zeit noch erlebt haben. Dem 80jährigen war es vergönnt, die Früchte reifen zu sehen, an deren Wachstum er in erster Linie mit beteiligt war. Bei den Feinden des völkischen Erwachens wurde er als Querulant, als fanatischer Judenhasser und als Hetzer verschrien, der aus Gründen der Agitation Unwahrheiten und Lügen verbreitete"[378]. Fritschs Frau dankte für die Beileidsbekundungen mit einer Anzeige: „Wir wissen, dass ein junges und tapferes Geschlecht den Kampf um deutsche Ehre und deutsche Freiheit siegreich fortführen wird. Diesem Geschlecht Heil und Dank"[379].

1935 fertigte der Bildhauer Artur Wellmann ein Denkmal für Theodor Fritsch in Berlin, wo es inzwischen eine Theodor-Fritsch-Allee (heute Lindenthaler Allee) gab. Es zeigte den „nordischen Kämpfer, wie er einen Streithammer auf den Schädel eines jüdischen Drachen niedersausen lässt". Zwei Zitate von Fritsch waren eingraviert: „Keine Gesundung der Völker vor der Ausscheidung des Judentums" und „Im Grunde genommen ist die Judenfrage der Streit zwischen Ehrenhaften und Ehrlosen". Johann von Leers, einer der gehässigsten Judenhetzer in Hitlerdeutschland, war als Redner bei der Einweihung des Denkmals dabei.

In den folgenden Jahren der nationalsozialistischen Gewaltherrschaft wird Fritsch zur antisemitischen Ikone stilisiert. Parteischulen und in vielen Orten Straßennamen werden nach ihm benannt. Unbestritten zählt Fritsch damit zu den perfidesten deutschen Antisemiten, zu den Ahnherren des Nationalsozialismus und zu den Vor-Planern des Holocaust. In der 23. Auflage seines Handbuches der Judenfrage schrieb Fritsch 1923: „Die letzte Lösung des Judenproblems kann nur in einer völligen Ausschaltung aller Juden aus dem arischen Völkerleben gefunden werden"[380]. Der Holocaust ist aber nicht nur unmittelbar aus der Tradition antisemitischen Denkens abzuleiten. Hier ist zwischen Kontinuitäten und Diskontinuitäten zu differenzieren. Auch in der ideologischen Weltanschauung von Fritsch verschwimmen rationale, irrationale und esoterische Züge. Die offen ausgesprochenen Absichten und Nahziele dienen immer auch der Realisierung geheimgehaltener Fernziele[381]. Antisemitismus und Gartenstadtidee bildeten damit zwei strategische Elemente mit kurz- und langfristigen Zielen im Denken von Fritsch, die sich bezogen auf ersteres Ziel furchtbar vollendet haben.

Im März 1940 erschien die letzte Ausgabe des ‚Hammer'. Zu seinem 5. Todestag von Theodor Fritsch 1938 erschien eine Würdigung im ‚Hammer', in der Fritsch als der Vater der Gartenstadtidee herausgestellt wurde. „Mehrere Jahre vor dem Engländer Howard hat der geniale Theodor Fritsch hierin alles gesagt, was über diese bevölkerungspolitisch so ungemein wichtigen Fragen vorgetragen werden konnte. Fritsch also, und nicht der in der Fachliteratur immer wieder allein genannte Howard ist der Schöpfer des für diese Wiedergeburt des deutschen Volks aus rassischen wie aus gesundheitlichen Gründen so überaus wichtigen ‚Gartenstadtgedankens'"[382].

Abb. 54: Die zwölf völkischen Grundwerke – Inserat im Hammer

Wenn auch im ‚Hammer' häufig noch Hinweise auf die Fritschsche Urheberschaft der Gartenstadtidee zu finden sind, so wird Fritsch erstaunlicherweise in den einschlägigen Werken der Stadtplanung aus der Zeit des Nationalsozialismus nur selten explizit zitiert. Dennoch weisen verschiedene Autoren darauf hin, dass die Gartenstadtidee Fritschscher Provenienz in modernisierter Form zu einer wichtigen Hintergrundfolie für den nationalsozialistischen Städtebau wurde[383].

Fritschs Ideologien fanden nun nachhaltige Verbreitung, die Großstadt galt als ‚Sitz des Judentums' und ‚Ort des Marxismus', während das Land die ‚Blutsquelle des deutschen Volkes' und damit die Grundlage für die Wehrkraft bildete. Die latente oder offene Großstadtfeindlichkeit wurde nach der Machtergreifung der Nationalsozialisten 1933 zur offiziellen Ideologie. Die Nationalsozialisten nahmen die heterogenen ‚Argumente' aller großstadtfeindlichen Ideologen von Riehl bis Spengler auf und bezogen sie in ihren völkisch-rassistischen Kontext einer Blut- und Boden-Ideologie ein. Die langen Traditionen der Großstadtkritik und -feindlichkeit und die Existenzängste der kleinbürgerlichen Schichten und die Gefahr der ‚Verproletarisierung‘ wurden auf die Städte projeziert. Die Großstädte galten als ‚Geschwüre am Volkskörper‘, die es zu ‚gesunden‘ galt[384]. Der Bauer und das Land wurden zum Mythos und zur ‚ewigen Größe‘, zum Inbegriff nationalsozialistischer Vorstellung vom Menschen überhaupt. Die Verbalradikalität der großstadtfeindlichen Vorstellungen reichte von der vollkommenen ‚Zerschlagung der Großstädte‘ über die ‚Entstädterung durch Neuadel aus Blut und Boden‘ bis hin zur Neugründung einer Vielzahl von Klein- und Gartenstädten.

Entgegen den ideologischen Beteuerungen der führenden NS-Größen war dennoch ab Mitte der 1930er Jahre eine weitere Verstädterung erfolgt. Schönheit des Siedelns und Siedlergemeinschaft blieben wenigen rassisch einwandfreien Stammarbeitern vorbehalten, zumal die politischen Maßnahmen gegen die Landflucht sich in Folge besserer Arbeits- und Verdienstmöglichkeiten in den Ballungszentren als unzulänglich erwiesen. Die reaktionäre Idylle der Blut- und Bodenromantiker hatte wenig mit der Realität hochindustrialisierter Rüstungsproduktion gemein.

Antisemitismus – wie Fritsch ihn propagiert hatte – diente den Nationalsozialisten als Erklärungsmuster für alles nationale, soziale und wirtschaftliche Unglück in Deutschland. Antisemitismus und Judenfeindschaft wurden zur nationalsozialistischen Staatsdoktrin[385]. Den Nationalsozialisten ging es um die Schaffung eines ‚rassereinen, völkischen Staates‘ wie Fritsch ihn gefordert hatte. Aus dem völkischen Reinheitsmythos wurde die Vernichtungslegitimation abgeleitet. So hatte Kleintierzüchter Heinrich Himmler ein ‚Hegewald‘ benanntes Feldhauptquartier in Schitomir in der südlichen Ukraine eingerichtet, um hier ‚Pflanzstätten germanischen Blutes‘ zu erproben. Judenmord, Umsiedlung, ‚Ausmerze‘ und Germanisierung waren dabei eng miteinander verknüpft und bedingten sich gegenseitig[386]. Die ‚Rasseexperten‘ projektierten ein von Deutschen dominiertes rassisch ‚gereinigtes‘ Großeuropa mit einem gigantischen und verbrecherischem Umsiedlungsprogramm.

Gottfried Feder, der Fritsch vermutlich persönlich gekannt hat, Mitglied der Thule-Gesellschaft, Mitverfasser des NSDAP-Parteiprogramms, Reichskommissar für Siedlungswesen und später Professor an der TH Berlin und Verfasser des ‚Standardwerkes‘ die ‚Neue Stadt‘[387], forderte etwa, dass „neue Gartenstädte Deutschland verschönern sollen“, um aus „Deutschland einen blühenden Garten zu machen“[388]. Nach Feder waren Städte mit ca. 20.000 Einwohnern als optimal anzusehen, denn „in der kleinen Stadt sind die Nachteile der Großstadt und des Dorfes vermieden“[389]. Walter Darré (Spitzname ‚Blu-Bo‘), Reichsminister für Ernährung und Landwirtschaft und Reichsbauernführer, knüpfte bei seinen Siedlungskonzepten direkt bei Fritsch, Hentschels Mittgartbund und bei Tanzmanns Artamanenbewegung an[390]. Das NS-System erfüllte die Träume vieler Pioniere rassenhygienischen Denkens.

In seiner dem Architekten P. Schultze-Naumburg, der auch im ‚Hammer‘ publizierte[391], gewidmeten Schrift ‚Neuadel aus Blut-und-Boden‘ fordert Darré, ähnlich wie Fritsch, spezielle ‚Hegehöfe‘ zur Aufzucht der germanischen Rasse. So erlebt das

Gartenstadtkonzept bei den Nationalsozialisten in den erober-
ten Ostgebieten den Höhepunkt der Pervertierung und seine
völkische Realisierung[392]. Die planerischen Disziplinen wurden
in den Dienst des ‚Dranges nach Osten' gestellt[393]. Das Attribut
‚neu' wurde inflationär (‚Die neue Stadt') verwandt, um an-
geblich Neues zu betonen, dass sich aber aus dem völkischen,
großstadtfeindlichen, antisemitischen Denken des 19. Jahrhunderts speiste. Meist aber zollten die neuen Herren, und auch
Hitler[394], ihren alten Ideengebern nur wenig Dank. Die Wegbereiter Hitlers hatten ihre Schuldigkeit getan; man brauchte sie
nicht mehr.

Vor dem Ersten Weltkrieg war die völkische Bewegung
eine Reformbewegung unter vielen. Seit ihrer Formierung
Ende des 19. Jahrhunderts war sie – wie die anderen Reformbewegungen – auf der Suche nach einer Alternative zur
industriell-kapitalistischen Gesellschaft und zu den Problemen

Abb. 55:
Bildnis von Theodor Fritsch (undatiert)

der Verstädterung. Radikal-völkische Visionen waren auch in als Reformsiedlungen
verklärten Gartenstädten beheimatet. Daraus eine vereinfachte Kontinuitätslinie zum
Nationalsozialismus zu konstruieren, greift allerdings zu kurz. Die völkische Bewegung
pauschal als präfaschistisch einzustufen verkennt die Vielschichtigkeit ihrer Ansätze,
ihren ambivalenten Charakter und auch die Probleme, die viele nationalsozialistische
Vordenker im Dritten Reich hatten[395]. Weder die Verklärung der Gartenstadtidee und
der Reformsiedlungen, noch die Verdammung der völkischen Vordenker und ihrer Konzepte hilft hier weiter, sondern eine präzise Rekonstruktion der Wurzeln und Kontexte
ihres Denkens und Handels sowie der Folgen ist erforderlich.

Die Gartenstadt wurde zum Synonym für alle fortschrittlichen Bemühungen, durch
Städtebau die Lebensbedingungen der unteren Mittelschichten zu ‚heben'[396]. Aber
die Gartenstadtidee als räumliches Strukturkonzeption war und ist keineswegs per se
fortschrittlich. Schnell wurde sie durch materielle Verwertungsinteressen verwässert,
die sich die jeweils am besten verkäuflichen Teile herauspickten. Damit war der Weg
vorgezeichnet, die Gartenstadt wurde zur Gartenvorstadt, zur Gartensiedlung oder zur
Trabentenstadt. Die sozialreformerische Vision verkümmerte nicht selten zu einem Modell, dass sich gut verkaufen und vermarkten ließ. An der Peripherie der Großstädte ließ
sich die eingeschränkte Version der Gartenstadt als Gartenvorstadt leichter realisieren
als eine Stadtneugründung weit ab der Ballungszentren ohne ökonomische Basis.

War Howards Idee eindeutig sozialkritisch-sozialreformistisch angelegt, so war
Fritschs Gartenstadtversion von vornherein mit reaktionären völkisch-nationalisti-
schen Zielen durchsetzt und von antisemitischer Ideologie bestimmt. Erst wenn man
die Gartenstadtvisionen und die realisierten Gartenstädte und Siedlungen konkret
nach den sozialen, politischen und ökonomischen Interessen der Urheber untersucht,
lässt sich das Prädikat fortschrittlich oder reaktionär sinnvoll verwenden. Der Begriff
Gartenstadt ist nicht geschützt und nicht eindeutig definiert, er bildet indes auch kein

Gütesiegel per se. Die Deutungsmacht der DGG, ihrer Protagonisten und späterer Studien in dieser Tradition zum Thema haben lange Zeit den sozialreformerischen Mythos der Gartenstadtidee konserviert und andere Interpretationen und Schattenseiten dethematisiert und tabuisiert. Zwischen Gartenstadtidee und Urheberschaft, zwischen Siedlungen und Gartenstadtbebauung, zwischen Intention und Implementierung sowie zwischen Idee, Gartenstadtbewegung und Marketing liegen dabei vielerlei Verwerfungen, Abstufungen und Verfremdungsmöglichkeiten, die eine eindeutige Bewertung erschweren.

Die Gartenstadt erlebt derzeit eine erstaunliche Renaissance. Für vielerlei soziale und großstädtische Probleme wird die Idee wieder als Heilmittel bemüht. Dekontextualisiert und häufig als Leerhülse verwendet, findet der Begriff in inflationärer Weise Eingang in die Presse und Fachliteratur und in kaum einer Immobilienwerbebroschüre wird er ausgelassen. Aus Unwissenheit oder Berechnung wird das Wunschdenken nach Überschaubarkeit, Sicherheit und heiler Welt instrumentalisiert. Schon seit Ende des 19. Jahrhunderts waren an die Gartenstadtidee Hoffnungen geknüpft, durch Formen der Manipulation der gebauten Umwelt gestaltend auf soziale Prozesse und Beziehungen einwirken zu können.

Als normatives Siedlungsmodell impliziert die Gartenstadtidee eine passiv-manipulative Tendenz. Sie nimmt die Sehnsüchte nach einer kleinteilig überschaubaren heilen Welt auf und gibt vor, diese auf lokaler Ebene herstellen zu können. Vor dem Hintergrund von Globalisierung, Deregulierung, Individualisierung und Privatisierung wachsen die Wünsche nach Heimat und Ortsbindung. Die Verwirtschaftlichung der Gesellschaft, Konkurrenzdenken, Kälte und Distanz befördern das Bedürfnis nach Häuslichkeit, ‚Heimat', Haus mit Garten, Gemütlichkeit und Nachbarschaft in einer Gartenstadt. Die vereinfachenden Annahmen der Gartenstadtidee entsprechen inzwischen in keiner Weise mehr der Komplexität moderner Gesellschaften. Die Hoffnung, mit planerischen Modellen wie der Gartenstadtidee eine Veränderung des sozialen Verhaltens, schichtenübergreifenden „Kulturaustausch" und politisch harmonisierende und integrierende Wirkung erzielen zu können, bleibt trügerisch.

Anmerkungen

[1] Howard, Ebenezer, To-Morrow. A Peaceful Path to Real Reform, London 1898, Original edition with commentary by Peter Hall, Dennis Hardy, Colin Ward, London 2003

[2] Luchao. Aus einem Tropfen geboren, Architecture for China von Gerkan, Marg und Partner, Leonie edition, Altenburg 2003, S. 33,34 und 38

[3] Howard, Ebenezer, To-morrow: A Peaceful Path to Real Reform, London 1898, 2nd. Ed. 1902: Garden Cities of To-morrow, London; deutsch zuerst: 1907, hier zitiert nach: Gartenstädte von morgen, Das Buch und seine Geschichte, Hrsg. Posener, J., Berlin, Frankfurt/M., Wien 1968, S. 7

[4] Krückemeyer, Th., Gartenstadt als Reformmodell. Siedlungskonzeption zwischen Utopie und Wirklichkeit, Siegen 1997, S. 10

[5] Fritsch, Th., Der falsche Gott, Leipzig 1921, Hammer Verlag Anhang

[6] Ward, St. V., The Garden City. Past, present and future, London Glasgow 1992

[7] Parsons, K. C., Schuyler, D. (ed.) From Garden City to Green City. The Legacy of Ebenezer Howard, Baltimore and London 2002

[8] vgl. z.B. auch Tagliaventi, G. (ed.), Città Giardino. Garden City a century of theories, models experiences, Roma 1994, Gemeentelijk Woningbedrijf Amsterdam, De Droom van Howard, Amsterdam 1990

[9] Hall, P., Cities of Tomorrow. An Intellectual History of Urban Planning and Design in the Twentieth Century, Blackwell, Oxford, S. 114; In dem von Julius Posener herausgegebenen Buch: Ebenezer Howard „Gartenstädte von morgen", Das Buch und seine Geschichte, deutsche Ausgabe, a.a.O. wird Fritsch überhaupt nicht erwähnt.

[10] Auster, R., Lang, F., Reform des Bauens ist Reform des Lebens. Das Begleitheft zur Ausstellung anläßlich des 100. Gründungsjubiläums der Deutschen Gartenstadtgesellschaft (1902), Berlin-Friedrichshagen 2002

[11] z.B.: de Bruyn, G., Die Diktatur der Philanthropen. Entwicklung der Stadtplanung aus dem utopischen Denken, Braunschweig/Wiesbaden 1996; selbst in der Bibliographie Gartenstädte und Gartenstadtbewegung, IRB-Literaturauslese Nr. 315, 2. Aufl., Stuttgart 1988 ist der Band von Fritsch nicht aufgeführt.

[12] Meyer, J., Städtebau, Ein Grundkurs, Stuttgart 2003, S. 36

[13] vgl. Schubert, D., Stadterneuerung in London und Hamburg. Eine Stadtbaugeschichte zwischen Modernisierung und Disziplinierung, Braunschweig/Wiesbaden 1997

[14] vgl. Schubert, D. a.a.O., S. 98 ff.

[15] Ward, St. V., Planning the Twentieth-Century City, The Advanced Capitalist World, Chichester 2002, S. 4.

[16] Kampffmeyer, B., Die Gartenstadtbewegung in England, in: Die Tat, Monatsschrift für die Zukunft deutscher Kultur, Hrsg. E. Diederichs, 8. Jg. 1916/17, S. 1144

[17] Buch, W., 50 Jahre antisemitische Bewegung. Beiträge zu ihrer Geschichte, München 1937, S. 60

[18] Der Verfasser dankt der British Library für diese Auskunft per e-mail vom 26. September 2002.

[19] vgl. Beevers, R., The Garden City Utopia. A Critical Biography of Ebenzer Howard, Houndmills, 1988, Batchelor, P., The Origin of the Garden City Concept of Urban Form, in: Journal of the Society of Architectural Historians, 3/1969, S. 184-200

[20] Zumbini, M. F., Die Wurzeln des Bösen. Gründerjahre des Antisemitismus: von der Bismarckzeit zu Hitler, Frankfurt am Main 2003, S. 323

[21] Nipperdey, Th., Deutsche Geschichte 1866-1918, Zweiter Band Machtstaat und Demokratie, München 1992, S. 299 und Wehler, H.U., Deutsche Gesellschaftsgeschichte, Bd. 3: Von der ,Deutschen Doppelrevolution' bis zum Beginn des Ersten Weltkrieges, 1849-1914, München 1995, S. 931

[22] vgl. hierzu auch: Schubert, D., Theodor Fritsch und die völkische Version der Gartenstadt, in: Stadtbauwelt 73, 1982, S. 65-79 und Schubert, D., Theodor Fritsch ou la version nationaliste allemande de la cité jardin, in: les cahiers de la recherche architecturale 15/17, 1985, S. 154 ff., Schubert, D., Theodor Fritsch and the German (völkische) version of the Garden City: the Garden City invented two years before Ebenezer Howard, in: Planning Perspectives 1/2004, S. 3-36

[23] vgl. Schollmeier, A., Gartenstädte in Deutschland. Ihre Geschichte, städtebauliche Entwicklung und Architektur zu Beginn des 20. Jahrhunderts, Münster 1990, S. 221

[24] vgl. Hintze, K., ,Antisemiten-Katechismus' und ,Handbuch der Judenfrage': Antisemitische Vorurteile und Stereotypen bei Theodor Fritsch, Mag. Arbeit Universität Hannover 1997, Kopie im Staatsarchiv Hamburg

[25] vgl. Herzog, A., Theodor Fritschs Zeitschrift ,Hammer' und der Aufbau des ,Reichs-Hammerbundes' als Instrumente der antisemitischen völkischen Reformbewegung (1902-1914), in: Lehmstedt, M., Herzog; A. (Hrsg.), Das bewegte Buch. Buchwesen und soziale, nationale und kulturelle Bewegungen um 1900, Wiesbaden 1999, S. 153

[26] zit. nach: Institut für Zeitgeschichte (Hrsg.) Hitler. Reden, Schriften, Anordnungen Februar 1925 bis Januar 1933, Bd. IV, München, New Providence, London, Paris 1994, S. 133/34

[27] Pötzsch, H., Antisemitismus in der Region, Antisemitische Erscheinungsformen in Sachsen, Hessen, Hessen-Nassau und Braunschweig 1870-1914, Wiesbaden 2000, S. 100

28   *Stadtarchiv Leipzig, Stadtverordnetenversammlung 18. Dezember 1895, Öffentliche Verhandlungen*

29   *Bis heute steht noch eine Biographie von Theodor Fritsch aus. Darauf wies schon 1961 Reginald Phelps hin: Theodor Fritsch und der Antisemitismus, in: Deutsche Rundschau 5/1961, S. 443, zur Bedeutung Fritschs vgl. auch Mosse, G. L:, Ein Volk - Ein Reich - Ein Führer, Die völkischen Ursprünge des Nationalsozialismus, Königstein, Taunus. 1979, S. 124 ff.*

30   *Hammer 642, März 1929, S. 153*

31   *Pötzsch, H., Antisemitismus, a.a.O., S. 21*

32   *Zumbini, M. F., a.a.O., S. 173*

33   *vgl. Zimmermann, M., Wilhelm Marr, The Patriarch of Anti-Semitism, New York – Oxford 1986. Fritsch überwarf sich mit Marr wohl vorwiegend aus privaten Gründen, da er Geliebter von Marrs dritter Frau wurde. Drei der vier Frauen Marrs waren jüdischer Herkunft. Vgl. Zumbini, M.F., a.a.O., S. 174*

34   *Staatsarchiv Hamburg, Nachlass Wilhelm Marr A 67, Brief vom 8. Mai 1884*

35   *vgl. die Memoiren seines Sohnes: Sombart, N., Jugend in Berlin 1933-1943. Ein Bericht, Frankfurt am Main 1991, S. 16: „Ohne allzu große Übertreibung kann man sagen, dass dieser so großzügig angelegte Schutzpark bürgerlicher Lebenskultur (Grunewaldviertel, der Verf.) wesentlich jüdisches Territorium war. Jede zweite oder dritte der grossen Villen war jüdischer Besitz."*

36   *Sombart, W., Die Juden und das Wirtschaftsleben, Leipzig 1911. Einige Formulierungen kamen allerdings der Ideologie von Fritsch recht nahe, so z.B.: „ ,Rassig' soll der Mensch sein, und nach dieser Betrachtungsweise ist eine rassige Jüdin wertvoller als eine verpanschte und schlappe Germanin". (S. XIV) Vgl. Auch: Sombart, W., Die Zukunft der Juden, Leipzig 1912*

37   *vgl. Ludwig, H., Sombart and the Jews, in: Backhaus, J. G. (ed.), Werner Sombart (1863-1941) – Social Scientist, Marburg 1996, 3 Bd., hier Bd. 1, S. 206*

38   *Roderich-Stoltheim, F., Die Juden im Handel und das Geheimnis ihres Erfolges, Steglitz 1913*

39   *Roderich-Stoltheim, F., Die Juden im Handel, a.a.O., S. 41*

40   *Fritsch, zit. nach Pötzsch, H., Antisemitismus, a.a.O., S. 131*

41   *Mosse, G.L:, Rassismus, Ein Krankheitssymptom in der europäischen Geschichte, Königstein Ts. 1978, S. 3*

42   *Nipperday, Th., a.a.O., S. 293*

43   *Priester, K., Rassismus. Eine Sozialgeschichte, Leipzig 2003, S. 160*

44   *Mohrmann, W., Antisemitismus, Ideologie und Geschichte im Kaiserreich und in der Weimarer Republik, Berlin 1972, S. 30*

45   *vgl. Bildarchiv preußischer Kulturbesitz (Hrsg.), Juden in Preußen, Ein Kapitel deutscher Geschichte, Dortmund 1981*

46   *Nipperday, Th., a.a.O., S. 291*

47   *vgl. Geisel, E., Im Scheunenviertel. Bilder, Texte und Dokumente, Berlin 1981*

48   *Zumbini, M.F., a.a.O., S. 33ff.*

49   *Wehler, U.-U., a.a.O., S. 931*

50   *vgl. Müller, J., Die Entwicklung des Rassenantisemitismus in den letzten Jahrzehnten des 19. Jahrhunderts (Dargestellt hauptsächlich auf Grundlage der ,Antisemitischen Correspondenz'), Berlin 1940*

51   *Staatsarchiv Hamburg, Antisemitische Correspondenz Nr. 794, 1903*

52   *Fritsch, Th., Aus der Entstehungszeit des ,Hammer', in: Hammer Nr. 583, 1926, S. 529*

53   *Herzog, A., a.a.O., S. 166*

54   *Deutsch-Soziale Blätter, Antisemitische Correspondenz 19 November 1887, zit. nach Pötzsch, H., Antisemitismus, a.a.O., S. 134*

55   *o. Verf. vermutlich Theodor Fritsch: Zur Organisation der Hammerbund-Gemeinden, in: Hammer 233/1912, S. 134*

56   *vgl. Bönisch, M., Die ,Hammer-Bewegung', in: Puschner, U., Schmitz, W., Ulbricht, J. H., Handbuch zur ,Völkischen Bewegung', München 1999, S. 341ff.*

57   *Anlage zum Brief von Theodor Fritsch an Adolf Bartels vom 17. April 1907. Forschungsstelle für die Zeitgeschichte in Hamburg, Bartels, Sign. 11/B 14-17.*

58   *Bundesarchiv Koblenz R 26, Vorl. 887*

59   *Bundesarchiv Koblenz R 26, Vorl. 887*

60   *Volland, A., Theodor Fritsch (1852-1933) und die Zeitschrift ,Hammer', Diss. Mainz 1993, S. 18*

61   *Lehmann, P., Fritsch als Volkserzieher, in: Festschrift zum fünfundzwanzigjährigen Bestehen des Hammer, Leipzig 1926, S. 57*

62   *Lehmann, P., (Hrsg.) Neue Wege – Aus Theodor Fritsch's Lebensarbeit. Eine Sammlung von Hammer-Aufsätzen zu seinem siebzigsten Geburtstag, Leipzig 1922, S. 281*

63   *Theodor Fritsch, zit. nach Pötzsch, H., a.a.O., S. 83*

64   *Rose, D., Die Thule-Gesellschaft. Legende – Mythos – Wirklichkeit, Tübingen 1994, S. 19*

65   *vgl. Kruck, A., Geschichte des Alldeutschen Vereins 1890-1939, Wiesbaden 1954, S. 16ff. und Hering, R., Konstruierte Nation. Der Alldeutsche Verband 1890 bis 1939, Hamburg 2003*

66   *vgl. Pötzsch, H., Antisemitismus, a.a.O., S. 246*

67   *Bundesarchiv Koblenz R 26, Vorl. 887*

68   *Bronner, St. E., Ein Gericht über die Juden. Die ‚Protokolle der Weisen von Zion' und der alltägliche Antisemitismus, Berlin 1999, S. 9ff.*

69   *vgl. Hecht, C., Deutsche Juden und Antisemitismus in der Weimarer Republik, Bonn 2003, S. 64*

70   *Gilbhard, H., Die Thule Gesellschaft – Vom okkulten Mummenschanz zum Hakenkreuz, München 1994*

71   *vgl. Hecht, C., a.a.O., S. 108*

72   *vgl. Lohalm, U., Völkischer Radikalismus. Die Geschichte des Deutschvölkischen Schutz- und Trutz-bundes 1919-1923, Hamburg 1970*

73   *Rudloff, W., Zwischen Revolution und Gegenrevolution: München 1918 bis 1920, in: Münchner Stadtmuseum (Hrsg.), München ‚Hauptstadt der Bewegung', München 1993, S. 56*

74   *Roderich-Stoltheim, F., Anti-Rathenau, Hammer-Schriften Nr. 15, Leipzig 1918, S. 16, S. 19, S. 20/21.*

75   *1933, nach dem Tode von Fritsch wurde darauf verwiesen, dass eine Rathenaustraße in Theodor Fritschstraße umbenannt werden sollte. „Es ist uns eine Genugtuung, den Namen des berüchtigten Organisators der Weltrevolution auszumerzen und durch den Namen des ältesten bis vor kurze Zeit für die Erneuerung seines Vaterlandes noch tätigen Deutschen durchaus nationalsozialistischer Gesinnung zu ersetzen". Kelpin, K., Führer und Gegner der geheimen Weisen von Zion, in: Hammer 753/54, 1933, S. 304*

76   *Nachrufe auf Rathenau, in: Hammer Nr. 483, August 1922, S. 300/301*

77   *Zumbini, M.F., a.a.O., S. 621*

78   *Vgl. o. Verf., Begründung des Hammer-Verbots, in: Hammer 495/1923, S. 47 ff. und o. Verf., Vor dem Staatsgerichtshof, in: Hammer 512, 1923, S. 395 ff.*

79   *zit. nach Hecht, C., a.a.O., S. 93*

80   *Schumacher, M., M.d.R. Die Reichstagsabgeordneten der Weimarer Republik in der Zeit des Natio-nalsozialismus. Politische Verfolgung, Emigration und Ausbürgerung 1933-1945, Düsseldorf 1992, S. 369*

81   *Chernow, R., Die Warburgs. Odyssee einer Familie, 1994, S. 337ff.*

82   *Salburg, Edith Gräfin, Erinnerungen einer Respektlosen, Hammer-Verlag, Leipzig 1927 und 1928, 3 Bd. hier Bd. 3, Vom Wohlstandsmenschen zum Arbeitsmenschen, S. 322*

83   *Ford, H., Der internationale Jude, Bd. 1 und 2, Leipzig 1922, hier S. 4. Die Weltanschauung von Ford spiegelt sich in seiner Definition, was ist Jazz? „Jazz ist jüdisches Machtwerk. Das Fade, Schleimige, die Mache, die ausschweifende Sinnlichkeit – es ist jüdischen Ursprungs. Affengeplapper, Dschun-gel-Gegrunze und Gequietsche, Töne tierischer Brunst werden mit ein paar aufgeregten Noten um-kleidet und dringen so in Häuser, aus denen sie früher voll Abscheu ausgewiesen worden wären". (Bd. 2, S. 124)*

84   *Ford betätigte sich als Stadtgründer und begründete 1927 im brasilianischen Regenwaldgebiet die Stadt Fordlandia, um selbst den für die Automobilherstellung wichtigen Kautschuk produzieren zu können.*

85   *Vgl. Ribuffo, L. P., Henry Ford and the International Jew, in: American Jewish History 69, 1969/70, S. 437-477*

86   *Über die ‚Ziele des Ku-Klux-Klan' war im Hammer zu lesen: „Immer deutlicher tritt jedoch hervor, dass sie eine Parallel-Erscheinung unserer völkischen Bewegung bildet. Sie erstrebt den Schutz der nordischen Rasse, bezw. des Angelsachsentums in den Vereinigten Staaten gegen das eindringende Fremdtum". O. Verf. Die Ziele des Ku-Klux-Klan, in: Hammer 538/1924, S. 429ff.*

87   *Hamann, B., Winifred Wagner oder Hitlers Bayreuth, München 2002, S. 110*

88   *Hamann, B., a.a.O., S. 111*

89   *The Trial of German Major War Criminals, Nuremberg 2nd July to 15th July 1946, in: www.nizkor.org/hweb/imt/tgmwc-18/*

90   *Zumbini, M.F., a.a.O., S. 416*

91   *Fritsch, Th., Landsiedlung und entgegenstehende Bedenken, in: Hammer: 287, 1914, S. 286*

92   *Fritsch, Th., Zwei Grundübel, Boden-Wucher und Börse, Leipzig 1894, S. 19*

93   *Fritsch, Th., Stadt, a.a.O., S. 8/10*

94   *a.a.O., S. 4*

95   *a.a.O., S. 8*

96   *Vgl. Baumeister, R., Stadt-Erweiterungen in technischer, baupolizeilicher und wirtschaftlicher Be-ziehung, Berlin 1876, p. 63 ff, und Stübben, J., Die Bedeutung der Bauordnungen und Bebauungs-pläne für das Wohnungswesen, Göttingen 1902, S. 22 ff.*

97   *vgl. Hilpert, Th., Die Funktionelle Stadt. Le Corbusiers Stadtvision – Bedingungen, Motive, Hinter-gründe, Braunschweig 1978*

98   *Fritsch, Th., Die Stadt, a.a.O. S. 15*

99   *Fritsch, Th., Bodenfrage und römisches Recht, in: Hammer 145/1908, S. 417 ff. Fritsch verweist hier immer auf den großstadtfeindlichen, agrarromantischen ‚Schlüsselroman' Der Büttnerbauer, von Polenz, W. v., Leipzig 1895. Der Büttnerbauer erhängt sich vor seinem Bauernhof, da an dessen Stelle eine Fabrik gebaut werden soll.*

100 Fritsch, Th., *Zwei Grundübel: Boden-Wucher und Börse*, S. 190

101 Fritsch, Th., *Die Stadt, Begleitschreiben*, S. 5

102 Fritsch, Th., *Die Stadt, Begleitschreiben*, S. 5

103 Fritsch, Th., *Die Stadt, Begleitschreiben*, S. 6

104 Fritsch, Th., *Der Rückgang der blonden Rasse*, in: Hammer 29/1903, S. 411 und S. 49 ff.

105 Fritsch, Th., *Zur Klärung des Rassen-Begriffes*, in: Hammer 54/1904, S. 419

106 Fritsch, Th., *Rassenfrage und Erneuerungs-Gemeinde*, in: Hammer 150, 1908, S. 748

107 Schnauß, *Die Gefahren der Frauen-Bewegung*, in: Hammer 157/1909, S. 390, und Andresen, I., *Frauenfrage und Hammer Ziele*, in: Hammer 163/1909, S. 217

108 Fritsch, Th., *Was wollen wir?* in: Hammer 1921, S. 1

109 Zimmermann, C., Reulecke, J. (Hrsg.); *Die Stadt als Moloch. Das Land als Kraftquell? Wahrnehmungen und Wirkungen der Großstadt um 1900*, Basel, Boston, Berlin 1999, S. 13

110 o.Verf., vermutlich Theodor Fritsch, *Die Müller werden um Rat gebeten*, in: Deutscher Müller, Jg. XVIII, No. 34, S. 278

111 Linke, R., *Ein Weltbild aus dem Geiste des deutschen Volkstums, Dem Gedächtnis Wilhelm Heinrich Riehl's*, in: Hammer Nr. 649, 1929, S. 325

112 Fritsch, Th., *Die Stadt*, S. 5

113 Riehl, W. H., *Die Naturgeschichte des Volkes als Grundlage einer deutschen Socialpolitik, Bd. 1, Land und Leute*, Stuttgart 1861 (zuerst 1853); Hansen, G., *Die drei Bevölkerungsstufen*, München 1915 (zuerst 1889) und Ammon, O., *Die Gesellschafts-Ordnung und ihre natürlichen Grundlagen – Entwurf einer Sozial-Anthropologie, zum Gebrauch für alle Gebildeten, die sich mit sozialen Fragen befassen*, Jena 1900. Zur Geschichte des großstadtfeindlichen Denkens: Bergmann, K., *Agrarromantik und Großstadtfeindschaft*, Meisenheim am Glan 1970.

114 Fritsch, Th., *Landsiedlung und entgegenstehende Bedenken*, in: Hammer 287, 1914, S. 286

115 Fritsch, Th., *Lebens-Reform und Siedlungsgedanke*, in: Hammer 370/1917, S. 600

116 Fritsch, Th.., *Gutes und schlimmes Kapital*, in: Hammer 281, 1914, S. 119. Eine ähnliche Unterscheidung (,raffendes und schaffendes Kapital') wurde von den Nationalsozialisten wieder aufgenommen. Vgl. Feder, G., *Das Programm der NSDAP und seine weltanschaulichen Grundlagen*, München 1932, S. 24 ff.

117 Hoffmann, H., *Völkische Kapitalismus-Kritik: Das Warenhaus*, in: Puschner, U., Schmitz, W., Ulbricht, J. H., Handbuch, a.a.O., S. 563

118 Roderich-Stoltheim, F., (=Theodor Fritsch), *Die Juden im Handel*, a.a.O., S. 121

119 Fritsch, Th., *Mittelstand, Kapital-Herrschaft, Monarchie*, Leipzig 1906 Hammer, S. 13

120 Staatsarchiv Hamburg, Antisemitische Correspondenz Nr. 797, 1903, S. 559

121 vgl. Schubert, D., *Großstadtfeindschaft und Stadtplanung. Neue Anmerkungen zu einer alten Diskussion*, in: Die alte Stadt 1/1986, S. 27

122 Viebig, C., *Die vor den Toren*, Berlin 1949, S. 295

123 vgl. Dohnke, K., *Völkische Literatur und Heimatliteratur 1870-1918*, in: Puschner, U., Schmitz, W., Ulbricht, J. H., Handbuch, a.a.O., S. 657

124 Ketelsen, U.-K., *Völkisch-nationale und nationalsozialistische Literatur in Deutschland 1890-1945*, Stuttgart 1976, S. 33

125 Koschützke, R. von, *Der Schatz im Acker – Ein Buch für die deutsche Jugend*, Hamburg 1917, S. 72 und S. 118

126 Stauff, Ph., *Das Deutsche Wehrbuch*, Wittenberg 1912, S. 10

127 Salm, M., *Stadt und Land*, in: Soziale Kultur, Januar/Juni 1913, S. 278

128 Hammer 114/1907, S. 181

129 Kuczynski, R., *Der Zug nach der Stadt*, Stuttgart 1897, S. 153. Die Großstadtfeindlichkeit war nicht auf Deutschland beschränkt, sondern – anders akzentuiert – auch in anderen europäischen Ländern und in Nordamerika verbreitet. Vgl. Lees, A., Cities Perceived. Urban Society in European and American Thought, 1820-1940, Manchester 1985

130 Fritsch, Th., *Die Wurzeln der Sozial-Demokratie*, in: Hammer 87/1906, S. 96

131 Staatsarchiv Hamburg, Nachlaß Wilhelm Marr A 67, Brief von Fritsch an Marr vom 12. November 1890

132 vgl. Wawrzinek, K., *Die Entstehung der deutschen Antisemitenparteien*, Berlin 1927, S. 64ff.

133 o. Verf. vermutlich Theodor Fritsch, *Ein Zucht-Problem*, in: Hammer 41/1904, S. 97

134 vgl. Linse, U., *Antiurbane Bestrebungen in der Weimarer Republik*, in: Alter, P., (Hrsg.) Im Banne der Metropolen. Berlin und London in den zwanziger Jahren, Göttingen-Zürich 1993, S. 314ff.

135 zit. nach Puschner, U., a.a.O., S. 184

136 vgl. Bergmann, K., a.a.O., S. 117

137 Raschke, J., *Soziale Bewegungen. Ein historisch-systematischer Grundriß*, Frankfurt/New York 1987, S. 32-39

138 Krabbe, W. R., *Gesellschaftsveränderung durch Lebensreform*, Göttingen 1974, S. 27

139 Baumgartner, J., *Ernährungsreform – Antwort auf Industrialisierung und Ernährungswandel, Ernährungsreform als Teil der Lebensreformbewegung am Beispiel der Siedlung und des Unternehmens Eden seit 1893*, Frankfurt am Main, Berlin, 1992, S. 20

[140] Küppers-Sonnenberg, G. U., Siedlung und Körperkultur, in: Die Tat 1925/26, Bd. 1, S. 380

[141] Kerbs, D., Reulecke, J., (Hrsg.), Handbuch der deutschen Reformbewegungen 1880-1930, Wuppertal 1998, S. 12

[142] Buchholz zählt weit über 100 Zeitschriften, die dem lebensreformerischen Umfeld zuzurechnen sind. Buchholz, K., Lebensreformerisches Zeitschriftenwesen, in: Buchholz, K., Latocha, R., Peckmann, H., Wolbert, K. (Hrsg.), Die Lebensreform. Entwürfe zur Neugestaltung von Leben und Kunst um 1900, 2 Bd., Darmstadt 2001, Bd.1., S. 18

[143] Landmann, F., Begriff und Aufgabe der Lebensreform, Festschrift zum 25jährigen Bestehen der Obstbau-Siedelung Eden bei Oranienburg), Hartenstein 1821, S. 4

[144] vgl. Buchholz, K., Latocha, R., Peckmann, H., Wolbert, K. (Hrsg.), Die Lebensreform, a.a.O., Bd.1., S. 18

[145] vgl. Heichen, A., Richtlinien für ein großdeutsches Programm, in: Hammer 318/1915, S. 453 ff., und Scheibe, W., Zur Siedlungsfrage des Mittelstandes, in: Hammer 341/1916, S. 457 ff.

[146] Fritsch, Th., Die Neuordnung Europas, in: Hammer 294/1914, S. 478, und Fritsch, Th., Gerechte Landverteilung in Europa, in: Hammer 327/1916, S. 58, sowie Heichen, A., Umsiedlung - Ansiedlung - Austauschsiedlung, in: Hammer 335/1916, S. 283

[147] So Artikel von Staudinger, F., Gartenstadt und Genossenschaft, in: Gartenstadt, Mitteilungen der deutschen Gartenstadtgesellschaft 2/1909, S. 20, und Muthesius H., Allgemeine Städtebauausstellung in Berlin, in: Gartenstadt 7/1910, p. 81, ähnlich: Kampffmeyer, H., Die Gartenstadtbewegung, Leipzig 1909, S. 10 ff., anders etwa Albrecht, G., Die Gartenstadtbewegung, in: Gartenstadt 2/ 1931, S. 24, auch im Handwörterbuch des Wohnungswesens, Hrsg. Albrecht, G., Gut, A., u.a., Jena 1930, S. 262 ff.

[148] Kauffeldt, R., Cepl-Kaufmann, G., Berlin Friedrichshagen. Literaturhauptstadt um die Jahrhundertwende. Der Friedrichshagener Dichterkreis, Klaus Boer Verlag, o. O., S. 92

[149] vgl. Hartmann, K., Wir wollen andere Lebenswelten, Brückenschlag von der Lebensreform zur Stadtreform: Ineinandergreifende Lebensgeschichten von Vater und Sohn Kampffmeyer, in: Wentz, Martin (Hrsg.), Hans Kampffmeyer. Planungsdezernent in Frankfurt am Main 1956-1972, Frankfurt/New York 2000, S. 11f.

[150] Kampffmeyer, H., An unsere Leser, in: Gartenstadt, Mitteilungen der Deutschen Gartenstadtgesellschaft, Beilage zur Zeitschrift Hohe Warte 1906/07, S. 1

[151] Bollerey, F., Fehl, G., Hartmann, K. (Hrsg.), Im Grünen wohnen – im Blauen planen. Ein Lesebuch zur Gartenstadt, Hamburg 1990, S. 27

[152] Berlepsch-Valendas, Eduard von, Die Gartenstadtbewegung in England, ihre Entwicklung und ihr jetziger Stand (Die Kultur des modernen England in Einzeldarstellungen), München und Berlin 1912, S. X und 184

[153] Die Deutsche Gartenstadtbewegung, Zusammenfassende Darstellung über den heutigen Stand der Bewegung, Berlin-Schlachtensee 1911, S. 3

[154] vgl. Landeshauptstadt Magdeburg, Stadtplanungsamt Magdeburg, Fischer, F., Gartenstadt-Kolonie Reform, Magdeburg 1995, vgl. auch Landeshauptstadt Magdeburg, Stadtplanungsamt Magdeburg, Fischer, F., Kopetzki, Chr., Gartenstadt Hopfengarten, Magdeburg 1995

[155] Dies war in Großbritannien ähnlich. In London gab es z.B. eine lange Tradition der Suburbanisierung und viele gartenstadtähnliche Vorstadtsiedlungen waren entstanden, die nicht das ‚Gütesiegel' von Howard und der englischen Gartenstadtbewegung bekamen. Vgl. Reid, A., Brentham. A history of the pioneer garden suburb, London 2000

[156] vgl. Gisbertz, O., Bruno Taut und Johannes Göderitz in Magdeburg, Berlin 2000, S. 46ff.

[157] Fritsch, Th., In eigener Sache, in: Hammer 573/1926, S. 202, ähnlich in: Schulze, W., Theodor Fritsch, Anläßlich seines 75. Geburtstages, in: Hammer 607/1927, S. 496

[158] vgl. Fritsch, Th., Ein praktisches Beispiel der Bodenreform, in: Frei Land/1895, S. 300 ff., und ders., Wie erlangen wir gesunde Menschen und gesunde Zustände, in: Frei Land 1895, S. 153 ff. Eine Kritik von M. Flürscheim (1844-1912), dem „ein antisemitischer Bodenreformer bei weitem lieber ist als ein philosemitischer Vertreter des heutigen kapitalistischen Systems", in: Frei Land 5/1896, S. 65 ff. Flürscheim hatte die Statuten für eine Bodenreform Kolonie Freiland in Mexiko ausgearbeitet. Fritsch beliebte Flürscheim in Flürschheim zu entstellen.

[159] vgl. pseud. H., Die Irrtümer Henry Georges und der deutschen Bodenreformer, in: Hammer 57 u. 59/1904, S. 485 und 533 ff. Der Verfasser war wahrscheinlich Fritsch, der schon 1894 in seinem Werk ‚Zwei Grundübel' eine Kritik an H. George übte (vgl. S. 130 ff.)

[160] Fritsch, Th., Stadt 1912, Vorwort

[161] vgl. auch Stauff, Ph., Semi-Kürschner oder literarisches Lexikon der Schriftsteller, Dichter, Bankiers, Geldleute, Ärzte, Schauspieler, Künstler, Musiker, Offiziere, Rechtsanwälte, Revolutionäre, Frauenrechtlerinnen, Sozialdemokraten usw. jüdischer Rasse und Versippung, die von 1810 bis 1913 in Deutschland tätig oder bekannt waren, Berlin Selbstverlag 1913, S. XI: „Daß wir Deutsche für unseren Grund und Boden jährlich 3 Milliarden Zinsen dem jüdischen Kapital zahlen ist bekannt".

[162] Fritsch, Th., Zwei Grundübel: Boden-Wucher und Börse, a.a.O., S. 69 u. 77

[163] Das Werk von Fritsch wird in der Zeitschrift Frei-Land der Bodenreformer (1894, S. 318/19) wie

folgt rezensiert: „*Ein merkwürdiges Buch. Wir haben selten ein so eigenartiges und interessantes Gemisch von Wahrheit und Irrtum gelesen, als dieses Werk; dass der bekannte Antisemitenführer, dem die ‚Deutschsozialen' soviel verdanken, seinen antisemitischen Standpunkt scharf betont, ist wohl selbstverständlich (...).*

164 Voigt, W., The garden city as eugenic utopia, in: Planning Perspectives 4/1989, S. 295-312

165 vgl.Hayden, D., Seven American Utopias: The Architecture of Communitarian Socialism, 1790-1975, Cambridge 1976, S. 17ff.

166 Doeleke, W., Alfred Ploetz (1860-1940), Sozialdarwinist und Gesellschaftsbiologe, Frankfurt 1975, S. 9

167 Ploetz, A., Die Tüchtigkeit unsrer Rasse und der Schutz der Schwachen. Ein Versuch über Rassenhygiene und ihr Verhältnis zu den humanen Idealen, besonders zum Socialismus, Berlin 1905

168 Elisabeth Pfeil schrieb im Nachruf: „Er erlebte das Glück, die Idee, der er sein Leben treu geblieben war, sich durchsetzen zu sehen; sie ist zur tragenden Idee des Dritten Reiches geworden". In: Erinnerungen an Alfred Ploetz, in: Archiv für Bevölkerungswissenschaft 10/1940, S. 67 ff.

169 Vgl. Gillham, N. W., A Life of Sir Francis Galton. From african Exploration to the Birth of Eugenics, Oxford 2001

170 vgl. Kühl, St., Die Internationale der Rassisten. Aufstieg und Niedergang der internationalen Bewegung für Eugenik und Rassenhygiene im 20. Jahrhundert, Frankfurt/New York 1997 und Adams, M. B., The Wellborn Science. Eugenics in Germany, France, Brazil, and Russia, Oxford 1990

171 Frei, N., Hitlers Eliten nach 1945, München 2003, S. 34

172 Weingart, P., Kroll, J., Bayertz, K., Rasse, Blut und Gene. Geschichte der Eugenik und Rassenhygiene in Deutschland, 1992, S. 68

173 Voigt, W., Die Gartenstadt als eugenisches Utopia, in: Bollerey, F., Fehl, G., Hartmann, K. (Hrsg.), a.a. O., S. 306

174 Priester, K., a.a.O., S. 228

175 Weindling, P., Biologische Ansichten vom Jahr 2000, in: Nicola L., Roth, M., Vogel, K., (Hrsg.), Der neue Mensch. Obsessionen des 20. Jahrhunderts, Ostfildern-Ruit 1999, S. 70. Vgl. auch die Publikation des Engländers Havelock Ellis, Rassenhygiene und Volksgesundheit (Übersetzung Hans Kurella), Würzburg 1912, in der die Ideen Galtons propagiert werden.

176 Frecot, J., Geist, J. F., Kerbs, D., Fidus 1868-1948, 1868-1948. Zur ästhetischen Praxis bürgerlicher Fluchtbewegungen, Neuauflage Frankfurt 1997

177 vgl. Schuster, M., Fidus – ein Gesinnungskünstler der völkischen Kulturbewegung, in: Puschner, U., Schmitz, Walter, U., Justus H., Handbuch, a.a.O., S. 634

178 Becker, G., Die Siedlung der deutschen Jugendbewegung. Eine soziologische Untersuchung, Diss. Hilden 1930

179 Weißer, S. (Hrsg.), Fokus Wandervogel. Der Wandervogel in seinen Beziehungen zu den Reformbewegungen vor dem Ersten Weltkrieg, Marburg 2002

180 vgl. Winnecken, A., Ein Fall von Antisemitismus. Zur Geschichte und Pathogenese der deutschen Jugendbewegung vor dem Ersten Weltkrieg, Köln 1991

181 Gröning, G., Wolschke-Bulmann, J., Landschafts- und Naturschutz, in: Kerbs, D., Reulecke, J. (Hrsg.), Handbuch der Reformbewegungen, a.a. O, S. 26

182 Schultze-Naumburg, P., Kulturarbeiten, 9.Bd. und ein Ergänzungsband, München 1901-1917, vgl. auch: Borrmann, Norbert, Paul Schultze-Naumburg. Maler – Publizist – Architekt 1869-1949, Essen 1989

183 Barlösius, E., Naturgemässe Lebensführung. Zur Geschichte der Lebensreform um die Jahrhundertwende, Frankfurt/New York 1997, S. 245

184 Raschke, J., a.a.O., S. 45

185 Als Hitler 1933 dem Nietzsche-Archiv in Weimar einen Besuch abstattete, überreichte die 87jährige Elisabeth Förster-Nietzsche dem Führer die Antisemiten-Petition. Vgl. Zumbini, M.F., a.a.O., S. 462

186 vgl. Förster, B., Deutsche Colonien in dem oberen Laplata-Gebiete mit besonderer Berücksichtigung von Paraguay, Naumburg 1886

187 Salmi, H., Die Sucht nach dem germanischen Ideal – Bernhard Förster (1843-1889) als Wegbereiter des Wagnerismus, in: Zeitschrift für Geschichtswissenschaft 6/1994, S. 485-496

188 Förster, Bernhard, Ein Deutschland der Zukunft, in: Bayreuther Blätter, Januar/März 1883, S. 55

189 Zumbini, M.F., a.a.O., S. 450

190 Colli, G., Montinari, M. (Hrsg.), Friedrich Nietzsche Briefe Januar 1887-1889, Berlin, New York 1984, S. 83. Nietzsche stand mit seinem Schwager auf Kriegsfuß und schrieb an seine Schwester: „Ich wünschte, nicht so gänzlich den Tendenzen und Aspirationen meines Herrn Schwagers mich entgegengesetzt zu fühlen, um mit dem Gelingen seiner Unternehmung noch gründlicher sympathisieren zu können". Brief aus Elisabeth Förster in Asuncion aus Venedig vom 15. Oktober 1887.

191 vgl. Linse, U., Von ‚Nueva Germania' nach ‚Eden', in: Stadtbauwelt Heft 43/1992, S. 2453 ff.

192 vgl. Diethe, C., Nietzsches Schwester und Der Wille zur Macht. Biographie der Elisabeth Förster-Nietzsche, Hamburg/Wien 2001, S. 84ff.

193 Buch, W., a.a.O., S. 50

194 Friedrich Nietzsche Briefe Januar 1887-1889, a.a.O., S. 46
195 vgl. Stauff, Ph., Semi-Kürschner, a.a.O.
196 Festschrift zum fünfundzwanzigjährigen Bestehen des Hammer, a.a.O., S. 77 und 78
197 a.a.O., S. 218
198 „Um den Unterschied zwischen meiner Konstruktion und einer Utopie erkennbar zu machen, wähle ich ein interessantes Buch der letzten Jahre: ‚Freiland' von Dr. Theodor Hertzka. Das ist eine sinnreiche Phantasterei, von einem durchaus modernen, national-ökonomisch gebildeten Geist erdacht, und so lebensfern wie der Äquatorberg, auf dem dieser Traumstaat liegt". Herzl, Theodor, Der Judenstaat, Vorrede
199 Hammer 341/2, 1916, S. 452
200 Die Vegetarische Obstbau-Kolonie ‚Eden', Bericht über ihre Entwicklung und Ziele, Oranienburg 1900, S. 11
201 Krecke, H., Grundsätze und Entwicklungsanfänge der Bodenreformgenossenschaft Eden, in: Deutsche Volksstimme, 1899, S. 490ff., S. 529ff., S. 586ff., hier S. 492
202 Lange, P., Die Konsumgenossenschaft Berlin und Umgebung und ihre Vorläufer, Berlin 1924, S. 48
203 Oppenheimer, F., Erlebtes, Erstrebtes, Erreichtes. Lebenserinnerungen, Düsseldorf 1964, S. 160
204 vgl. Jackisch, O., Die Obstkolonie Eden, ihre Gründung, Wachsen und jetziger Zustand, in: Deutsche Volksstimme Jg. 1903, S. 432ff.
205 Bruno Wilhelmi 1893, zit. nach www.eden-eg.de
206 Krecke, H., Eine Bodenreform-Kolonie in Deutschland, in: Deutsche Volksstimme 1/1898, S. 4 ff.
207 Eden Waren GmbH GmbH, Bad Soden, Von Eden nach Eden. Neunzig Jahre – Weg einer Idee, Bad Soden/Taunus 1983, S. 24
208 Eden-Genossenschaft e.G., 100 Jahre Eden. Eine Idee wird zur lebendigen Philosophie, Oranienburg 1993, S. 15
209 Onken, W., Die Genossenschaftssiedlung Eden bei Oranienburg, Geschichte und Aktualität eines Bodenreformexperiments, in: Der Gesundheitsberater September 1990, S. 7. Auch hier wird der Mythos verbreitet, der Ungeist des Nationalsozialismus hätte in Eden erst nach 1933 Einzug gehalten.
210 Simons, G., Die Deutsche Gartenstadt, Ihr Wesen und ihre heutigen Typen, Wittenberg 1912, S. 16
211 Eberding, W., 35 Jahre Obstbausiedlung Eden, zit. nach Frecot, J., Geist, J. F., Kerbs, D., Fidus 1868-1948, a.a.O., S. 17
212 Baumgartner, E., Die Obstkolonie Eden, in: Buchholz, K., Lebensreformerisches Zeitschriftenwesen, in: Buchholz, K., Latocha, R., Peckmann, H., Wolbert, K. (Hrsg.), Die Lebensreform. Entwürfe zur Neugestaltung von Leben und Kunst um 1900, 2 Bd., Darmstadt 2001, Bd.1., S. 511 ff.
213 vgl. Puschner, U., Lebensreform und völkische Weltanschauung, in: Buchholz, K., Latocha, R., Peckmann, H., Wolbert, K. (Hrsg.), Die Lebensreform, a.a.O., S. 177
214 Simons, G., a.a.O., S. 15 und S. 63
215 Winteroll, M., Das Paradies im Sande, Stadtbauwelt 43/1992, S. 2456
216 Wenzel-Ekkehard, O., Reform-Bestrebungen, in: Hammer 31/1903, S. 469/470
217 Eine Darstellung in der Terrain-Zeitung vom 15. September 1905, zitiert und kritisiert von Jackisch, O., Die Terrain-Zeitung über die Bodenreform-Kolonie Eden, in: Bodenreform – Deutsche Volksstimme – Freiland 1908, S. 632
218 Jurczyk, P., Die gemeinnützige Obstbausiedlung Eden – ein Beitrag zum genossenschaftlichen Siedlungswesen, Dissertation Berlin, 1941, S. 13
219 Fritsch, Th., Warum einige Siedelungsversuche fehlschlugen, in: Hammer 150/1908, S. 556 ff.
220 Claß (unter dem Pseudonym Daniel Frymann) wurde mit seiner 1912 erschienenen Schrift ‚Wenn ich Kaiser wär – Politische Wahrheiten und Notwendigkeiten' bekannt, in der er nach einer starken diktatorischen Regierung und aktiver Flotten- und Kolonialpolitik rief. ‚Viel Feind – viel Ehr' war auf dem Buchtitel vermerkt. Die Juden machte er für jegliche gesellschaftliche Probleme verantwortlich. In einer Rezension des Buches im ‚Hammer' war zu lesen: „Theodor Fritsch mag an diesem Mitkämpfer seine Freude haben. (…) Ausscheiden ist die Losung! Die Juden gehören unter Fremdenrecht, sie gehören letzten Endes fort vom deutschen Volksboden". Teut, in: Hammer 240, 11. Jg. 1912, S. 310.
221 vgl. Gesell, S., Die Metallwährung in der Geschichte, in: Hammer 243/244, S. 401ff. und S. 431ff.
222 Eden-Genossenschaft e.G., 100 Jahre Eden, a.a.O., S. 14
223 Oppenheimer, F., a.a.O., S. 160
224 Die Informationen dieses Absatzes verdanke ich Christoph Knüppel (Herford). Die Zitate entstammen der Zeitschrift ‚Aufsteigendes Leben'.
225 Stauff, Ph., a.a.O., S. 174
226 Buch, W., a.a.O., S. 60
227 Hamann, B., a.a.O., S. 10
228 zit. nach Mosse, G.L., Ein Volk, a. a. O., S. 123
229 Oppenheimer, F., Die Gartenstadt, in: Neue deutsche Rundschau, 1903, S. 900
230 Peter de Mendelsohn, zit. nach Fasshauer, M., Das Phänomen Hellerau, Die Geschichte der Gartenstadt, Dresden 1992, S. 8

231   vgl. Arnold, Klaus-Peter, Vom Sofakissen zum Städtebau. Die Geschichte der Deutschen Werkstät-
      ten und der Gartenstadt Hellerau, Dresden Basel 1993
232   Sarfert, H.-J., Hellerau. Die Gartenstadt und Künstlerkolonie, Dresden 1999, S. 23
233   Fasshauer, M., a.a.O., S. 11
234   vgl. Bollerey, F., Hartmann, K., Wünsche und Wirklichkeit. Geschichte der Wohnbefragung und
      eine erste Anwendung, in: Bauwelt 7/1974, S. 285 ff.
235   Dohrn, W., Die Gartenstadt Hellerau und weitere Schriften, Dresden 1992 (zuerst 1908), S. 23
236   In: Gartenstadt 1912, S. 176
237   In einem Artikel im Hammer wurde Jaques Dalcroze als „echter Humbug-Meister", als „Person aus
      der Fremde" diffamiert, der in Deutschland „überraschend schnell zu großer Berühmtheit verholfen
      wurde". Dalcroze sei böhmischer Herkunft und in seiner „Rhythmus-Klapskiste" fehlte es „nicht
      an lern-eifrigen Schülerinnen. Wie meist in solchen Fällen lief die Methode auf einige wohlfeile
      Mädchen hinaus". Wehleid, H., Herr Jaques Dalcroze und der Rhythmus, in: Hammer 302, 1905, S.
      45ff.
238   vgl. Kühn, A. D., Alexander S. Neill in Hellerau – die Ursprünge Summerhills, in: Dresdner Hefte Bd.
      15, Heft 51, 1997, S. 73ff.
239   Dresdner Geschichtsverein e.V. (Hrsg.) Dresden. Die Geschichte einer Stadt von den Anfängen bis
      zur Gegenwart, Dresden 2002, S. 189
240   Tanzmann, B., Sendbrief an alle Freunde und Mitstreiter meiner völkischen Arbeit!, in: Deutsche
      Bauernhochschule 1927, S. 612
241   Tanzmann, B., Denkschrift zur Begründung einer deutschen Volkshochschule, Verlag der Wander-
      schriften Zentrale, Gartenstadt Hellerau - Dresden 1917
242   Tanzmann, B., Denkschrift zur Begründung einer deutschen Volkshochschule, Gartenstadt Hellerau
      bei Dresden 1917
243   Tanzmann, B., Sendbrief, a.a.O., S. 612
244   Tanzmann, B., Sendbrief, a.a.O., S. 269
245   Tanzmann, B., Das grüne Manifest und der Feldzug der Arbeit, in: Deutsche Bauernhochschule
      1927, S. 475
246   Ulbricht, J.H., Keimzellen ‚deutscher Wiedergeburt' – die Völkischen in Hellerau und Dresden, in:
      Dresdner Hefte Bd. 15, Heft 51, S. 81
247   Pudor, H., Nackt-Kultur, 1. Bändchen, Berlin-Steglitz 1906, S. I und V
248   Pudor, H., Deutsche Ideale I und II, in: Hammer Nr. 85 und 86, 1906, S. 13
249   Ulbricht, J.H., a.a.O., S. 84
250   Adam, Th., Heinrich Pudor – Lebensreformer, Antisemit und Verleger, in: Lehmstedt, M., Herzog;
      A., Das bewegte Buch. Buchwesen und soziale, nationale und kulturelle Bewegungen um 1900,
      Wiesbaden 1999, S. 194
251   Fasshauer, M., a.a.O., S. 221/222
252   Sarfert, H.-J., a.a.O., S. 129
253   Richter, E., Gartenstadt Hellerau bei Dresden, in: Bauwelt 44/1991, S. 2321
254   vgl. von Petz, U., Margarethenhöhe, Essen: garden city, workers's colony or satellite town?, in:
      Planning History Vol. 12, No. 2, S. 3-9, Helfrich, A., Die Margarethenhöhe in Essen. Architekt
      und Auftraggeber vor dem Hintergrund der Kommunalpolitik Essen und der Firmenpolitik Krupp
      zwischen 1886 und 1914, Weimar 2000 und Metzendorf, R., Mikuschat, A., Margarethenhöhe
      – Experiment und Leitbild, Essen 1977
255   Dies erklärt indes nicht die Negation der Siedlung in allen einschlägigen Publikationen zur Garten-
      stadt in Deutschland. So wird Marga weder in den zeitgenössischen Standardwerken von Kampff-
      meyer (1909), Simons (1912) und Biel, F., Wirtschaftliche und technische Gesichtspunkte zur Gar-
      tenstadtbewegung, (Leipzig 1914) aufgeführt, noch in dem neueren Band von Hartmann (1976).
      Die verbreitete Anglomanie bildet auch nur eine unzurechende Erklärung, zumal fast alle anderen
      Gartenstädte aufgeführt wurden.
256   So rekurriert S. Gramlich bei der Planung für Marga auf Howards Gartenstadtkonzept. Gramlich, S.
      Brieske. Die Kolonie Marga. Eine Arbeiterkolonie zwischen Werksiedlungsbau und Gartenstadt, in:
      Brandenburgische Denkmalpflege 1, 1994, S. 85ff.
257   zit. nach Peters, P., MARGA, Bergarbeiter-Kolonie in der Lausitz. Entstehung – Niedergang, Ham-
      burg 2002, S. 119
258   Joswig, W., Marga, Die erste deutsche Gartenstadt, Cottbus 1994
259   Über Georg Heinsius von Mayenburg sind nur wenige biographische Informationen überliefert. Vgl.
      Joswig, W., Rippl, H., Fürst-Pückler-Land. Die Vision von einem Land in unserer Zeit, Delitzsch
      1997, S. 32ff.
260   Niemann, A., Brieske. Die Gestaltung der Freiflächen der Kolonie Marga, in: Brandenburgische
      Denkmalpflege Heft 1/1994, S. 95
261   Schreiben des Autors der Studie über Marga und den Architekten Georg Heinsius von Mayendorf,
      Wolfgang Joswig an den Verfasser vom 5. März 2001. In dem Buch von Paulhans Peters (2002) wird
      das Planungskonzept von Marga ausführlich mit Howards Ideen verglichen und knapp einer Matrix
      von Fritsch gegenüber gestellt.

262 vgl. Biel, F., Wirtschaftliche und technische Gesichtspunkte zur Gartenstadtbewegung, Leipzig 1914, S. 69

263 Knüppel, Chr., „Mit Wenigen, doch Gleichgesinnten blüht mir ein Leben, neu und frei", in: Jahrbuch Ostpriegnitz-Ruppin, Jg. 13, Dez. 2003, S. 185

264 Knüppel, Chr., 2003, a.a.O., S. 186

265 Die Erneuerungs-Gemeinde und die Presse, in: Hammer 151, Oktober 1908, S. 602ff.

266 Kramer, W., An alle Freunde Heimlands, in: Hammer 188/1910, S. 245 ff.

267 Ausstellung Heimland, Texte von Christoph Knüppel (Herford), Heimland 2002

268 Walther (auch Walter) Kramer wurde 1881 als Arno Walther Engelmann geboren. Engelmann hatte seine Frau schon 1879 verlassen und war in die USA ausgewandert. Nach Mitteilungen der Kinder von Kramer ist es verbürgt, dass Theodor Fritsch sein Vater war. Er blieb bis zu seinem Tode ein unverbesserlicher Rassist und wurde später auch vom Verfassungsschutz beobachtet. Informationen von Christop Knüppel (Herford) per Mail vom 12.2.2004.

269 Die folgenden Informationen über die Siedlung Heimland entstammen dem Brandenburgischem Landeshauptarchiv, Kreisverwaltung Ostpriegnitz, Bestand Rep. 6B, Nr. 736

270 Aus Heimland, in: Hammer 201/1910, S. 576

271 Knüppel, Chr. 2003, a.a.O., S. 188

272 Stauff, Ph., Eine deutsche Erneuerungs-Gemeinde, in: Deutscher Müller, Jg. XXVIII, No. 35, S. 287

273 Nach Informationen von Christoph Knüppel (Herford).

274 Bilanz der Siedelungs-Gesellschaft ‚Heimland' in: Hammer 270/1913, S. 476

275 zit. nach Knüppel, Ch. (Herford), Dokumente zur Geschichte der völkischen Siedlung Heimland bei Rheinsberg, Herford 2002, S. 21

276 Knüppel, Chr. 2003, a.a.O., S. 187

277 Knüppel, Chr. 2003, a.a.O., S. 187

278 zit. nach Knüppel, Ch. 2002 (Herford), a.a.O., S. 118

279 Brief von Walther Kramer an Alyke von Tümpling, zit. nach Knüppel, Ch. (Herford), a.a.O., S. 135

280 Ausstellung Heimland, Texte von Christoph Knüppel 2002 (Herford), a.a.O.

281 Hammer 450, März 1921, S. 120

282 Bericht im Hammer 462/1921, S. 354

283 Schreiben an den Regierungspräsidenten in Potsdam, 11. April 1928, Brandenburgisches Landeshauptarchiv Kreisverwaltung Ostpriegnitz Nr. 736

284 Knüppel, Chr. 2003, S. 185

285 vgl. Buch, W., a.a.O., S. 26

286 Förster, P., Ein deutsch-völkischer General-Stab, in: Hammer 45, 1904, S. 207 und 209

287 Puschner, U., Die völkische Bewegung im wilhelminischen Kaiserreich. Sprache – Rasse – Religion, Darmstadt 2001, S. 14

288 Gilbhard, H., Die Thule-Gesellschaft, a.a.O., S. 35

289 Mosse, G. L., a.a.O., S. 2

290 Vgl. Frecot, J., Geist, J.F. Kerbs, D., Fidus 1868-1948, a.a.O., S. 17

291 Lagarde, P. d., Schriften für Deutschland, Hg. August Meister, Leipzig 1933, S. 79

292 Lagarde, P.d., a.a.O., S. 25

293 Schemann, L., Paul de Lagarde, Ein Lebens- und Erinnerungsbild, Leipzig und Hartenstein 1920, S. 93

294 Zumbini, M.F., a.a.O., S. 364, vgl. auch Bartels, A., Der völkische Gedanke. Ein Wegweiser, Weimar 1923, S. 26: „Theodor Fritsch, von Anbeginn ein scharfer Judenbekämpfer, war es der den ursprünglich judenfreundlichen Rembrandtdeutschen zum Judengegner machte".

295 vgl. dazu: Krieger, K. (Hrsg.), Der ‚Berliner Antisemitismusstreit' 1879-1881, Eine Kontroverse um die Zugehörigkeit der deutschen Juden zur Nation, Kommentierte Quellenedition, 2 Bd. München 2003

296 Wehler, H.-U., a.a.O., S. 928

297 zit. nach Schemann, L., Lebensfahrten eines Deutschen, Leipzig 1925, S. 176/77

298 U. Bermbach hat darauf hingewiesen, dass dabei zwischen Werk, Werkintention und Werkrezeption zu unterscheiden ist, was „keine leichte Aufgabe ist". Vgl. Bermbach, U., ‚Blühendes Leid' Politik und Gesellschaft in Wagners Musikdramen, Stuttgart / Weimar 2003, S. 349

299 vgl. Bacharach, W. Z., Bemerkungen zu Richard Wagners Kunsttheorie, Deutschtum und Judenhass, in: Jahrbuch des Instituts für deutsche Geschichte, Bd. IX, 1980, S. 387 und Katz, J., Richard Wagner. Vorbote des Antisemitismus, Königstein Ts. 1985

300 In der Festschrift zum fünfundzwanzigjährigen Bestehen des ‚Hammer' schrieb Hans von Wolzogen, Herausgeber der Bayreuther Blätter, in einem Beitrag: „Neidisch blickt ihr auf Italien hin – „Hätten wir doch einen Mussolin", S. 126.

301 O. Verf. (-h?), Gobineau, in: Hammer 10/1902, S. 266. Weiter heißt es: „Seltsam genug, dass ein französischer Diplomat und Dichter zu einem Lobpreiser und Verteidiger der germanischen Art werden musste!".

302 Der Vorschlag der Übersetzung des Gobineauschen Rassenbuches kam von Cosima Wagner. Für Schemann eröffnete sich dadurch eine dringend gewünschte Erwerbsquelle. Vgl. Schüler, W., Der

Bayreuther Kreis von seiner Entstehung bis zum Ausgang der wilhelmischen Ära. Wagnerkult und Kulturreform im Geiste völkischer Weltanschauung, Münster 1971, S. 104

303   *Schemann, L., Lebensfahrten, a.a.O., S. 74*

304   *vgl. Mosse, G. L., Rassismus, a.a.O., S. 55*

305   *Küppers-Sonnenberg, G. A., Körperkultur in der Siedlung, 1925, in: zit. nach Frecot, Janos, Geist, Johann Friedrich, Kerbs, Dietrich, Fidus 1868-1948, a.a.O., S. 46*

306   *Linse, U., (1983): Zurück o Mensch zu Mutter Erde. Landkommunen in Deutschland 1890-1933, München 1983, S. 7*

307   *Küppers-Sonnenberg, G. A., Deutsche Siedlung. Idee und Wirklichkeit, Teil 1, Berlin 1933*

308   *vgl. Für England: Armytage, W. H.G., Heavens Below. Utopian Experiments in England 1560-1960, London 1961 und Hardy, D., Utopian England. Community Experiments 1900-1945, London 2000, für Nordamerika: Berry, B. J.L., America's Utopian Experiments, Communal Havens from long-wave crisis, Dartmouth, Hanover 1992*

309   *Hentschel, W., Mittgart. Ein Weg zur Erneuerung der germanischen Rasse, Leipzig 1904, S. 8*

310   *Hentschel, W., Varuna, Das Gesetz des aufsteigenden und sinkenden Lebens in der Geschichte, Leipzig 1907, S. 601/602*

311   *Löwenberg, D., Willibald Hentschel (1858-1947), seine Pläne zur Menschenzüchtung, sein Biologismus und Antisemitismus, Diss. Mainz 1978, S. 39*

312   *zit. nach Linse, U., a.a.O., Handbuch, S. 402*

313   *Hentschel, W., Mittgart. a.a.O., S. 10*

314   *Hentschel, W., Varuna, a.a.O., S. 609*

315   *Hentschel, W., Varuna, a.a.O., S. 600*

316   *Fritsch, Th., Die rechte Ehe, in: Hammer 255/1913, S. 58/59, vgl. auch: Vogel, R., Ein-Ehe oder Viel-Ehe, in: Hammer 81/1905, S. 497 ff.*

317   *Fritsch, Th., a.a.O., S. 61/62*

318   *Thor, F. (=Fritsch, Theodor), Der neue Glaube. Eine praktische Lebens- Philosophie und vernunftgemäße Ehe. (2. Aufl.), Leipzig 1921, S. 116, 417 und 418*

319   *Ploetz, A., Erwiderung auf die Zuschrift Hentschels, in: Archiv für Rassen- und Gesellschafts-Biologie 1905, S. 273*

320   *Löwenberg, D., a.a.O., S. 5 und S. 49*

321   *vgl. Daim, W., Der Mann der Hitler seine Ideen gab, München 1958*

322   *zit. nach: Buchholz, K., Lebensreform und Lebensgestaltung. Die Revision der Alltagspraxis, in: Buchholz, K., Latocha, R., Peckmann, H., Wolbert, K. (Hrsg.), Die Lebensreform, a.a.O., S. 367*

323   *Kater, M. H. Die Artamanen – Völkische Jugend in der Weimarer Republik, in: Historische Zeitschrift, Bd. 213, München 1971, S.577-638*

324   *Waldbauer, H., Grundsätzliches zur Artamanenbewegung, in: Die Tat, Jg. 1927/28, Bd. 1, S. 450*

325   *vgl. Schmitz, P., Die Artamanen. Landarbeit und Siedlung bündischer Jugend in Deutschland 1924-1935, Bad Neustadt 1985*

326   *Roderich-Stoltheim, F., Nietzsche's Macht-Philosophie und der Deutschenhaß, in: Hammer 301, 1915, S. 3*

327   *Fritsch, Theodor, Volk und Rasse, in: Hammer 310/311, 1915, S. 215, 218, S. 221*

328   *Kampffmeyer, B., Unseren Kriegsinvaliden Heim und Wirtschaft in Gartensiedlungen, in: Archiv für innere Kolonisation 1/1916, S. 1 ff.*

329   *Denkschrift der Deutschen Gartenstadtgesellschaft, Hermann Salomon, Unseren Kriegsinvaliden Heim und Werkstatt in Gartensiedlungen, Leipzig 1915, S. 33*

330   *Kramer, W., Was unterscheidet die Völkischen von den Nationalen?, in: Hammer 524/1924, S. 145*

331   *Gerlach, K., Volk und Raum, in: Hammer 627/1918, S. 374*

332   *Fleiner, E., Genossenschaftliche Siedlungsversuche der Nachkriegszeit, Heidelberg 1931, S. 96*

333   *Eine knappe Gegenüberstellung beider Konzepte hatte 1968 schon Heide Berndt vorgenommen. Vgl. Berndt, H., Das Gesellschaftsbild bei Stadtplanern, Stuttgart 1968, S. 35 ff.*

334   *Diesen Strang der Gartenstadtbewegung betont auch Hartmann, K., Deutsche Gartenstadtbewegung, a.a.O., während die konservativ-völkische Richtung vernachlässigt wird.*

335   *vgl. Allen, F. H. A., English Origins, in: Ward, St. V. (ed.), The Garden City. Past, present and future, Oxford 1992, S. 38*

336   *Fritsch, Th., Die Stadt der Zukunft (Gartenstadt), Leipzig 1906, im Hammer Verlag, 1. Auflage 1896 mit einem Begleitschreiben ,Die neue Gemeinde'. Begleitschreiben S. 5*

337   *Osborn, F. J., The history of Howard's ,social cities', in: Town and Country Planning, 1971, Bd. 39, Heft 12, S. 539-545*

338   *vgl. Ulbricht, J.H., Mäzen für Kulturreform, der Kulturverleger Eugen Diedrichs, München 1996, S. 88 In seinem Verlagsalmanach unter dem Titel ,Wege zur deutschen Kultur' schrieb Diederichs 1908: „Das wichtigste Ereignis im deutschen Kulturleben dieses Jahres war etwas, von dem die Zeitungen nicht berichtet haben, die Gründung der Gartenstadt und Kulturgemeinschaft Hellerau". a.a.O., S. 87*

339   *So werden Fritsch und seine Stadtvision z.B. in dem Standardwerk zur Stadtplanung in Polen von*

Ostrowski, Waclaw, Urbanistyka wspolcznena, Warszawa 1975, S. 65 aufgeführt. Der Verfasser verdankt diesen Hinweis Alicja Szmelter Warschau.

[340] Howard, E., 1898, S. 151, S. 155

[341] vgl. Howard, Ebenezer, To-Morrow. A Peaceful Path to Real Reform, London 1898, Original edition with commentary by Peter Hall, Dennis Hardy, Colin Ward, a.a.O.

[342] MacFayden, D., Sir Ebenezer Howard and the Town Planning Movement, Manchester 1933, S. 12

[343] Zahlen nach: Lees, A., Cities Perceived, a.a.O., S. 203

[344] Hall, P., Ward, C., Sociable Cities, The Legacy of Ebenezer Howard, Chichester, New York 1998, S. 12

[345] „Renommierkolonien liebenswürdiger Mäzene, wie Port Sunlight u.a., in denen die (…) die Leute ‚Theater wohnen', können die Tatsache nicht ändern, dass unsere unteren Bevölkerungsschichten, besonders in der Großstadt durchschnittlich besser und vor allem auch billiger wohnen". Wehl, B., Englische Reiseeindrücke über Gartenstädte und Vororte, in: Der Städtebau 1909, Heft 12, S. 161

[346] vgl. Miller, M., Hampstead, the Unique Garden Suburb, in: Raymond Unwin: Garden Cities and Town Planning, Leicester, London and New York 1992, S. 78ff.

[347] vgl. Miller, M., Letchworth. The First Garden City, London and Frome 2002

[348] zit. nach Miller, M., Letchworth Garden City zwischen Romantik und Moderne, in: Bauwelt 3/1979, S. 96

[349] zit. nach Wilson, E., The Sphinx in the City. Urban Life, the Control of Disorder, and Woman, London 1991, S. 103

[350] Ward, St. V., Ebenezer Howard: His Life and Times, in: Parsons, K.C., Schuyler, D., From Garden City to Green City, Baltimore and London 2002, S. 38ff.

[351] vgl. Morgan, A. E., Edward Bellamy, New York 1945, zum Einfluss auf Howard vgl. Mullin, J. R., Payne, K., Thoughts of Edward Bellamy as City Planner – The ordered Art of Geometry, in: Planning History Studies, Vol. 11, No. 1, S. 17ff.

[352] Howard nimmt explizit Bezug auf ‚Fields, Factories and Workshops', deutsch: Landwirtschaft, Industrie und Handwerk. Kropotkins Werk ‚Die Eroberung des Brotes' (Wohlstand für alle) wurde von Bernhard Kampffmeyer übersetzt.

[353] Richardsons Stadt Hygeia ging einer Größenordnung von 100.000 Bewohnern und ca. 20.000 Häusern auf 4.000 acres (25 Personen pro acre) aus. Vgl. Richardson, B. W., Hygeia – A City of Health, London 1876 (Garland Reprint 1985)

[354] Morris, W., Kunde von Nirgendwo, Eine Utopie der vollendeten kommunistischen Gesellschaft, Reprint 1980 Reutlingen. Der Text erschien zuerst in der von Karl Kautsky redigierten sozialdemokratischen Neuen Zeit 1892/93.

[355] Howard, E., Gartenstädte in Sicht, Jena 1907, S. 15

[356] Marx, K., Engels, F., Manifest der Kommunistischen Partei (1872), Berlin 1970, S. 67

[357] Howard, E., a.a. O., Frankfurt/M., Wien 1968, S. 158

[358] vgl. Andresen, I. Frauenfrage und Hammerziele, in: Hammer 163/1909, S. 223: „Wir sind gegen das Wahlrecht der Frauen". Wir bescheiden „uns nach wie vor mit einer Vertretung unserer Interessen durch die Männer, nehmen auch die vielen Ungerechtigkeiten gegen uns nicht allzu schwer – schwerer lastet auf uns die bange Sorge, ob unser Land einst in der Stunde der Gefahr genug Männer haben wird – Männer in unserem und im Hammersinn".

[359] Wehr, E., Die Ursachen der Frauen-Bewegung, in: Hammer 92/1906

[360] Schnauß, o.Vorn., Justizrat, Die Gefahren der Frauen-Bewegung, in: Hammer 157, 1909, S. 38

[361] Fritsch, Th., Frauen-Frage. Hammer Flugblätter Nr. 22, 1914, S. 5 und S. 6

[362] Hammer, 462/1921, S. 355

[363] Oppenheimer, F., Gartenstadt, a.a.O., S. 898

[364] Batchelor, P., a.a.O., S. 185

[365] vgl. Hintze, K. a.a.O., 1997, a.a.O.

[366] Ward, St. V., The Howard Legacy, in: Parsons, K.C., Schuyler, D. (ed.), a.a.O., S. 222 ff.

[367] Bernstein, E., 1900, p. 530

[368] zit. nach MacFayden, D., a.a.O., S. 151

[369] Stauff, Ph., a.a.O., S. 176

[370] Theodor Fritsch, zitiert in: Hentschel, W., Rassen-Ökonomie, in: Hammer Nr. 91, 1906, S. 195

[371] Hülsmann, C., Dem Kämpfer und Menschen, Eine Lebensskizze, in: Hammer 751/52, 1933, S. 279, und von Müffling, W. Frh., Dem unvergeßlichen Führer, Hammer 751/1933., S. 278

[372] Kunkel, A., Theodor Fritsch zum Gedächtnis. Zum fünften Todestag (8.9.1938), in: Hammer 37, 1938, S. 296

[373] Herwarth, K., Der Heimgang unseres Altmeisters, in: Hammer 751/52, S. 269

[374] Die Rede ist abgedruckt in: Poliakov, L., Wulf, J., Das Dritte Reich und seine Denker, Berlin-Wien 1983, S.252 ff.

[375] Herwarth, K., a.a.O. p. 269

[376] zit. nach Puschner, U., a.a.O., S. 57

[377] Streicher, J., Unsere Kinder werden einst sagen …, in: Hammer Nr. 753/754, 1933, S. 304

[378] Stadtarchiv Leipzig, Stadtverordnete Trauerfälle T 3 Bd. 4

[379] Stadtarchiv Leipzig, Stadtverordnete Trauerfälle T 3 Bd. 4

380   *Fritsch, Th., (Hrsg.) Handbuch der Judenfrage, 23. Aufl. Leipzig, 1923, S. 480*

381   *Hartung, G., Die Vor-Planer des Holocaust, in: Wissenschaftliche Zeitschrift der Universität Halle Bd. 41, Heft 6, 1992, S. 15*

382   *Kunkel, A., Theodor Fritsch zum Gedächtnis, in: Hammer 837/1938, S. 292*

383   *vgl. Petsch, J., Baukunst und Stadtplanung im Dritten Reich, München, Wien 1976, S. 185 ff., Walz, M., Wohnungsbau- und Industrieansiedlungspolitik in Deutschland 1933-1939, Frankfurt/M., S. 214, und Peltz-Dreckmann, U., Nationalsozialistischer Siedlungsbau, München 1978, 5. 203 ff.*

384   *vgl. Durth, W., Deutsche Architekten. Biographische Verflechtungen 1900-1970, Braunschweig/ Wiesbaden 1986, S. 101 ff.*

385   *Benz, W., Geschichte des Dritten Reiches, München 2000, S. 128*

386   *Heinemann, I., ‚Rasse, Siedlung, deutsches Blut'. Das Rasse- und Siedlungsamt der SS und die rassenpolitische Neuordnung Europas, Göttingen 2003*

387   *Feder, G., Das Programm der NSDAP und seine weltanschaulichen Grundgedanken, München 1932, sowie: Gottfried Feder, Die Neue Stadt, Berlin 1939. Zur Bedeutung Gottfried Feders vgl. Schubert, D., Gottfried Feder, Vom national-sozialistischen Ideologen und Wirtschaftstheoretiker in der Weimarer Republik zum Städtebautheoretiker des Faschismus, in: Die alte Stadt 3/1986, S. 192 ff. sowie: Schenk, T. A., Bromley, R., Mass-Producing Traditional Small Cities: Gottfried Feder's Vision for a Greater Nazi Germany, in: Journal of Planning History Vol. 2, No. 2, 2003, S. 107-139*

388   *Feder, G., Rede auf der Reichswohnungskonferenz München bzw. auf der Kleinsiedlertagung Berlin, in: Deutsche Technik, August 1934, S. 603*

389   *Feder, G., Stadt, S. 25*

390   *Darré, R. W., Neuadel aus Blut und Boden, München 1930*

391   *Schultze-Naumburg, P., Der Kampf um die Kunst, in: Hammer 721/22/1932, S. 180 ff.*

392   *vgl. Fehl, G., The Nazi Garden City, in: Ward, St. V., (ed.) The Garden City, Oxford 1992, S. 88 ff.*

393   *vgl. Wasser, B., Himmlers Raumplanung im Osten. Der Generalplan Ost in Polen 1940-1944, Basel 1993*

394   *vgl. Daim, W., Der Mann, der Hitler seine Ideen gab. Die sektiererischen Grundlagen des Nationalsozialismus, Wien, Köln, Graz 1985, S. 29: „Hitler erkannte keine Vorläufer an".*

395   *vgl. Ulbricht, J.H., a.a.O., S. 80*

396   *vgl. hierzu auch: Hillebrecht, R., Städtebau heute? Von Ebenezer Howard bis Jane Jacobs, in: Städtebau als Herausforderung, Ausgewählte Schriften und Vorträge von Rudolf Hillebrecht, Köln 1975, S. 112 ff.*

Editorische Notiz

Theodor Fritsch hat ein enormes, sich ständig wiederholendes Schrifttum hinterlassen. Viele Publikationen sind textgleich, oder geringfügig variiert mehrfach veröffentlicht worden. Die meisten dieser Publikationen sind zudem für die in diesem Band intendierte Betrachtung irrelevant, bzw. tangieren nur am Rande weltanschauliche Aspekte der völkischen Gartenstadtvision, um die es hier geht. Eine Bibliographie der Schriften von Theodor Fritsch zu erstellen, erschien daher nicht angemessen. Eine umfangreiche Bibliographie befindet sich in der ‚Festschrift zum fünfundzwanzigjährigen Bestehen des Hammer' Leipzig 1926 sowie in der Dissertation von Alexander Volland (1993).

Bei den relevanten Akteuren im Umfeld von Theodor Fritsch wurden in diesem Band – soweit ermittelbar – die Lebensdaten angegeben, um zumindest eine erste generationelle Zuordnung der Akteurskonstellationen zu ermöglichen.

Die Texte von Theodor Fritsch wurden textgetreu übernommen. Knappere Auslassungen sind mit (...) gekennzeichnet, hervorgehobene Begriffe und Sätze in Normalschriftsatz übertragen. Abkürzungen wurden in moderne Schreibweise übertragen (qm, etc.). Die von Theodor Fritsch präferierte Schreibweise von Substantiven mit Bindestrichen wurde übernommen. Viele der Schlüsselworte, Kernbegriffe und damals gängige Argumentationen sind heute nicht mehr geläufig oder benutzbar, weil sie durch die Zeit des Nationalsozialismus ent- und umgewertet oder missbraucht worden sind.

Die ausgewählten Texte im Readerteil im Reprint bzw. sind in der Originalform wiedergegeben worden, um die spezifische Diktion der Publikationen von Fritsch zu dokumentieren. Die eigenartige Mischung von Unwahrheiten, (unbelegten) Behauptungen und wissenschaftlich verbrämten Allgemeinphrasen zieht sich durch diese Beiträge und war nicht unerheblich mit verhängnisvollen Wirkungen an den furchtbaren Folgen der Zeit des Nationalsozialismus mitverantwortlich. Es ist dem Herausgeber wichtig, die Diktion von Fritsch zu entlarven und den Blick für dessen sprachliche ‚Finessen' zu schärfen. Die Texte entstammen weitgehend der Zeit vor dem Ersten Weltkrieg, als der Siedlungsgedanke für die deutschen Reformbewegungen und vor allem auch für die völkische Bewegung einen hohen Stellenwert einnahm.

Dirk Schubert

Theodor Fritsch – Dokumente und Texte

Vorwort
zur zweiten (Titel=)Auflage.

Die vorliegende Schrift erschien Ende des Jahres 1895 mit der Jahreszahl 1896. Sie hat in Deutschland keinerlei Beachtung gefunden, weder in der Presse, noch in den Parlamenten oder sonst im öffent= lichen Leben. Ein angesehener Parlamentarier, dem ich sie über= reichte, bemerkte dazu: „Ein sehr schöner Gedanke! Aber wir werden es wohl nicht erleben, daß er verwirklicht wird." —

Mehr Beachtung fand die Schrift in England, wo drei Jahre später Ebenezer Howard eine Schrift „The Garden-City of To-morrow" erscheinen ließ, die — ohne Nennung des deutschen Urhebers — den Gedanken in etwas breiterer Weise dem englischen Volke zugänglich machte. Das hatte dort den Erfolg, daß sich in Eng= land eine „Gartenstadt=Gesellschaft" bildete, die auch bald mit dem Bau einer sogenannten „Gartenstadt" begann, wenn es auch nicht viel Anderes war, als eine Kolonie von Arbeiter=Häusern mit etwas Garten= land dabei.

Nun erst erweckte der Gedanke auch die Aufmerksamkeit in Deutsch= land, und auch hier entstand nun eine Gartenstadt=Bewegung. (Es scheint beinahe eine unvermeidliche Notwendigkeit zu sein, daß deutsche Ideen erst den Umweg über das Ausland nehmen müssen, ehe sie in ihrer Heimat auf Beachtung zählen können.)

Dem Wunsche einiger Freunde folgend, gebe ich eine zweite Auflage der Schrift in den Buchhandel, die heute allerdings nur ein h i s t o r i s c h e s   I n t e r e s s e haben kann. Ich habe deshalb auch die Schrift nicht neu bearbeitet, sondern gebe sie in ihrer ursprüng= lichen Fassung heraus. Auch die beigelegten Pläne, die ebenfalls in ihrer alten Form belassen sind, erheben keinen Anspruch auf Mustergiltigkeit; sie wollen nur in einfachster Gestalt das Schema des Grundgedankens veranschaulichen *)

Leipzig, den 18. März 1912.

Theod. Fritsch.

---

*) Man beachte das Schlußwort auf Seite 30.

Seit Jahrtausenden baut man Städte als Mittelpunkte des Verkehrs, des Handels, des nationalen und politischen Lebens, als Sitze der Regierung, der Kunst- und Kultur-Pflege. Dennoch ist man noch nicht dahin gelangt, diese Häuser-Meere wohlgeordnet nach einem vernünftigen, weitsichtigen Plane anzulegen. Fast alle unsere Städte, soweit sie nicht, beispielsweise wie Festungen, besonderen Zwecken dienen, sind Gebilde des blinden Zufalls — ohne Plan und Ziel angewachsen und zusammengewürfelt. Aus kleinen Anfängen, aus ehemaligen Ansiedelungen oder Dörfern entstanden, haben sie sich, regellos nach allen Seiten sich erweiternd, aufgehäuft, wie Laune, Zufall und kurzsichtiges Privat-Interesse es mit sich brachten. — Jeder baute, wo und wie er wollte.

Wo vor ungezählten Jahrhunderten ein armseliges Gefährt irrend seinen Weg durch eine öde Haide suchte, da windet sich jetzt, genau in den gleichen planlosen Krümmungen, die Hauptstraße einer Großstadt, und wolkenragende Gebäude drängen sich an diesem Irrpfade jenes urzeitlichen Karrenfahrers zusammen. Denn der Spur des ersten Wagens folgten andere; der Zufalls-Pfad wurde zum Gewohnheits-Wege; an der krummen Straße bauten sich Hütten auf, und der Weg wurde zur Grenze des Eigentums. An Stelle der Hütten erwuchsen festere Häuser, gewissenhaft die regellosen Windungen des ehemaligen Fahrwegs bewahrend, und heute fragt man die stolzen Stein-Paläste der inneren Großstadt vergeblich, warum sie sich in so unsinnigen Krümmungen und schiefen Winkeln zusammenpferchen und keine bessere Ordnung zufinden wußten.

Unselige Rechts- und Eigentums-Verhältnisse sind ebenso wie die Kurzsichtigkeit der städtischen Verwaltungen mit daran schuld, daß die Groß-

1*

stadt ein wüster Häuserhaufen blieb, anstatt eine vernünftig geordnete, der Gesundheit und Schönheit dienliche, dem Verkehr und der wirtschaft= lichen Entfaltung gerecht werdende Gestaltung anzunehmen. Der ehe= malige Marktflecken oder das ehemalige Fischerdorf mit seinen engen winkeligen Gassen ist nun gerade zum Mittelpunkte der Weltstadt gewor= den, weil — durch Zufälligkeiten geleitet — um jenen unscheinbaren Kern herum die Bebauung sich nach allen Seiten gleichmäßig ausdehnte. Und so drängt sich nun gerade in den ältesten, engsten und schiefsten Gassen der Strom des großstädtischen Lebens beängstigend zusammen. —

Aber die Engigkeit und Schiefe der alten Stadtviertel wäre noch nicht das Schlimmste; was vor Allem fehlt, das ist die „innere Ordnung", der Plan, die Scheidung nach Zweck und Wesen. Was will die Fabrik neben dem Lustschloß, die Kaserne neben dem Kunst-Tempel, der Schlacht= hof neben der Schule, das Bordell neben dem Gotteshause? — —

Es ist wunderlich genug: an allen, auch den kleinsten Dingen arbeitet heute der Menschengeist, rastlos auf Verbesserung sinnend; vom Hosenknopf bis zur Stecknadel, vom Billard-Queue bis zum Federhalter sind alle möglichen Dinge fortgesetzt Gegenstand der erfinderischen Vervoll- kommnung; nur an die Verbesserung und vernünftige Gestaltung des Größten und Wichtigsten, was uns umgiebt, an den zweckmäßigen Auf= bau der Städte hat noch keiner gedacht.

Daran ist vielleicht ein Stück Wahnglaube mit schuld. Man hat sich gewöhnt, das Anwachsen der Städte als etwas der menschlichen Macht sich Entziehendes, als das Erzeugniß einer vis major zu betrachten, sei diese „höhere Macht" auch nur der gewaltige Herr Zufall. Doch das dürfte sich als ein Vorurteil erweisen. Die Städte sind ebenso ein Er= zeugniß der menschlichen Willkür wie irgend ein ander Ding, das der Mensch mit seinen Händen schafft. Und der Mensch hat die Pflicht, den Werken seiner Hand das Wesen der Vernunft und Ordnung einzu= hauchen.

Vernunft und Ordnung fehlen aber in dem Bebauungs-Plane der heutigen Großstädte. Was will es besagen, daß man die Straßen der sich immer mehr erweiternden Vorstädte etwas breiter und einiger= maßen geradlinig zu gestalten sucht? Die Ordnung der Gebäude nach ihrem inneren und äußeren Charakter muß man noch immer vermissen.

Eine zweckmäßige Ordnung sollte vor Allem die einzelnen Teile nach ihren inneren Beziehungen harmonisch gruppiren.

Eine Stadt muß etwas mehr sein als ein Konglomerat von Gebäuden und Menschen; sie sollte ein organisches Wesen sein mit vernünftiger Gliederung und mit der Fähigkeit ausgestattet, wachsend sich zu erweitern, ohne ihr Grundwesen zu verlieren und dem Gesetze ihrer Entwicklung ungetreu zu werden. Wenn die Städte des Mittelalters aus eng zusammengepferchten Häusermassen bestanden, so ist das zu entschuldigen. Sie dienten lediglich als Burgen und Festungen, waren durch Mauern und Wälle in ihrer freien Entwicklung gehemmt und sollten auf engem Raume das Notdürftigste vereinigen, was zur Verteidigung und Erhaltung des wehrhaften Bürgertums erforderlich war. Seitdem aber hat sich Zweck und Wesen der Städte erheblich geändert. An Stelle der engen Burg ist die freie offene Stadt getreten, der Sitz und Mittelpunkt der Industrie, des Handels, des freien Verkehrs.

Aber die moderne Stadt weiß sich in ihre neuen Aufgaben noch nicht zu schicken.

Eine Untugend dieser Häuser-Ungeheuer ist es noch, daß sie ihre eignen Kinder in schlimmer Gefräßigkeit, oft nach kurzer Lebensdauer, wieder verschlingen. Heute reißt man einige noch recht wohl bewohnbare Häuser nieder, um eine Fabrik an ihrer Stelle zu errichten; in zehn Jahren muß die Fabrik wieder weichen, weil eine Markthalle oder ein Bahnhof notwendiger Weise an diese Stelle kommen muß, und wiederum in einigen Jahrzehnten macht eine veränderte Disposition, ein Straßen-Durchbruch od. dergl., abermals ein Abtragen dieser Baulichkeiten nötig. Ein unökonomisches Sichselbstverzehren ist ein Merkmal dieser planlosen Häuser-Haufen. — Der Zweck dieses Schriftchens soll es sein, nach besseren Grundregeln für die Städte-Bauten der Zukunft zu suchen und die wichtigsten Wohnsitze der Menschen nach besseren Plänen zu gestalten als bisher, — ihnen Sinn und Form zu geben, — ein Bestreben, dessen Berechtigung und Notwendigkeit heute allerdings vielleicht bestritten werden wird.

Städte, und vor allem Großstädte gelten heute als ungesunde Auswüchse der Civilisation, als „Wasserköpfe" und „Pestbeulen der Cultur"; Kingsley nannte sie sogar „Schweineställe der Cultur" und leider mit einem gewissen Recht. Es könnte daher als unangebracht erscheinen, die Be-

gründung neuer Städte zu planen und für den Ausbau zukünftiger Großstädte neue Grundzüge zu entwerfen.

Die soziale Erkenntniß steht heute auf dem Standpunkte, daß sie
im Ackerbau und dem Landleben die eigentliche Quelle der nationalen
Kraft und Gesundheit erblickt, und daß sie an Stelle des „Zuges nach
der Stadt" besser eine „Flucht nach dem Lande" in's Werk gesetzt sehen
möchte.

Andrerseits wird man sich nicht verhehlen dürfen, daß es für
eine größere Nation und ihre manchfachen Bedürfnisse notwendiger Weise
Städte geben muß. Die Oekonomie des Cultur-Lebens erfordert, daß es
Centren für den Handel und Verkehr, Vereinigungen großer Menschenmassen für gewisse Produktions-Zweige, politische Centralen als Sitze der
Regierung usw. giebt. Die Hochschulen erheischen eine Vereinigung
zahlreicher lehrender und lernender Kräfte in Verbindung mit vielerlei
wissenschaftlichen Materialien und Instituten, ein Ansammlung nationaler
Kunstschätze u. dergl.; — Die Versammlungen größerer Körperschaften,
große nationale Feste, Congresse und dergl. erfordern zeitweilig die Unterbringung großer Menschenmassen in Gasthöfen usw., und alle diese Bedingungen kann nur eine größere Stadt erfüllen.

So Vieles, was heute einen unentbehrlichen Faktor im Leben eines
großen Volkes ausmacht, kann ohne größere Städte nicht gedacht werden.

Wenn es nun aber einmal Städte geben muß, so sollte man sie
wenigstens vernünftig anlegen. Ja, bei näherem Zuschauen entdecken wir,
daß gewisse schwere Schäden des heutigen Großstadt-Lebens gerade in
der planlosen unvernünftigen Gestaltung dieser Städte ihre Wurzel haben.
Viele gesundheitliche und auch sittliche Schäden sind ja lediglich auf
die unvernünftige Engigkeit und Gedrängtheit des Zusammenwohnens
zurück zu führen, wobei die Kostspieligkeit der Wohnungen noch einen besonders verschlimmernden Faktor bildet. Weil die enge Altstadt als Mittelpunkt gerade der gesuchteste Geschäftsplatz ist, so hat man hier die Aus-
nutzung der Bodenfläche in's Unvernünftige gesteigert. Auf jedem engen
Hofe sind thurmhohe Hinterhäuser errichtet und bis in die Keller- und
Boden-Räume hinein drängt sich die Miets-Bevölkerung in unheimlicher
Dichtheit zusammen. Luft und Licht mangeln, Rauch, Staub und Lärm
steigern sich hier oft zur Unerträglichkeit.

Was weiter diese Städte so unvernünftig erscheinen läßt, ist die
Planlosigkeit in der Verteilung der Gebäude. Rauchende und lärmende

Fabriken drängen sich zwischen Mietskasernen, Villen, Kirchen und öffent=
liche Gebäude . . . . . alles zu einem Kunterbunt der unsäglichsten Art
vermischend. Und dieses vernunftlose Durcheinander, das aller Gesetz=
mäßigkeit Hohn spricht, das überall die nackte kurzsichtigste Selbstsucht und
Vorteils=Gier durchblicken läßt, das ist es gerade, was den Städten ihren
schlimmen Charakter giebt und auch einen schädigenden Einfluß auf Geist
und Sittlichkeit ihrer Bewohner ausübt.

Muß nicht eine Umgebung, die in allen ihren Erscheinungen die
Regellosigkeit und Ordnungs=Widrigkeit zur Schau trägt, jede vernünftige
Planmäßigkeit vermissen läßt, auch in dem Menschen, der darinnen groß wird,
den Geist der Unvernunft, der Verwirrung und Zuchtlosigkeit groß ziehen?
Würde nicht andrerseits gerade eine Stadt, die in allen ihren Teilen das
Erzeugnis eines klaren weitschauenden Geistes wäre, die in edler Regel=
mäßigkeit und Schönheit sich aufbaute, auch ordnend und richtend auf den
Menschengeist zurück wirken?

In der Wildniß, im Chaos entfachen sich die wildesten und
rohesten Triebe, während selbst die Bestie an Ungeberdigkeit verliert, wo
sie sich in den Schranken einer überlegenen ordnenden Gewalt fühlt. Der
Geist der Ordnung, die Macht der Harmonie wirkt zähmend auch auf
das roheste Gemüt.

Selbst die edleren Schöpfungen der Kunst und Architektur, deren
jede größere Stadt sich erfreut, verlieren meist ihre Kraft, ihre Weihe und
Würde, weil eine störende Umgebung sie erdrückt und schändet, — „ein
widerwärtiges Netz krummer Gassen und geräuschvoller Verkehrs=Adern
verdunkelt die ganze Herrlichkeit von allen Seiten". . . . „Die wüste töt=
liche Planlosigkeit des Ganzen verhindert vollständig jede einzelne harmo=
nische Wirkung".

So sagt ein moderner Schilderer von den vereinzelten Herrlich=
keiten London's.*) Und das Bild, was er sonst noch von jener Riesen=
stadt entwirft, paßt mehr oder minder auf alle Großstädte der Welt:
„Die großen Verkehrs=Adern sind alle häßlich und planlos, viele sogar er=
bärmlich unsauber. Es ist etwas Seelenloses, etwas zermalmend Materia=
listisches in dieser einförmigen meist abstoßend häßlichen Häuserwüste von
schmalen zwei= und dreistöckigen Gebäuden, die mit riesigen Waren=Maga=
zinen abwechseln. — Eine Wüste, die die Hand der Natur geschaffen hat,

---

*) Gustav F. Steffen: „Aus dem modernen England". Aus dem schwedischen
von Dr. Oskar Reyher „mit 134 Text-Illustr. und 11 Tafeln". Leipzig, Peter
Hobbing, 1895.

können wir noch schön finden, denn es ist etwas wie Seele in ihr. Eine Wüste aber von Menschenhand, nach strengsten armseligen Geschäfts=Grundsätzen hergestellt, ist gräßlich; — ihr fehlt jede Spur einer Seele: sie erinnert an die Leiche eines Idioten." —

* * *

Wie wäre nun eine neue Stadt vernünftig anzulegen?

Die äußere Regelmäßigkeit allein thut es nicht. Wohl hat man hie und da versucht, Städte nach strengen geometrischen Grundsätzen aufzubauen; so vor Allem neuere amerikanische Städte mit ihren langweiligen regelrechten Häuser=Vierecken. Aber auch solche Städte sind tote Gebilde, ohne organisches Gefüge, denn hinsichtlich der Gebäude, die diese Vierecke ausfüllen, zeigt sich die alte verwirrende Regellosigkeit und Unvernunft. Zu einer vernünftigen Ordnung gehört, daß Gleiches an Gleiches sich anschließt, Verwandtes mit Verwandtem sich paart.

Was wäre natürlicher, als daß man eine räumliche Scheidung der Gebäude nach ihrer Bauart und Bestimmung vornähme? Ist es ein idealer Zustand, daß man neben den Theatern, Museen und Kirchen rauchende Fabrikschlote errichtet? Aber nicht nur das schönheitliche Interesse gebietet eine Scheidung der Gebäude nach ihrem Zweck und Charakter, auch ökonomische Vorteile sind damit verknüpft. Wieviel sparsamer könnte der Verkehr unter den Fabriken und Produktions=Werkstätten sein, wenn sie in einem Viertel dicht beieinander lägen, durch Verkehrs=Wege, Schienen=Geleise, vielleicht sogar durch Wasser=Straßen miteinander verbunden — in einem Viertel, das die beste Verbindung mit den Bahnhöfen und den Häfen des Flusses oder Canals hätte! Wieviel mühsame Transporte der Rohmaterialien und Halb=Produkte könnten bei solcher planmäßigen Aneinanderordnung erspart werden! Heute liegen die Fabriken verteilt in und um eine Großstadt; die Materialien und Produkte müssen oft auf weiten Umwegen von einer zur anderen Werkstatt oder nach den weit abgelegenen Verladungs=Plätzen geschleppt werden, und so machen die Last=fuhrwerke gerade die verkehrsreichsten Straßen der Großstadt in unheim=licher Weise unsicher.

Eine vernünftige Scheidung der Baulichkeiten wäre nach folgenden Gesichtspunkten vorzunehmen. Monumentale öffentliche Gebäude, die nicht gerade den alltäglichen Verkehrs-Bedürfnissen dienen, wie Museen, Opernhaus, Hochschule, Bibliothek, Rathhaus, Dom, oberster Gerichtshof, Regierungs-Gebäude usw. würden auf einem freien, möglichst reichlich be= messenen Platze zu gruppieren sein, der den idealen Mittelpunkt des ge= sammten Stadtplanes bildet — von allen Stadtteilen gleichgut erreichbar. Um diesen Platz herum wären zunächst Privat-Bauten von monumentalem Charakter (vornehme Villen) zu gruppieren. Daran würden sich Wohn= häuser besserer Art, dann gewöhnliche Wohn= und Geschäftshäuser an= schließen, ferner ein Viertel für kleine Werkstätten und Arbeiter-Wohnungen, Alles zonenweise abgegrenzt. Die Fabriken wären in die äußerste Peripherie der Stadt zu verweisen, in die Nachbarschaft der Bahnhöfe — mindestens einige Kilometer von dem klassischen Viertel der Innen= Stadt entfernt.

So wäre von vornherein eine Reihe von Mißständen zu vermeiden, an denen gegenwärtig die Großstädte kranken.

Heute sind Anlage und Ausbau der Vorstädte meist ganz planlos erfolgt. Wie Polypen-Arme sind sie an den verkehrsreichsten Straßen entlang hin= ausgewachsen, ohne daß man darauf bedacht gewesen wäre, diesen gewal= tigen Vororten unter einander eine ausreichende Verbindung zu sichern. Dicht neben einander gelegene Vorstädte von 10—20,000 Einwohnern sind oft ohne jede genügende Verkehrs-Straße unter einander; Bahnhöfe, Fabrikviertel u. dergl. drängen sich dazwischen, und so muß sich der Verkehr aus diesen Flügeln ebenfalls durch die enge Innenstadt ergießen, das Ge= dränge bis zur Unerträglichkeit steigernd.

Alles das will vermieden sein.

Seitdem an Stelle der eng=umfriedeten Burg die weite offene Stadt getreten ist mit ihren Bedürfnissen nach leichtem Verkehr und freier Be= wegung, ist dem Städtebau eine neue veränderte Aufgabe erwachsen. Wenn man seither noch nicht daran gedacht hat, für den Aufbau der heutigen Städte nach einer guten praktischen Regel zu suchen, so mag zur Entschuldigung dienen, daß sich das Anwachsen der Großstädte ganz un= erwartet und nach ganz neuen und unübersehbaren Bedingungen und Be= dürfnissen vollzogen hat. Heute aber wissen wir zur Genüge, aus welchen baulichen Elementen eine moderne Großstadt sich zusammensetzen wird und welchen wirtschaftlichen und sozialen Bedürfnissen sie notwendiger Weise gerecht werden muß. Wir wissen, daß wir neben Wohnhäusern ver= schiedenen Charakters, Geschäfts=Läden und Werkstätten haben müssen, daß

Fabriken und Bahnhöfe gebraucht werden, die der nötigen Arbeiter=Woh=
nungen bedürfen; wir wissen, daß wir Schulen, Gerichte, Theater, Museen,
Krankenhäuser, Centralen für Beleuchtung, Wasser=Versorgung, Straßen=
Bahnen rc. und die zugehörigen Beamten=Wohnungen nötig haben; daß
wir den reichen Leuten ein vornehmes Villenviertel schaffen müssen und
dergl. mehr. Auch das Bedürfniß nach Garten=Plätzen (Mietgärten) be=
steht, und ihm sollte in ausgiebigster Weise Rechnung getragen werden.

Bis heute finden sich alle diese Bestandteile plan= und regellos über
alle Bezirke eines städtischen Weichbildes verteilt in oft widersinnigem
Durcheinander. Oekonomische wie ästhetische und gesundheitliche Rücksichten
lassen es geraten erscheinen, daß man rauchende, staubende, rußende und
lärmende Industrie=Werkstätten nicht zwischen Villen und Wohnhäuser,
nicht zwischen Krankensäle, Schulen und Kunst=Institute einschiebt, vielmehr
auf einem besonderen Gelände vereinigt, wo schon der erleichterte Verkehr
der Werkstätten untereinander einen wertvollen Vorteil bietet. Ebenso
wird man die eigentlichen Geschäfts=Viertel, die Kaufläden und Waren=
häuser, mit Vorteil in einem besonderen Bezirke vereinigen — abseits von
den Wohnungen und Anstalten, in denen Geist und Körper Ruhe und
Erholung finden sollen. Den Fabriken hätte sich selbstverständlich in
einem durch Alleen und Gartenplätze ausgefülltem Abstande ein Arbeiter=
Viertel, den Geschäfts=Häusern ein Viertel von bequemeren Wohnungen
anzuschließen.

Es entsteht nun die Frage, wie sonst diese Viertel zu einander zu
legen sind und welche Gestalt ihnen zu geben ist, um die Entwicklung und
Ausbreitung jedes einzelnen derselben für alle Zeiten zu sichern, ohne daß
sie einander beeinträchtigen.

Eine Lösung dieser Aufgabe bietet sich in der Anordnung von Ring=
Zonen, die sich um einen Mittelplatz gruppieren. In den Mittelpunkt
selbst wäre der Platz für die monumentalen Gebäude zu verlegen.

Fig. 1 zeigt das Schema eines solchen Städte=Planes. Die Sache ist
so zu denken, daß die Bebauung an der radialen Linie a b beginnt und
im Kreisbogen um den Mittelpunkt c fortschreitet. Die einzelnen Zonen
sind durch breite Gürtel= oder Ringstraßen zu trennen, die mit Alleen und
Anlagen versehen sein mögen. Jede Zone nimmt nur Gebäude eines be=
stimmten Charakters auf, wobei jedoch jede Einförmigkeit vermieden
werden kann. Eine zweckmäßige Reihenfolge der Zonen vom Mittel=
punkte aus würde sich im allgemeinen in folgender Weise empfehlen:

Zone I (Mittelplatz): Monumentale öffentliche Gebäude;

Zone II: Villen monumentalen Charakters;

Zone III: Bessere Wohnhäuser;

Zone IV: Wohn= und Geschäftshäuser;

Zone V: Arbeiter-Wohnungen und kleine Werkstätten;

Zone VI: Fabriken, Bauhöfe, Lagerplätze 2c;

Zone VII: Gärtnereien, Mietgärten usw.

Diese Einteilung ist selbstverständlich nicht so zu verstehen, daß in den einzelnen Zonen jedes Gebäude von andrer Bestimmung ausge= schlossen wäre, daß etwa alle Geschäftsläden n u r in Zone IV zu finden

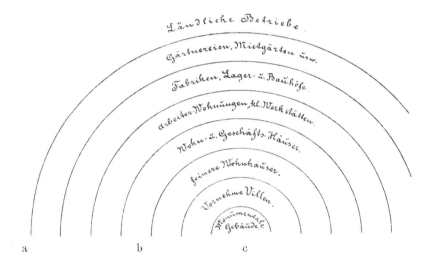

Fig. 1: Zonen-Einteilung.

sein dürften. Vielmehr wird man Verkaufsstellen für allerlei Tages=Be= dürfnisse (Bäckerwaren, Viktualien, Medicamente 2c.) in allen Stadtteilen dulden müssen, wo die bequeme Befriedigung des Bedarfs es fordert. Ebenso werden Schulen, Post=Anstalten Volks=Theater, usw. in allen Zonen notwendig sein. Im übrigen aber würde schon der ökonomische Vorteil es gebieten, daß die größeren Geschäfte, Werkstätten und Fabriken im Interesse des wechselseitigen Verkehrs sich in einheitlichen und benachbarten Zonen vereinigen.

Nimmt man hinzu, daß einem solchen Bebauungs=Plane ein wohl=

durchdachtes und auf Jahrzehnte vorausgeplantes Straßen-Netz zugrunde gelegt werden kann, — daß ferner dem Ausbau und der zweckmäßigsten Verzweigung der Straßen-Bahnen, der Waffer- und Gas-Leitungen, der Beschleusung usw. keinerlei hemmende Schranken im Wege stehen, sondern alles dieses in der freiesten und günstigen Weise angeordnet werden kann, so leuchtet ein, daß hier eine Reihe wichtiger Vorteile vereinigt werden können, die einer solchen neuen Stadt einen erheblichen Vorsprung vor allen alten Großstädten sichern würden.

Auf der beiliegenden farbigen Tafel sind zwei Entwürfe solcher Stadt-Pläne dargestellt. Es ist selbstverständlich kein unbedingtes Erforderniß, daß die Abgrenzung der Zonen eine kreisförmige sei, vielmehr wird, falls man vorwiegend gerade Straßen erstrebt, die Abgrenzung nach einem beliebigen Vieleck vorzuziehen sein. Ebenso besteht keine Notwendigkeit, dem Plane etwa eine strenge, zur Einförmigkeit ausartende Symmetrie zu geben; vielmehr kann — unter Einhaltung der Grundzüge der Zonen-Einteilung — den einzelnen Vierteln die größte Manchfaltigkeit in der Straßen-Führung vorbehalten bleiben. Es ist auch keineswegs ein starres Festhalten an dem ursprünglichen Grund-Schema notwendig. Vielmehr muß die Möglichkeit gegeben sein, einzelne Zonen auf Kosten der benachbarten zu erweitern. Wenn beispielsweise das Raum-Bedürfniß in Zone III oder IV ungleich rascher wächst als in Zone V oder VI, so würde die Zonen-grenze in entsprechender Weise zu verschieben sein. So können beispiels-weise an Stelle der ursprünglichen Kreis-Zonen spiralförmig sich erwei-ternde Zonen treten, wie in Fig. 2 angedeutet ist. Das wird vielleicht so-gar die Regel werden.

Wenn nun als idealer Zustand einer so angelegten Stadt etwa die Bebauung einer Halbkreis-Fläche gedacht werden muß, so ist doch ander-seits nicht ausgeschlossen, daß die Bebauung über den Halbkreis hinaus fortschreitet und sich mit der Zeit zum vollen Kreise schließt. Im ökono-mischen Interesse wäre die Größe des Bebauungs-Planes so zu bemessen, daß dieser Zustand erst in 150—200 Jahren eintreten könnte. Der neu heranwachsende Stadtteil würde dann, in spiralförmig sich erweiternden Zonen, den inneren monumentalen Teil der Altstadt schonend umfassen und nur die minderwertigen, inzwischen baufällig gewordenen Häuserreihen der äußeren Zonen verdrängen und durch neue ersetzen. (Siehe Fig. 2.)

So gliche die Stadt einem lebenden Organismus, der, seinen gesunden
dauernden Kern bewahrend, seine morschen absterbenden Glieder verzehrt,
durch neue ersetzt und sich so ewig verjüngt. Allem ehrwürdig Alten

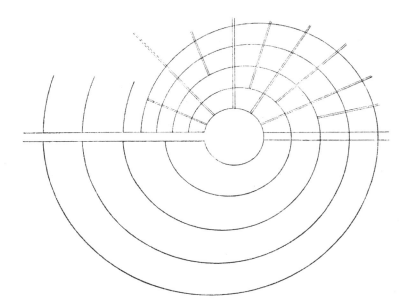

Fig. 2: Spiralförmig sich erweiternde Zonen.

könnte hierbei die weitgehendste Schonung angedeihen — im Gegensatz
zu den heutigen Städten, wo der Zwang der Verhältnisse oder die
Spekulation alles Alte pietätlos vernichtet.

Eine solche Stadt würde, wenn man sie von ihrem Ausgangs-Punkte
nach den neu angebauten Stadtvierteln im Bogen durchwanderte, ein
lehrreiches Bild der allmäligen Entwicklung der Bauweisen durch die ver=
schiedenen Jahrzehnte hindurch bieten. Es würde nicht, wie in den heutigen
Städten, Altes und Neues planlos und kunterbunt sich mischen und nicht,
wie es heute überall der Fall ist, Neues rücksichtslos das Alte zerstören,
ehe es ausgedient und seine Bestimmung vollendet hat.

Zu den Vorteilen einer solchen Anordnung gehören noch folgende:
Das monumentale und vornehme Viertel der inneren Stadt bleibt unbe=
rührt von dem Treiben der industriellen und geschäftlichen Vorstädte; den=
noch ist es durch seine centrale Lage aus allen Teilen der Stadt leicht
zugänglich und behält seine beherrschende Stellung bei der fortschreitenden
Bebauung. Weil dieses innere Viertel zuletzt entsteht, ist für seine Aus=

gestaltung nach jeder Hinsicht freies Spiel vorbehalten, und so kann dieses Viertel in seinen Proportionen jederzeit der Entwicklung der übrigen Stadt angepaßt werden.

Denn diese neue Stadt wächst — entgegen der Entstehung bisheriger Städte — nicht von innen nach außen, vielmehr von außen nach innen.

Die ersten Ansiedelungen entstehen in den Zonen IV, V und VI (Wohn= und Geschäfts=Häuser, Werkstätten, Fabriken 2c.) und erst bei der fort= schreitenden Entwicklung beginnt allmälig der Anbau in Zone III und II. Erst wenn die Stadt zu ansehnlichem Umfang angewachsen ist, wird sie daran denken können, große monumentale Gebäude in Zone I zu errichten.

Da alle großen Produktions=Stätten sowie die Waren=Häuser und Lager=Plätze in enger Nachbarschaft liegen und unter sich, wie mit den Bahnhöfen und Häfen durch Schienen und Wasserstraßen verbunden sind, ist die gesammte innere Stadt von jenem geräuschvollen und störenden Lastfuhr=Verkehr befreit, der heute die Straßen unserer Großstädte erfüllt und den Verkehr darinnen geradezu beängstigend und gefährlich macht — zugleich die Unterhaltung der Fahrstraßen zu einem immer gewaltiger an= schwellenden Ausgabe=Posten im städtischen Budget gestaltend. Man achte nur einmal darauf, welche Unzahl von verschiedenartigen Last=Fuhrwerken sich durch die engen Hauptstraßen unserer Städte drängen muß, ohne dort etwas zu thun zu haben. Bei der vorgeschlagenen Bebauungs=Art wird sich aller Waren= und Güter=Verkehr in den äußeren Zonen abspielen, während in den inneren Zonen — abgesehen von gelegentlichen Möbel= Transporten und vielleicht der Zufuhr von Brenn=Materialien — kaum ein Lastwagen etwas zu suchen hat.

Die Bahnlinien schneiden radial in das Stadtgebiet ein, den ge= sammten Bebauungs=Plan in weitem Bogen umfassend, so daß sie die freie Entfaltung des Straßen=Netzes in keiner Weise beengen.

Der Plan setzt allerdings ein weites, ebenes Gelände voraus, wie es sich in Fluß=Niederungen ja überall findet. Eine mäßige Erhebung der Mittelstadt, besonders des den Mittelpunkt bildenden Teiles, würde nur willkommen sein und die architektonische Wirkung erhöhen. Im Mittel= punkte könnte ein mächtiges monumentales Gebäude, vielleicht ein ge= waltiger Kuppelbau gedacht werden, etwa ein Dom*), ein Kunst=Tempel,

---

*) Ich denke mir in diesem Dome allerdings etwas Gesunderes, Deutscheres und Vernünftigeres gepredigt als für gewöhnlich in den heutigen Kirchen.

ein stattlicher Regierungs-Palast oder dergleichen. Vermöge der großen radialen Hauptstraßen bliebe der Blick der Bewohner aus allen Teilen der Stadt auf diesen erhabenen Mittelpunkt gerichtet. —

Eine wichtige Vorbedingung für das Gedeihen einer solchen Stadt wäre allerdings zu erfüllen: Der gesammte Grund und Boden muß Gemeinde-Eigenthum sein und bleiben; er ist nur pachtweise auf größere Zeiträume (60—90—120 Jahre) zur Bebauung an die Bürger zu überlassen, wie ich solches in meiner Schrift „Zwei Grundübel" (Boden-wucher und Börse) ausführlich dargelegt habe. Nur auf Gemein-Eigentum kann sich ein großes städtisches Gemein-Wesen frei und gesund ent-wickeln. Nur hierbei ist es möglich, die freie Entfaltung aller Gemein-Interessen zu sichern und den Bedürfnissen des öffentlichen Verkehrs in jeder Hinsicht gerecht zu werden. Alle heutigen Großstädte drohen zu ersticken in den Schlingen der privaten Boden-Spekulation und der un-sinnigen Steigerung der Boden-Preise.

Alle schönen Pläne, die dahin gehen, in den Centren der alten Großstädte durch Straßen-Erweiterungen und Durchbrüche Luft und Raum für den anschwellenden Verkehr zu schaffen, scheitern an den ungeheuren Summen, die die Boden-Erwerbung verschlingen würde. Wo man 500, ja 1000 oder 2000 Mark für jeden Quadratmeter Bodenfläche fordert, da kann die Entwicklung unmöglich den öffentlichen Verkehrs-Interessen gerecht werden und sich das Straßennetz nach weitschauenden vernünftigen Plänen gestalten.

Eine Folge der unsinnigen Boden-Preise sind aber ferner die Engheit der Bebauung, die unsinnig hohen Mieten, wie überhaupt die Kostspielig-keit des gesammten großstädtischen Lebens. Eng, ungesund, häßlich und teuer, das sind die Haupt-Eigenschaften unserer großstädtischen Wohnungen und Einrichtungen.

Eine neue Stadt auf verpachtetem Gemeinde-Boden könnte alle diese Uebel vermeiden. Sie würde in gesundheitlicher und schönheitlicher Hin-sicht sich ungleich vorteilhafter entfalten können als alle Städte der Gegenwart Die Mietpreise könnten halb so hoch sein als in den heutigen Großstädten. Und neben andern Annehmlichkeiten, die die neue Stadt ihren Bewohnern böte, würde nicht unerheblich in's Gewicht fallen, daß sie von ihren Einwohnern eine sehr geringe oder gar keine kommunale Steuer zu erheben brauchte. Der Ertrag der Bodenpacht und die fortschreitende Wert-Steigerung des Bodens würde die Gemeinde Verwaltung in die Lage setzen, alle öffentlichen Ausgaben zu bestreiten und in freigebigster Weise für die Gesundheit und Bequemlichkeit ihrer Bürger zu sorgen. Sie könnte allerhand Wohlfahrts-Einrichtungen und Verschönerungen in der Stadt einführen, ohne zuvor an den Steuer-Säckel zu appellieren und das städtische Budget mit ungeheuerlichen Forderungen zu belasten.

* * *

Denken wir uns eine solche neue Stadt auf industrieller Grundlage entstehend, so würde sie sich etwa in folgender Weise entwickeln. An einem Platze, der durch gute Eisenbahn-Verbindungen und durch die Nähe eines schiffbaren Flusses die Anlage begünstigt, entstehen einige Fabriken (Zone VI) mit den zugehörigen Arbeiter-Wohnungen (Zone V). Die Unternehmer herbei zu ziehen kann nicht schwer halten, wenn man ihnen so günstige Bedingungen zu bieten vermag, wie es hier der Fall ist: direkte Wasserstraße, Schienen-Geleise, billige Boden-Pacht und billige Wohnungen. Die billige Boden-Pacht, die auch alle anderen LebensBedürfnisse verbilligt, gestattet auch eine billige Produktion.

Ein zu schaffendes Stück Kanal giebt den Werkstätten Verbindung mit dem Flusse, ein Schienen-Geleise die Verbindung mit dem Bahnhofe. Wo Fabriken und Arbeiter in größerer Zahl sich vereinigen, machen sich auch bald einige Geschäfts-Läden und Warenhäuser nötig. Diese sowie die Beamten-Wohnungen u. dergl. siedeln sich angrenzend in Zone IV an. Will sich der Fabrikant ein elegantes Wohnhaus oder eine vornehme Villa errichten, so ist er nach Zone III oder II zu erweisen, wo durch parkähnliche Anlagen bei Zeiten eine schöne Umgebung zu schaffen ist. — Siehe Fig. 3. —

Neue Fabriken, Werkstätten, Bauhöfe usw. gliedern sich an, immer in derselben Zone fortschreitend, d. h. in der Flucht des allmälig weiter zu führenden Kanals. Ihnen folgt in gleichem Schrittmaß die Vermehrung der Arbeiter-Wohnungen, Wohn- und Geschäfts-Häuser usf. Auch die nötigen Schulen und sonstige öffentliche Anstalten sind in der entsprechenden Zone zu errichten. (Fig. 4, 5 und 6 zeigen die Stadt in verschiedenen Entwickelungs-Stadien. Die an den äußeren Zonen beginnende Bebauung dehnt sich allmälig in der Richtung des Umfanges und nach innen aus.)

Die ganze Bebauung schreitet organisch, man möchte sagen, nach dem Gesetz der Krystallisation, in einer Richtung fort. Erst wenn die Stadt eine gewisse Größe erreicht hat, wird sie daran denken

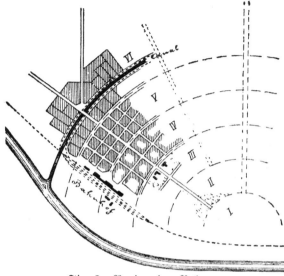

können, monumentale öffentliche Gebäude, (Theater, Museen, Rathaus usw. zu errichten, die nun in Zone I, dem ideellen Mittelpunkte des ganzen Bebauungs-Planes, ihren Platz finden. Gleichzeitig entstehen außerhalb der Fabrik-Zone Gärtnereien, Molkereien und ähnliche Anstalten, die die Stadt mit Nahrungs-Mitteln versorgen; weiterhin auch Mietgärten für die städtische Bevölkerung, die mit Sommerhäuschen und kleinen Villen besetzt sind.

Fig. 3: Beginn der Bebauung.

Dieser äußersten Zone schließen sich ländliche Betriebe an, zwischen denen in einigem Abstande von der Stadt wieder Villen-Kolonien sich ansiedeln können.

Auf solche Weise bildet das Weichbild der Stadt einen allmäligen Übergang zu ländlichen Zuständen; es löst sich allmälig auf in Gärten, Felder und Forsten, derart, daß eine Grenze zwischen Stadt und Land kaum wahrnehmbar ist und die Stadt gleichsam als eine dichtigere Krygstallisation des ländlichen Lebens erscheint.

Die vorliegenden Pläne erheben nun keineswegs Anspruch auf Mustergültigkeit; sie sind auf's Geratewohl entworfen und wollen nur den Grundgedanken veranschaulichen. Im konkreten Falle würde Manches noch besser zu ordnen sein. Vor allem würden die Spezial-Techniker für Eisenbahnen, Kanal-Bau, Post, Telegraphie, Straßenbahnen, Wasserleitung, Beleuchtung, Schleusenbau usw. ihre besonderen Ideale verwirklichen und durch günstige Wahl der Centralen, vorteilhafte Verzweigung ihrer Anlagen u. dergl. m. ihren Systemen eine Abrundung und Vollkommenheit geben können, wie sie in vorhandenen Städten aus allerlei Beschränkungen nicht erreichbar war. Hier, wo es sich um eine Planung auf jungfräulichem Boden handelt, kann den verschiedenartigsten Wünschen Rechnung getragen werden; denn selbst die Straßenführung ist nötigenfalls den besonderen Erfordernissen einer vorteilhaften Wasser-Versorgung, Beschleusung usw. anzupassen.

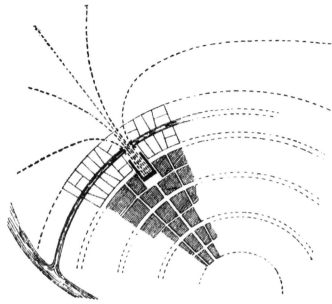

Fig. 4. Erstes Stadium der Bebauung.

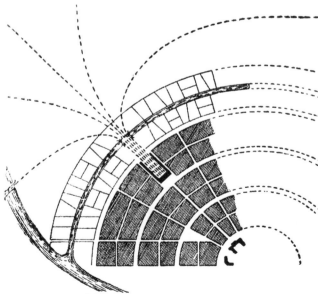

Fig. 5. Zweites Stadium.

In einem Punkte beispielsweise könnte die neue Stadt ein Ideal verwirklichen, das den alten Großstädten bisher unerreichbar schien. Zu den unschönsten und störendsten Umständen im großstädtischen Verkehr gehört das fortwährende Aufreißen und Pflastern der Straßen, das bald im Interesse der Gas= oder Wasserleitung, bald zur Legung neuer Kabel, zur Reparatur der Schleusen usw. erforderlich ist. Es bietet nicht nur einen häßlichen Anblick und eine garstige Belästigung des Verkehrs, son= dern verschlingt auch ungeheure Summen für diese endlosen Erdarbeiten, Pflasterungen etc. Eine neu entstehende Stadt könnte diesem Mißstand von vornherein ausweichen, indem sie — wenigstens unter allen Haupt=

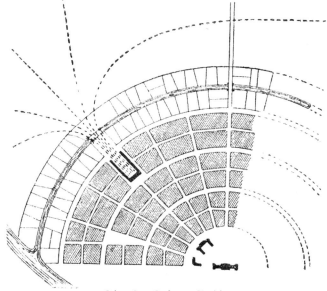

Fig. 6. Drittes Stadium.

straßen entlang — unterirdische Tunnel führte, die zur Aufnahme sämtlicher Rohrleitungen, Kabel, Schleusen usw. dienten und damit zugleich den Vorteil leichter Zugänglichkeit für alle diese Leitungen böten. Die er= höhten Anlage=Kosten würden durch die späteren Ersparnisse im Betrieb und die sonstigen Vorteile reichlich aufgewogen werden. Auch ein schmal= spuriges Schienen=Geleis könnte dieser unterirdische Tunnel aufnehmen und damit die unterirdische Abfuhr von Kehricht Schnee und dergl. ermöglichen. Selbst eine Untergrundbahn wäre hier am Platze.

Figur 7 zeigt den Querschnitt einer solchen untertunnelten Straße. Der Tunnel vereinigt hier: Wasserleitungs=Rohre, Gasleitungen, Rohrpost, elektrische Kabel für die Beleuchtung, für telegraphischen, telephonischen und Straßenbahn=Betrieb, Schleuse und Schienen=Geleis. Für eine kräf= tige Ventilation dieser Tunnel müßte allerdings Sorge getragen sein, um die Ansammlung schädlicher Dünste und Gase zu verhüten.

Noch vorteilhafter wäre es vielleicht, in verkehrsreichen Straßen — besonders im Geschäfts=Viertel — den gesamten Fahrdamm nebst

2*

den Trottoirs auf einen von Säulen getragenen eisernen Unterbau zu legen und auf solche Weise eine obere und untere Verkehrs=Straße zu schaffen. Die letztere würde dabei hauptsächlich dem Güter=Verkehr, die obere dem Personen=Verkehr dienen. — Siehe Fig. 8. — Das Licht kann die untere Straße durch ein Trottoir von Glasplatten oder auch durch elektrische Beleuchtung erhalten.

— Straßendamm —

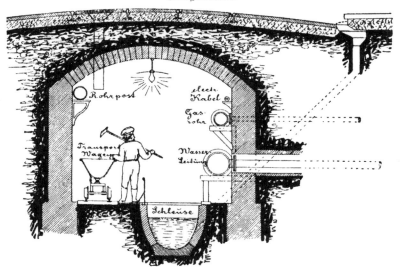

Fig. 7: Tunnel unter den Straßen.

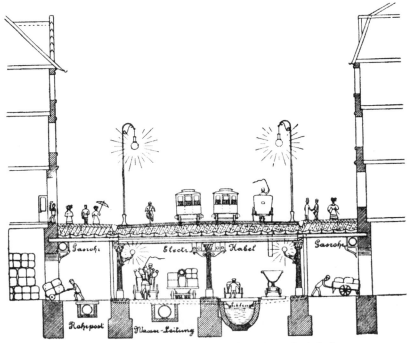

Fig. 8: Straße mit oberer und unterer Fahrbahn.

Wenn es nötig ist, die Vorzüge des neuen Städte=Bildes noch weiter auszumalen, so sei nochmals an folgendes erinnert. Die Verei=nigung der Industrie=Werkstätten und der Handelshäuser in besonderen Vierteln erleichtert diesen den Verkehr unter einander auf's Beste. Die Nach=barschaft der Bahnhöfe ermöglicht eine Schienen=Verbindung nicht nur für die Fabriken, sondern auch für alle größeren kaufmännischen Geschäfte. Hauptpost und Markthallen, die selbstverständlich in die Geschäfts=Viertel zu legen sind, haben von ihren Höfen aus ebenso direkte Schienen=Verbin=dung, wie alle Speicher, Lager=Höfe, großen Kaufhäuser usw.

Der Wagen= und Güter=Verkehr in den Straßen der Stadt wird dadurch erheblich vermindert. Die vornehmeren Stadt=Viertel der inneren Zonen bleiben von dem geräuschvollen Verkehr völlig bewahrt. Der Mittelplatz, gleichsam das „klassische Viertel“ oder das „Allerheiligste“ der Stadt, ist allem lärmenden Getriebe entrückt. In vornehmer Ruhe er=heben sich hier, von hübschen Park=Anlagen wie von einem „heiligen Hain“ umgeben, in mächtigen herrlichen Formen würdige Bauwerke und Denkmäler. Gleichwohl münden alle radialen Hauptstraßen der Stadt auf diesem Platze, machen ihn von überallher leicht erreichbar und lassen den Blick aus allen Stadtgegenden auf diesem idealen Mittelpunkte ruhen.

Der erschöpfte Geschäftsmann, Beamte und Arbeiter kann über=all dem lärmenden Tages=Getriebe leicht entfliehen: nach dem friedlichen Inneren der Stadt oder nach der freien Luft der Felder und Wälder hin=aus. Aber auch inmitten der dichteren Straßenzüge ist hinlänglich für freie Plätze und grüne Oasen gesorgt. Die Bebauung ist im Ganzen eine weitläufige und viel weniger dichte als die unserer heutigen Groß=städte, da keine selbstsüchtige Spekulation, kein Bodenwucher die Scholle verteuert, sondern ein billiger Pachtzins an die Gemeinde die reichliche Erwerbung von Bau= und Gartenland für Jedermann ermöglicht.

In den inneren drei Zonen wäre die „offene Bauweise“ (das Einzelstehen der Häuser mit zwischenliegenden Gartenflächen) zur Bedin=gung zu machen. Das Ideal ist eine Gartenstadt.

Abweichend von der ununterbrochenen Bebauung der Zonen, wie sie in den farbigen Plänen dargestellt ist, zeigt Fig. 9 (unter sonstiger Ein=haltung des Zonen=Prinzips) eine Ausbauung in einzelnen Flügeln an den Haupt=Radialen entlang, während dazwischen=liegende breite Park=Anlagen tief in die Stadt einschneiden und gleichsam deren Lungenspitzen bilden. Vielleicht verdient diese Bebauungs=Art den Vorzug vor allen andern. Solchergestalt würde sich die Großstadt gleichsam in eine Reihe von

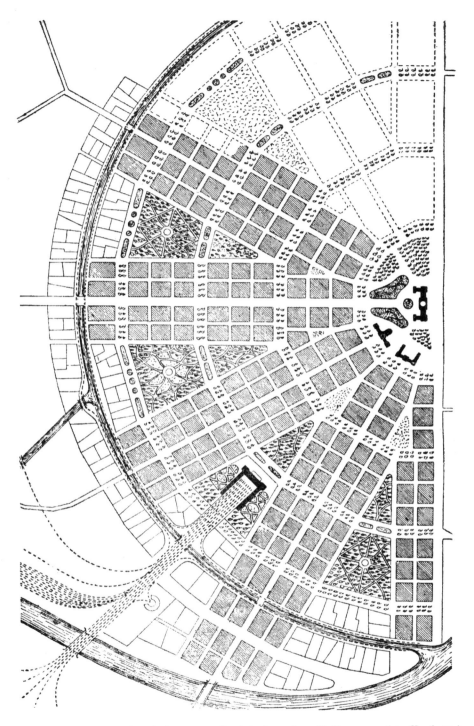

Fig. 9: Flügelförmige Bebauung mit einspringenden Waldungen oder Park- und
Garten-Plätzen.

Kleinstädten auflösen, die aber durch ihre centrale Lage ein organisches Ganzes bilden.

Im Einzelnen ließen sich bei dieser Bebauung auf einem Boden, der nicht durch seine Kostspieligkeit zur Knauserei zwingt, der nicht durch vorhandene alte Straßenzüge und durch die beliebigen Grenzen einengender

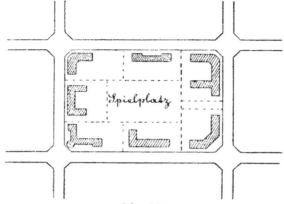

Fig. 10.

Privat-Grundstücke allerlei Rücksichtnahmen auferlegte sondern die freie Entfaltung vernünftiger Ansprüche zuläßt, noch allerlei vorteilhafte Einrichtungen treffen. So würde sich empfehlen, innerhalb der Häuser-Vierecke (oder Sechsecke) gemeinsame Spiel- oder Gartenplätze vorzusehen und so

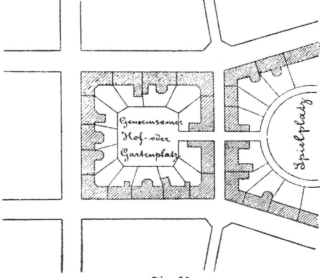

Fig. 11.

vor allem die Tummelplätze der Jugend von der Straße nach geschützteren Orten zu verlegen. Ebenso würde es vorteilhaft sein, die bebauten Blocks auf einer Seite für eine Einfahrt offen zu lassen, um nicht nur bei Feuers-Gefahr sondern auch für gewisse wirtschaftliche Zwecke (Abfuhr von Müll und dergl.) die Grundstücke von ihrer Rückseite zugänglich zu machen. Fig. 10 und 11 zeigen Beispiele einer solchen Bebauung.

Auch wäre zu erwägen, ob man nicht, wenigstens in den vornehmeren Stadtteilen, eine Unterscheidung zwischen Hauptstraße und Wirtschafts-Weg machen könnte, derart, daß eine engere Straße für den wirtschaftlichen Fahr-Verkehr an den Rückfronten der Grundstücke entlang zu führen wäre, wie in Figur 12 dargestellt ist.

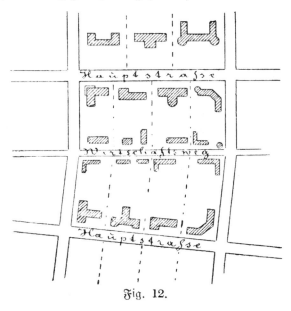

Fig. 12.

Fig. 13 zeigt das Gesamt-Bild einer solchen Stadt mit Umgebung. Es ist dabei angenommen, daß die Stadt an eine zu beiden Seiten des Flusses gelegene Altstadt A-A sich anbaut. — B-B sind die Bahnhöfe, H-H die Häfen des Kanals, S-S-S die Stationen der Ringbahn.

Bedenken könnte man noch hegen gegen den unmittelbaren Anschluß der Fabrik-Zone an die Stadt. Der Rauch der Fabriken würde bei ungünstiger Wind-Richtung immerhin in die Innenstadt dringen, und man könnte das Übel nur dadurch vermindern, daß man bei Anlage der Stadt die vorherrschende Wind-Richtung in Betracht zöge. Im mittleren Deutschland mit seinem vorherrschenden Westwind würde man also das Fabrik-Viertel immer nach dem Osten verlegen. Der Vorteil ginge allerdings verloren, sobald die Stadt sich zum vollen Ringe schlösse.

Eine bessere Lösung des Problems würde darin zu finden sein, daß man die Fabrik-Zone noch weiter hinausrückte und sie durch eine breite Zone von Gärten, Äckern und Wäldern von der Innenstadt trennte. Das Fabrik-Viertel würde sich dann günstig in eine Reihe von

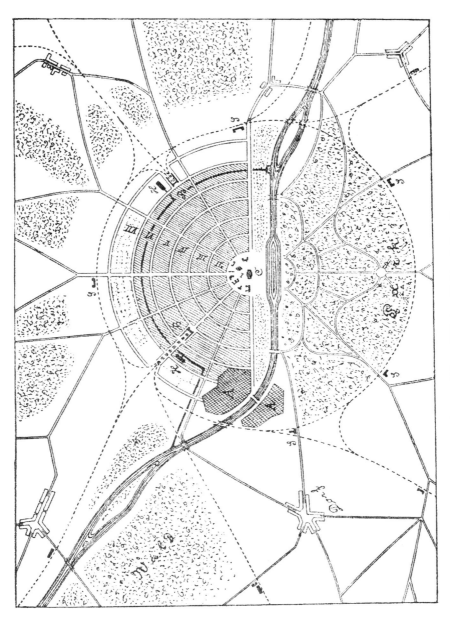

Fig. 13: Gesamt-Bild der Stadt mit Umgebung.

A—A Altstadt
B—B Bahnhöfe
H—H Häfen des
        Kanals
S—S—S Stationen
        der Ringbahn.

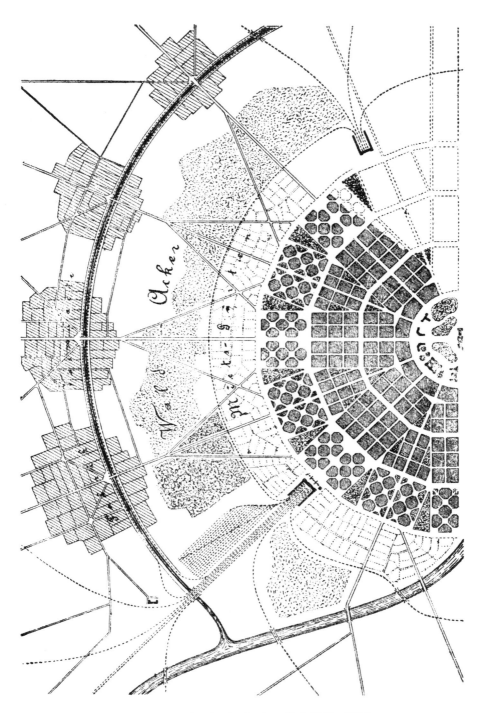

Fig. 14 Stadt mit abgesonderten Fabrik=Vorstädten.

Vorstädten auflösen, die gleichwohl durch ihre centrale Lage zur Innen-stadt die gleichen Vorteile genössen, wie eine unmittelbar sich anschließende Fabrik-Zone. — Siehe Fig. 14.

*   *   *

Wie schon gesagt, ist die Verwirklichung des Planes gedacht auf der Grundlage der Boden-Gemeinschaft. Der Bauende pachtet von der Gemeinde ein Stück Land auf 60, 90, 120 Jahre. Nach Ablauf dieser Zeit kann die Gemeinde die Rückgabe des Bodens fordern oder auch den Vertrag unter Berücksichtigung der inzwischen veränderten Umstände er-neuern.*)

Der Pachtpreis wird für die verschiedenen Zonen selbstverständlich ein verschiedener sein. Um die Produktions-Verhältnisse billig zu gestalten, muß der Boden für die Fabriken und Arbeiter-Wohnungen wohlfeil abge-geben werden. In den heutigen Großstädten zahlt man für das an der äußeren Peripherie gelegene Areal zu Fabrikzwecken pro Quadrat-Meter durchschnittlich 10—25 M. Kaufpreis. Das bedeutet eine jährliche Zins-Belastung von 40 Pfg. bis 1 Mark für den Quadratmeter. Die neue Gemeinde, die eine große unbebaute Fläche (vielleicht geringwertiges Ackerland) wohlfeil erwirbt, würde in der Lage sein, den Quadrat-Meter Land für Fabrikzwecke u. dergl. gegen einen Pachtpreis von 10—20 Pfg. jährlich abzulassen.

In den inneren Zonen würde der Pachtpreis pro □ m auf 50 Pfg. bis 1 M. und höher steigen können. Wer in dem Mittelpunkte einer so schönen Stadt wohnen will, würde diese Abgabe nicht zu hoch finden. Heute zahlt man in Großstädten für Villen-Terrain (nicht im Inneren der Stadt) mindestens 40—60 M. pro □ m, also einen Zins von M. 1,50—2,50 jährlich.

Die Gemeinde-Verwaltung der Zukunfts-Stadt würde aus diesen Pacht-Erträgen wahrscheinlich alle öffentlichen Ausgaben bestreiten können und kaum nötig haben, die Einwohner noch mit sonstigen Kommunal-Steuern zu belästigen.

Es ist selbstverständlich, daß man dieses Bebauungs-System auch dem weiteren Ausbau jeder bereits b e s t e h e n d e n Stadt zu Grunde legen kann — sofern sich dieselbe noch nicht allzu sehr zu einem unförmlichen Ungeheuer ausgewachsen hat. In jeder entwicklungs-fähigen Klein- und

---

*) Die englischen Verhältnisse, bei denen nach 99 Jahren der Boden mit allem was darauf steht, unentgeltlich an die Krone bezw. die Landlords zurückfällt, sollen hierbei n i c h t als Muster dienen.

Mittel=Stadt sollte man dieses Bebauungs=System in Anwendung bringen, um der Stadt die Zukunft zu sichern. Man würde nur einen außerhalb der bebauten Stadtteile günstig gelegenen ideellen Mittelpunkt zu wählen haben, um, an die bestehenden Straßenzüge anschließend, die Bebauung allmählig in das Zonen=System über zu führen. Auf dem farbigen Plane Entwurf II ist eine solche Entwicklung dargestellt, ebenso in Figur 13 der Text=Abbildungen.

*   *   *

Wie die Fernhaltung der Boden=Spekulation und des Hypotheken= Wuchers auf die Gesundung der gesamten Wirtschafts=Verhältnisse wirkt, dafür gib England ein Zeugnis ab. In England gibt es keinen ver= käuflichen Grund und Boden und keine Hypotheken. Alles Land gehört der Krone und ist den Land=Lords in Lehen gegeben. Die Land= Lords genießen den Renten=Ertrag des Bodens, haben aber nicht das Recht, diesen Boden zu verkaufen oder mit Schulden zu belasten. Eine Folge davon ist, daß in der größten und volkreichsten Stadt der Welt, in London, die Mieten drei bis vier mal billiger sind als in allen Großstädten des Festlandes. Man mietet dort eine Villa mit Garten und Park für den nämlichen Preis, den man in Berlin für ein armseliges enges Stockwerk zahlt. In diesen Verhältnissen wurzelt ein Stück Geheimniß der wirtschaftlichen Kraft Englands.*)

Eine Folge der teuren Mieten ist aber die fürchterliche Zu= sammendrängung der Bevölkerung auf engem Raume, die Engigkeit der Wohnungs=Verhältnisse bei uns.

Wie aber die Dichtheit der Bevölkerung in unmittelbarem Ver= hältnis zur Sterblichkeits=Ziffer und auch zu gewissen sittlichen Zuständen steht, wird durch folgende Zahlen beleuchtet:

Es kommen (nach einer Statistik von 1893):

Bewohner auf 1 Haus	jährl. Sterbefälle auf 1000 Bewohner	Uneheliche Gebur= ten auf hundert
in London 8	24	4
„ Berlin 32	25	16
„ Paris 35	28	20
„ Petersburg 52	41	26
„ Wien 55	47	51

*) Näheres siehe: „Zwei Grund-Uebel: Boden=Wucher und Börse."

Mag man nun die Zahl der außerehelichen Geburten für einen Maßstab der Sittlichkeit erachten oder nicht: jedenfalls steht sie in einem Verhältniß zu der Wohlhabenheit oder Kümmerlichkeit der Lebensführung eines Volkes. Manches Kind muß bei uns nur deshalb außerehelich geboren werden, weil seine Erzeuger nicht die Mittel erschwingen können, um einen selbständigen Haushalt zu begründen. Auch erhöht die Not die Versuchung. — Und hieran sind wesentlich die hohen Mietpreise und die hierdurch hervorgerufene Verteuerung der gesammten Lebensführung mit schuld. Die hohen Mietpreise aber sind zurück zu führen auf Boden=Verschuldung und Boden=Wucher. Diese aber wird man nicht hindern, solange unser falsches Boden=Recht die heimatliche Scholle zum Spielball des Leichtsinns und der Gewinnsucht macht. In einem Vaterlande, dessen Grund und Boden mit 75 000 Millionen Mark Grundschulden belastet ist und der deshalb einen jährlichen Zins=Tribut von 3 Milliarden aufbringen muß, kann auch das sparsamste und fleißigste Volk auf die Dauer nicht gedeihen. —

*   *   *

Ich bin ungerecht gewesen, wenn ich behauptete, es beschäftige sich Niemand ernstlich mit der Verbesserung des Größten und Wichtigsten, was uns umgibt. Ein noch Größeres als die Stadt gibt es, um dessen Verbesserung sich Viele, nur Allzuviele bemühen: das ist d e r   S t a a t. Der Staat ist in seinem Wesen zum guten Teil ein abstrakter und theoretischer Begriff, und mit Abstraktionen läßt sich wunderleicht hantieren. So lange es sich nur um theoretische Luft=Gebilde handelt, ist unsere Zeit außerordentlich schöpferisch, aber an das greifbar Wirkliche wagt sich der schulmäßig verbildete Verstand nur schüchtern heran. Darum nehmen die Vorschläge, wie man den Staat zu verbessern hätte, kein Ende; leider nimmt sich Niemand die Mühe, diese Phantasie=Staaten auf ihre Verwirklichungs=Fähigkeit zu prüfen. Und fast Alle suchen das Übel an der Oberfläche: Des Übels Wurzel steckt — wie alle Wurzeln — i m   B o d e n.

Stecken wir uns das Ziel darum enger! Beginnen wir damit, eine Stadt vernünftig und planvoll zu gestalten, vielleicht, daß wir, von einem solchen festen Punkte ausgehend, allmälig auch zu einem vernünftig geordneten Staate gelangen.

Nachwort
zur zweiten Auflage.

Leipzig, Mitte März 1912.

Es sind 16 Jahre vergangen, seit ich diese Schrift zum ersten Male in die Welt sandte. Es hat sich inzwischen Niemand gefunden, der ernstlich an der Verwirklichung der hier erörterten Ziele Anteil genommen hätte. Wohl ist heute das Wort „Gartenstadt" in aller Leute Mund, allein, was man heute so nennt, hat mit den Grund= gedanken dieser Darlegungen wenig zu tun. Als Gartenstädte be= zeichnet man heute Landhaus=Siedelungen, die — nicht erheblich verschieden von sonstigen Villen=Vierteln — eine etwas weitläufigere Bauweise einhalten und zu jedem Haus ein Stück Gartenland geben. Von dem Gedanken der Boden=Gemeinschaft und Unverschuldbar= keit des Bodens weiß man dabei gewöhnlich nichts, noch weniger von einem organischen Aufbau des Ganzen in einer Zonen=Glie= derung. So laufen solche Unternehmungen in vielen Fällen kaum auf etwas Anderes hinaus, als auf Boden= und Bauspekulation.

Ich selber habe inzwischen meine Auffassung hinsichtlich des Zieles in etwas verändert. Zur Zeit der ersten Entwürfe dieser Pläne galt die Großstadt noch als das ersehnenswerte Ziel für alle soziale Entwicklung; die Vergrößerung und der luxuriöse Ausbau der Städte galt als eins der vornehmsten Kulturziele. Inzwischen haben die An= schauungen darüber — wenigstens in dem weitblickenden Teile der gebildeten Klassen — eine Wandlung erfahren. Wir haben erkennen müssen, daß dem Volke in seinen Großstädten und Industrie=Zentren schwere Gefahren drohen; sie sind kein Boden für ein dauerndes Ge= deihen der Geschlechter; die Bewohner der Städte sind einem raschen Aussterben preisgegeben. Wie statistische Untersuchungen erwiesen haben, besteht die Stadt=Bevölkerung selten über drei Generationen hinaus. Fände nicht ein beständiger Zuzug vom Lande statt, so wären alle Großstädte längst ausgestorben. Man forsche nach, wo die Eltern und Großeltern der heutigen Stadtbewohner gelebt haben, und die Spur wird fast immer auf das Land zurück führen.

Nach einer Untersuchung des Dr. Ammon in Karlsruhe hat sich ergeben, daß von hundert Menschen, die vor etwa hundert Jahren in einer Großstadt lebten, in der nächsten Generation nur noch etwa 57 Nachkommen vorhanden waren, in der zweiten Generation 31, in der dritten 17, und in der vierten verschwinden sie ganz. Ausnahmen bestehen nur da, wo das Geschlecht inzwischen durch ländliches Blut aufgefrischt wurde. Die zunehmende Unfruchtbarkeit der städtischen Geschlechter ist überall auffällig. In Berlin sind 27 Prozent der Ehen kinderlos. Und dabei darf nicht vergessen werden, daß die modernen Großstädte erst in den letzten Jahrzehnten ihre riesige Ausdehnung angenommen haben und ihren verzehrenden und aufreibenden Charakter erst recht ausbildeten. Was man vor hundert Jahren eine große Stadt nannte, wäre heute kaum eine Mittelstadt.

Die Städte sind also völker-verschlingende Ungeheuer, und wir haben keine Ursache, sie ohne Not zu vermehren. Unser Ziel muß sich im Hinblick auf das dauernde Gedeihen der Nation in eine andere Richtung wenden. Wenn bisher das ganze Volk geradezu von einem Großstadt-Rappel besessen war und Alle — bis zum letzten Tagelöhner-Kinde im Dorfe — nur das eine Sehnen kannten, sobald als möglich nach der Stadt zu kommen, so müssen wir heute darauf bedacht sein, diesen irregeleiteten Trieb sobald als möglich umzukehren.

Aus dem Großstadt-Fieber in Verbindung mit dem einseitig ausgearteten Handels-Industrialismus droht uns der Untergang der Nation; und wir lernen heute erst verstehen, warum die alten Kulturvölker ein so plötzliches Ende gefunden haben Sie starben an „Volks-Erschöpfung", nachdem der frisch sprudelnde Quell des ländlichen Lebens versiechte, nachdem der Bauernstand verkümmerte, die proletarisierten Massen sich in den Hauptstädten anhäuften und dort ihren Untergang fanden. Eines Tages blieb der Zuzug vom Lande aus und Stadt und Land verödeten.*)

Wir sind diesem Zustande schon bedenklich nahe gekommen. Während vor 40 Jahren das Deutsche Reich noch zwei Drittel Land-Bevölkerung und ein Drittel Stadtvolk zählte, hat sich heute das Verhältnis nahezu umgekehrt. Das eine Drittel Landvolk von heute ist aber auf die Dauer nicht im Stande, den Geburten-Ausfall der Großstädte zu decken. Die Nation muß also in Zukunft an Zahl zurück gehen und das nachdrängende Ausländertum, besonders vom Osten her, wird bald die deutschen Wohnstätten besetzen. Dann wird Deutschland aber aufhören, ein d e u t s c h e s Land zu sein.

Eine Gesundung der Verhältnisse kann nur gefunden werden, wenn es gelingt, den wahnwitzigen „Zug nach der Stadt" in einen vernünftigen „Zug nach dem Lande" umzuwandeln. Der Anfang dazu ist gemacht. Die Verderblichkeit des Stadtlebens ist inzwischen Vielen zum Bewußtsein gekommen, und so regt sich in ihnen das Verlangen, in ländlichen Verhältnissen ein neues vernunftgemäßes Leben zu beginnen. So ist die „Erneuerungs-Gemeinde" in's Leben getreten und hat eine „Siedelungs-Gesellschaft Heimland" begründet, die nun jedem Stadtmüden die Gelegenheit bieten will, sich auf dem Lande nieder zu lassen. Die Gesellschaft besitzt bereits ein Gut in der wald- und seen-reichenOst-Prignitz, wo die ersten Niederlassungen vorbereitet werden. Es soll dort in den nächsten Jahren eine Gartenbau-Kolonie

---

*) Vergl. die Zeitschrift „Hammer" (Leipzig) Nr. 83: „Volks-Erschöpfung".

entstehen, die in noch höherem Maße als die „Gartenstadt" die Bedingungen für ein gesundheitliches und vernunftgemäßes Leben bieten wird.*)

---

*) Prospekte und Niederlassungs=Bedingungen sind vom Hammer=Verlage, Leipzig, Königstr. 27 zu beziehen.

Von Theodor Fritsch erschienen ferner und sind durch den Hammer=Verlag, Leipzig, Königstr. 27 zu beziehen:

Zwei Grundübel: Bodenwucher und Börse. 2. Aufl. Eine allgemeinverständliche Darlegung der Bodenreform=Gedanken und der Schädlichkeit des spekulativen Kapitals. Preis Mk. 1.—.

Handbuch der Judenfrage. 27. Aufl. Eine Zusammenstellung des wichtigsten Materials zur Beurteilung des jüdischen Volkes. Preis Mk. 1.—.

Mein Beweis=Material gegen Jahwe. Eine Verteidigung gegen die Anklage wegen Gotteslästerung, zugleich eine Darlegung der jüdischen Geheimlehren und ihres Gottesbegriffes. 2. Aufl. Preis Mk. 2.—.

Im Hammer=Verlage erscheint seit 1902 halbmonatlich:

Hammer.

Parteilose Zeitschrift für nationales Leben.

Herausgegeben von

Theodor Fritsch.

Dieses völlig unabhängige Blatt beleuchtet furchtlos alle Mißstände des modernen Lebens in Politik, Volkswirtschaft, Kunst, Literatur, Kirche, Schule, Justiz usw. und arbeitet ehrlich an dem Aufbau einer neuen deutschen Kultur. Es huldigt keinem Parteiprogramm, sondern läßt sich lediglich von Gesichtspunkten der nationalen Wohlfahrt leiten. Es ist zum Mittelpunkt aller vernünftigen Reform=Bestrebungen geworden.

Probe=Nummern auf Wunsch unentgeltlich.

Hammer-Verlag (Th. Fritsch) Leipzig.

Königstr. 27.

Die neue Gemeinde

Begleitschreiben zur ersten Auflage der Schrift ,Die neue Stadt' (1896)

Der Gedanke, inmitten städtereicher Länder eine neue städtische Siedelung anzulegen, mag fremdartig und phantastisch erscheinen. Nichtsdestoweniger will der Plan mit allem nüchternen Ernst verstanden sein; seine innere Berechtigung findet er durch folgende Betrachtungen.

Der Zuwachs der größeren Städte vollzieht sich unausgesetzt. Gleichviel ob dieser Zustand wünschenswert ist oder nicht: jedenfalls giebt es vorläufig keine Macht, die dem Zuge nach der Stadt plötzlich Einhalt gebieten könnte. Die Großstädte werden also weiter wachsen und in ihrer Planlosigkeit zu immer scheußlicheren Ungeheuern sich auswachsen.

Sollte dabei die Frage so ganz von der Hand zu weisen sein, ob man den „Zug nach der Stadt" nicht in vernünftigere Bahnen zu leiten und durch planvolle Anlegung neuer Städte etwas Besseres zu schaffen suchte als die wüsten Häuserhaufen, die sich heute Städte nennen?

Freilich, was die Leute nach der Stadt zieht, das ist nicht in erster Linie das angenehmere Leben als vielmehr vor allem die Erwerbs-Gelegenheit, der höhere Lohn u. dergl. Und diese

Erwerbs-Gelegenheit würde allerdings in einer neu zu gründenden Stadt, die aus kleinen Anfängen langsam emporwüchse, zunächst (außer für Bau-Handwerker) nicht in dem gleichen Maße vorhanden sein, als in der heutigen Großstadt mit ihrem flott pulsenden Geschäftsleben.

Andrerseits giebt es aber auch Leute genug, die nicht des Erwerbs wegen in der Stadt wohnen oder deren Beruf sie nicht notwendigerweise an die Großstadt fesselt, Leute, die mehr nur der Annehmlichkeiten wegen die Stadt vorziehen, weil sie ihnen Geselligkeit, muntres Treiben und Zerstreuungen aller Art bietet (Pensionäre, Künstler, Gelehrte, Rentner usw.) In solchen Kreisen nimmt man die Schattenseiten der Großstadt, als: schlechte Luft, Lärm, Rauch und Staub, teure Mieten in engen Wohnungen, teure Lebensmittel etc.- nur notgedrungen in den Kauf und würde gern einen Aufenthalt an Orten vorziehen, wo sich die unangenehmen Zugaben der heutigen Großstadt nicht fänden, wohl aber die sonstigen Vorzüge des städtischen Lebens.

Aus diesem Grunde entstehen denn auch in der Umgebung großer Städte fortwährend neue Siedelungen von Landhäusern (Villen-Colonien), die, mit der Stadt durch Straßenbahnen verbunden, die Vorteile ländlichen und städtischen Lebens zu vereinigen suchen.

Es handelt sich nun darum, noch einen Schritt weiter zu gehen. Solche Colonien von Landhäusern sind heute immerhin der Gefahr ausgesetzt, im Laufe der Jahrzehnte von der heranwachsenden Großstadt verschlungen und in größerer oder geringerer Nähe mit einem Gürtel von Fabriken oder Miets-Casernen umzingelt zu werden. Warum sollte man eine solche Siedelung nicht noch etwas weiter von der Stadt abrücken, sich ein Gelände von größerem Umfange sichern und die Anlage der Colonie so treffen, dass sie sich allmälig zu einer selbständigen Stadt anwachsen könnte? (Es wäre dabei nicht ausgeschlossen, dass die neue Siedelung an eine vorhandene Ortschaft, etwa an ein hübsches Landstädtchen sich anlehnte.) Der Bebauungs-Plan müsste von vornherein so bemessen sein, dass die Entwicklungs-Fähigkeit der Ortschaft eine unbeschränkte und dabei der planmäßige Charakter der Anlage und ihre vernünftige Gliederung für immer gewahrt bleibt. Der Lösung dieses Problems gelten meine Vorschläge. Die Missstände der heutigen Großstadt könnten dabei auf's gründlichste vermieden werden.

Zur Anbahnung eines solchen Unternehmens bedarf es nun gar keiner außerordentlichen Maßregeln. Es bestehen in mehreren Städten (so in Hannover, Stuttgart, Leipzig) sogenannte „Spar-Bau-Vereine", deren Zweck es ist, ihren Mitgliedern billige, gesunde und bequeme Wohnungen in Einfamilienhäusern mit Gartenplätzen vor der Stadt zu beschaffen. Die Beteiligung an diesen Vereinen ist überall eine rege; sie zeigen eine rasche gedeihliche Entwicklung. Die Vereine als „Eingetr. Genossenschaften mit beschr. Haftpflicht" erwerben vor den Thoren der Stadt in gesunder Lage, wo der Boden noch nicht allzu sehr durch Spekulation verteuert ist, einige Morgen Land und beginnen dort mit der Anlage von Gärten und dem Bau hübscher Landhäuschen, die den Mitgliedern gegen billigen Zins in Miete oder auch gegen allmälige Abzahlung als Eigentum überlassen werden. Die erforderlichen Mittel beschaffen die Vereine durch Spar-Einlagen ihrer Mitglieder; zudem aber genießen sie Bankkredit, so dass sie unt. Umst. ohne eigene Kapitalien sofort ihre Arbeit beginnen konnten. Da seit allgemeinerer Einführung der elektrischen Straßenbahnen die Entfernungen keine so wesentliche Rolle mehr spielen, können solche Siedelungen ohne Schaden 5 oder 10 Kilom. Und noch weiter von der Stadt abliegen.

In ganz ähnlicher Weise könnte die Anlage begonnen werden, die zur Verwirklichung des vorgeschlagenen Städteplanes führen soll. Es würde sich nur darum handeln, die ganze Planung auf breiterer Grundlage zu beginnen, den Gang der Bebauung auf größere Zeiträume vorzusehen und das System der Zonen-Einteilung zu Grunde zu legen. Wird das Unternehmen zugleich auf dem Prinzip der Boden-Gemeinschaft durchgeführt, so das Grund und Boden für alle Zeiten Eigentum der Gemeinde bzw. der Genossenschaft bleibt, so ergeben sich daraus eine Reihe augenfälliger Vorteile. Die freie Verfügbarkeit der Gemeinde über allen Baugrund sichert einer Stadt erst eine vernünftige Entwicklung, wobei nicht nur den Verkehrs-Interessen, sondern auch den gesundheitlichen und schönheitlichen Ansprüchen volles Genüge geleistet werden kann. Aller Bodenwucher und Mietwucher wäre fern gehalten, und die Gemeinde würde aus der Bodenpacht so ansehnliche und gesicherte Einkünfte beziehen, dass vielleicht jede andere communale Steuer entbehrlich wäre. Zugleich wäre auf solche Weise ein Versuch mit der Verwirklichung der Bodenrechts-Reform in kleinerem Maßstabe gemacht, dessen Gelingen für die größeren Gemeinschaft des Staates vorbildlich werden könnte. Es ist nicht einzusehen, warum man zur Wahrmachung der Bodenreform in ferne unkultivierte Erdteile gehen sollte, wie es vor einigen Jahren versucht und verfehlt worden ist. Unsere Landes-Gesetze stehen der Einführung von Bodenpacht und Unverschuldbarkeits-Erklärung der Liegenschaften auf Grund eines Genossenschafts-Statutes keinesfalls im Wege. Mit dieser Unverschuldbarkeit würde sich aber auf die neue Gemeinde ein freier gesunder Geist niederlassen, der sie vor eine Reihe schwerster Fährnisse bewahrte. Mit diesem einen Grundsatz wären alle jene verderblichen Formen eines Schein-Besitzrechtes ausgeschlossen, die den städtischen Besitz heute verunstalten. Ist doch der städtische Hausbesitzer oftmals nur der herzlose Vertreter der Interessen seiner kapitalistischen Hintermänner, ein Zustand, der den Mieter zum Zins-Sklaven entwürdigt.

Wegen Vernachlässigung dieser wichtigen Grundlage bei neuen Siedelungen ist zu befürchten, dass die oben erwähnten gutgemeinten Spar-Bauvereine nichts Dauerndes schaffen, denn auch sie sind in Gefahr, sehr bald von Hypotheken-Banken in den Dienst des Kapitals gezogen zu werden.

Die Verwirklichung des vorgeschlagenen Stadt-Planes hängt nun keineswegs davon ab, dass die begonnene Siedelung durchaus eine neue Großstadt ergeben müsste; vielmehr kann die Colonie in jedem Stadium der Entwicklung ein abgeschlossenes und lebensfähiges Ganzes bilden. Kommt es nur zu einer Siedelung von einigen Dutzend Häusern, so werden auch diese, wie viele andere kleine Gemeinden, für sich bestehen können – ohne Schaden für den Einzelnen wie für die Allgemeinheit. Die neue Gemeinde braucht sich keineswegs voreilig in Kosten zu stürzen – etwa durch die Herrichtung großer Straßenzüge; sie wird vielmehr Schritt für Schritt nur das Unternehmen, was sich als Bedürfnis herausstellt und was sie mit ihren Mitteln bewältigen kann. Die vorherige Festlegung eines großen Bebauungs-Planes soll nur verhindern, dass die Gemeinde bei starker Entwicklung gewissermaßen mit sich selbst in`s Gedränge gerät und durch planlose Flickarbeit jenem formlosen und unökonomischen Zustande verfällt, der unseren heutigen Städten wie eine ewige Krankheit anhaftet, fortwährend die Vergeudung unsinniger Summen erfordernd.

Daß die neue Gemeinde aber seinen Zuzug erfahren sollte, ist bei richtiger Wahl der Lage und angesichts der wirtschaftlichen und sonstigen Vorteile, die sie zu bieten vermag, kaum zu befürchten. Die billige Bodenpacht ermöglicht vor allem wohlfeile geräumige Wohnungen; sie gestattet Jedem, selbst dem Arbeiter, die mietweise Erwerbung eines Gartenplatzes, sie sichert vor allem eine weitläufigere, luftigere Bebauung und dadurch bessere gesundheitliche Zustände. Kommen billige Lebensmittel hinzu (und das ist recht wohl möglich, weil die ungeheuren Ladenmieten der heutigen Großstädte in Wegfall kommen), so ist bei relativ billigen Löhnen auch eine billige gewerbliche Produktion möglich, die dann ihrerseits ebenfalls das Gedeihen der Gemeinde begünstigen würde. Selbst schon die Niedrigkeit oder das gänzliche Fehlen der communalen Steuern dürfte eine mächtige Anziehungs-Kraft üben.

Die Gemeinde müsste allerdings in der Aufnahme des fremden Zuzuges wählerisch zu Werke gehen. Als Genossenschaft könnte sie sich das Recht wahren, die Aufnahme-Fähigkeit an strenge Bedingungen zu knüpfen und alle unliebsamen Elemente fern zu halten. Körperliche und moralische Gesundheit wären vor allem zu fordern.

Ginge die Bildung einer solchen Gemeinde von einer Anzahl gesinnungs-verwandter Elemente aus, die in ihren geistigen und sittlichen Bestrebungen im großen Ganzen einig wären, so ließen sich allerlei wichtige Reformen anbahnen, - Reformen, die heute sozus. In der Luft liegen, deren Verwirklichung aber an der Trägheit einer zerfahrenen Masse und an dem Widerstande veralteter Institutionen scheitert. - So auf dem Gebiete der Schulung, der Rechtspflege, der Religions-Uebung, der gesellschaftlichen Gebräuche, - was Aeußerlichkeiten anbelangt: hinsichtlich des Baustiles, der Trachten u. ähnl. m. Auch auf wirtschaftlichem Gebiete wäre Manches mit Leichtigkeit wahr zu machen, was heute in einer übergroßen unorganischen Masse undurchführbar erscheint. Daß die Gemeinde zugleich eine Ein- und Verkaufs-Genossenschaft – wenigstens für die alltäglichsten Lebens-Bedürfnisse – bildete und auf solche Weise allen schädlichen Zwischen-Handel fern hielte, erscheint selbstverständlich. Wie weit das Genossenschafts-Wesen auch auf die gewerbliche Produktion auszudehnen wäre, würde der praktische Versuch lehren. Ein starkes Gemein-Interesse würde auf die Pflege von Kunst und Kunst-Handwerk hinarbeiten, so dass – im Verein mit einer neuen eigenartigen Umgebung, malerischen Trachten, vernünftigeren Gebräuchen und Volkssitten im Laufe der Jahrzehnte sich an der geplanten Kulturstätte recht wohl etwas wie ein neuer Kunststil herausbilden könnte – ja mehr noch: das Hoffen Vieler, eine freie ungetrübte Entfaltung deutschen Wesens in Geist, Sitte und Geschmack, jene das mittelalterliche Stadtleben zierende Gemüts-Frische und Humor-Fülle – in Summa: deutsche Lebenskunst und kunstgestaltetes Leben – eine deutsche Kultur .

Eine gewisse Abgeschlossenheit für solche Pflanzschule deutschen Lebens scheint aber durchaus erforderlich; man kann nicht auf lärmender Straße pflanzen, was als zarter Keim für sein erstes Gedeihen Ruhe und bedeutsame Pflege braucht. Das rohe Getümmel der heutigen Erwerbs- und Genuß-Gier ist der Entfaltung edlerer Geistesblüten feindlich und zertritt im vornherein alle Samen einer zukunftsfrohen Saat. Wie feindlich allein ist das heutige Großstadt-Leben einer vernünftigen edleren Jugend-Erziehung! Schon die Sorge um seine Knaben und Mädchen sollte einen gewissenhaften Vater aus Städten hinaus treiben, die sich den Namen von „Laster-Paradiesen" erworben haben. – Und wenn aus der neuen Gemeinde zunächst nichts weiter würde als der Sitz einer neuen Erziehungs-Anstalt, etwa einer neuen Gewerbe- oder Kunst-Schule, eines neuartigen Seminars für Volksbildner, in einer Umgebung, wo alle jene verderblichen Einflüsse fern gehalten wären, die heute das unselbständige Gemüt der Jugend umlauern, so wäre damit schon ein Verdienstliches geschaffen. –

Je länger man unser öffentliches Leben betrachtet, desto mehr wird es einem zur Gewissheit, dass all die schönen Reform-Ziele, um die sich die besten Geister abmühen, in absehbarer Zeit für die große Gesamtheit der Nation nicht erreichbar sind. Alte Gesetze und Rechte, alte Vorurteile, Gebräuche und Gewohnheiten, und nicht zum mindesten: alte Laster und Laster-Interessen treten überall hemmend und mit Uebermacht in den Weg. Alte Schuld und alte Schulden, geistige, sittliche und materielle, lasten überall erdrückend auf dem Leben und ersticken jede Sehnsucht nach freiem Aufschwung schon im Keimen. Die neue Gemeinde könnte – wie eine junge Welt – unbeschuldet und unbelastet, unbeengt durch alte Rechte und Vorrechte auf den Plan treten, frei und fröhlich ihr Werk beginnend. Sie würde freie Bahn haben für eine Verbesserung des privaten und öffentlichen Lebens, für die Schaffen vollkommnerer Dasein-Formen; sie könnte im engeren Kreise versuchen, was dem großen Ganzen später als Muster dienen würde. Sie könnte sich Experimente gestatten, die am großen Staatsganzen verhängnisvoll – wenn nicht unmöglich erscheinen. Denn es ist auf alle Fälle gefährlich, durch allzu rasche einschneidende Neugestaltungen die gesammte Nation plötzlich

Auf neue Grundlagen stellen zu wollen – eine Erfahrung aller Revolutionen und Reformationen, die mehr als alles Andere lähmend auf den Genius der Deutschen gewirkt hat. In diesem Gefühl der Gefährlichkeit wagt man heute nirgend einen entscheidenden Schritt, beschränkt sich auf die notdürftigste Ausbesserungs-Arbeit und auf theoretische Erörterungen künftiger erstrebenswerter Ziele. So werden alle Reformen heute lediglich auf dem Papiere betrieben. Wer aber mit der Zuversicht sich tröstet, dass alles ernstlich Erstrebte früher oder später doch Wirklichkeit werden müsse, dem sei zu bedenken gegeben, dass heute, in dem Zeitalter der Geschwindigkeit, auch die Entwicklung nach der ungünstigen Seite hin mit beschleunigten Schritten vorangeht. Und so steht zu befürchten, dass wir mit allen wohlgemeinten Reformen, die an einer großen schwerbeweglichen Masse sich nur langsam durchführen lassen, hinter dem unheilvollen Gang der Dinge immer mehr zurückbleiben. Das Abwärtsgleiten und Zusammenstürzen pflegt rascher zu geben als das Aufsteigen und Aufbauen. –

Was aber am großen Ganzen auf einmal zu vollbringen ein übermenschliches Werk erscheint, das kann an einem kleinen allmälig wachsenden Gemeinwesen sich als ein einfacher Wachstums-Prozeß vollziehen. Schritt für Schritt, den Bedürfnissen Rechnung tragen, können hier die Formen und Gestaltungen gefunden werden, die dem neuen Geiste eine neue Ordnung geben.

Die alte Ordnung gleicht einem alten vermorschenden Baume, dessen Zweige mit Schlinggewächsen aller Art durchwachsen, mit brüchigen Resten beladen, zu einem unentwirrbaren Knäuel verschlugen sind, worin es beständig bröckelt und bricht. Wer will einem solchen Baume neue Aeste einsetzen? Ist es nicht besser, dem alten Stamme ein junges triebkräftiges Reiß zu entnehmen und es an geschützter Stelle dem Boden anzuvertrauen, - daraus einen jungen Stamm zu züchten?

Wer genauer zusieht, wird erkennen, dass es sich bei der geplanten Gemeinde-Gründung um mehr handelt, als etwa nur um eine technische Verbesserung, eine bloße geometrische Absonderlichkeit in der Anlage eines Stadtplanes. Die Stadt giebt nur die äußere Hülle ab, den Kern bilden die inneren Ziele: der neue Geist, die neue Ordnung. Daß die Aufgabe hier scheinbar am verkehrten – nämlich am äußerlichsten Ende angefasst wurde, ist nicht ohne Vorbedacht geschehen. Unsere Reform-Pläne sollen sich an etwas Wirkliches und Greifbares anschließen: sie sollen nicht länger haltlos in der Luft zu schweben: sie sollten Wurzel fassen im Boden der Wirklichkeit – von der Theorie zur That übergehen. Auf den Umfang des Beginnens kommt es zunächst nicht an. Es handelt sich um eine experimentelle Feststellung, deren Ergebnis sich ebenso leicht auf das große Ganze wird übertragen lassen wie des Chemikers Erfahrung im Laboratorium auf Massen-Verarbeitung, wie des Technikers Versuche am Modell auf die Ausführung im Großen.

Der neue Geist soll nicht mehr ungebunden und zerfahren umher schweifen im unbegrenzten Raume, er soll an das Realste alles Erdenslebens geknüpft werden: an die Scholle. Der neue Geist braucht zunächst ein neues Haus, einen festen Wohnsitz. Wie aber die neue Gemeinde nicht ein zufällig Zusammengewürfeltes sondern einen wohlgegliederten Organismus darstelllen soll, so soll das organische Gefüge auch in dem äußeren Aufbau ihres Wohnsitzes zum Ausdruck kommen. Mag in diesem Sinne der vorliegende Stadtplan nichts vorstellen, als eine Art Banner, ein Wahrzeichen und Sinnbild, das andeuten will, wie an Stelle von etwas Planlosen ein vernünftig Geordnetes zu treten habe. –

Die Schwierigkeit, die darin liegen könnte, die immerhin manchfach gearteten Geister in einer solchen Gemeinde zu einigen und zu binden, würde gerade durch die Einwirkung ganz konkreter äußerlicher Angaben am glücklichsten über wunden werden. Gewiß würde von Anbeginn ein stark pulsierendes Leben in solcher Gemeinschaft entstehen und mancherlei widerstrebende Anschauungen würden aufeinander stoßen. Allein, gerade hierbei würde die räumliche Grundlage der Siedelung, das gemeinsam besessene Stück vaterländischer Grund und Boden, einen festen Halt bieten und dessen Pflege, Hebung und Verschönerung allem Streben einen Mittelpunkt geben. Hier findet der zerfahrene Wille einer Mehrheit den gemeinsamen Bethätigungs-Boden, ein ernstes Gemein-Interesse. In der Gemeinde-Arbeit aber würde ein neuer sozialer Geist kräftig Wurzel schlagen und allmälig von den äußeren Dingen mehr und mehr zu einer planvollen Pflege der inneren Güter sich wenden. Das zerklüftet denn heute die Nation in eine Reihe feindseliger Gruppen und Parteien? Vor allem doch der Widerstreit der materiellen Interessen. Wo nun von vornherein ein gut Teil dieser Interessen gemeinsame sind, sollte sich da nicht leichter als sonst Eintracht schaffen lassen? –

Sollten sich nun wirklich die Menschen und Mittel zur Verwirklichung dieses Planes nicht finden? – Wir hoffen es dennoch! – Noch lebt Streben und Wagemut in vielen Einzelnen; wir werden sie zu finden wissen. Unser Unternehmen hat den Vorteil, dass es sich nicht an den zerfließenden Begriff der Menschheit wendet, sondern an wenige Einsichtige, - dass es sich nicht in hohen Lüften sondern ernst und nüchtern auf dem Erdboden bewegt.

Sollte es dennoch auf halbem Wege in's Stocken geraten – was ist dann Großes verloren? Neben einigen zerstörten Illusionen – nichts. Die neue Ortschaft würde, wie jede andere kleine Gemeinde, in gewohnter Alltäglichkeit weiter bestehen, und der zur Herrschaft gelangte Philister fände am neu aufgerichteten Biertische passende Gelegenheit zu demonstriren, warum alles so kommen musste, wie es kam!....

Der Staat würfe die Siedelung schlimmsten Falls ignoriren. Jedenfalls hätte er keine Ursache, ihr das Leben zu erschweren. Würde seinen maßgebenden Kreisen ein volles Verständnis für die uns bewegenden Absichten erweckt, so wäre selbst eine Förderung von dieser Seite nicht ausgeschlossen. Jedoch soll man darauf nicht warten. Gemeinde-Leben ist ein anderes als Staatsleben; wir kranken an zu viel Staat und zu wenig Gemeinde. – Dem Staate wachsen zudem die Sorgen und Pflichten über den Kopf; er könnte es sich gefallen lassen, wenn irgendwo der Versuch gemacht würde, ihn eines Teiles seiner Sorgen durch vernünftige Lebens-Gestaltung zu entheben. –

Was die finanzielle Seite des Unternehmens anbetrifft, so sind hier keine sonderlichen Schwierigkeiten zu erblicken. Um die Aufbringung gewaltiger Summen handelt es sich dabei nicht. Leute, die in landschaftlich angenehmer Lage sich ein Häuschen bauen wollen und die nötigen Mittel dazu besitzen, finden sich alle Tage. Es würde sich also nur um die ersten Erwerbungs-Kosten für ein geeignetes Gelände handeln. Freilich müsste, um die freie Entfaltung des neuen Gebildes auf lange Zeit hinaus zu sichern und die störenden Eingriffe der Spekulation fern zu halten, die zu erwerbende Fläche möglichst groß bemessen sein. Zur Aufbringung der nötigen Mittel könnte ähnlich verfahren werden, wie bei den schon erwähnten Spar-Bau-Vereinen. Vielleicht auch finden sich einige begüterte Freunde dieser Bestrebungen, die, ohne selbst in der Gemeinde wohnen zu wollen, durch Darleihung oder Schenkung größerer Beträge das Unternehmen fördern. Werden nicht alljährlich große Summen für die fragwürdigsten Zwecke gestiftet? – warum sollten sich nicht Gönner für diese vernünftigste und dringendste aller Aufgaben finden?

Das rechnerische Exempel für das Unternehmen ist etwa folgendes: In den weniger dicht bevölkerten Bezirken unsres Vaterlandes ist der Morgen Land (2500 qm) für den Preis von 150-250 M. zu erwerben, in verkehrsreicheren Gegenden für 500-800 M.*) Nehmen wir einen hohen Mittelpreis von 500 M. an (der wertvollste Ackerboden braucht es ja nicht zu sein, den man zur Bebauung bestimmt), so lassen sich für 100.00 M. schon 200 preuß. Morgen (50 Hektar) Land erwerben, Raum genug, um darauf eine Gemeinde von einigen tausend Köpfen nach und nach unterzubringen. Nehmen wir an, dass ein reichliches Drittel der Fläche für Straßen, öffentliche Plätze und Anlagen bewahrt bleibt, so wären für die Bebauung etwa 325.000 qm übrig. Wird der Pachtzins im Durchschnitt auf 20 Pfg. pro qm angesetzt, **)so würde nach völliger Bebauung der verfügbaren Fläche allein aus der Bodenpacht eine jährliche Einnahme von 65 000 M. der Gemeinde-Verwaltung zufließen, genug, um daraus einen großen Teil der öffentlichen Aufwendungen zu bestreiten.

Bei den großen Vorzügen, die der vorgeschlagene Bebauungs-Plan allein schon in wirtschaftlicher und verkehrlicher Hinsicht bietet, würde eine solche Stadt-Anlage selbst in rein kapitalistischer Hinsicht ein rentables Unternehmen bilden. Jeder von Ackergrund in Baugrund verwandelter Boden erfährt eine erhebliche Wert-Steigerung. Der Wert-Zuwachs wird unter gewöhnlichen Umständen von einzelnen Unternehmern mit Beschlag belegt. Bliebe er der Gemeinde bzw. Genossenschaft erhalten, so wäre schon dadurch deren wirtschaftliches Prosperiren gesichert. Das kann nicht genug betont werden, weil es das wirtschaftliche Schwergewicht des Unternehmens bildet.

Wäre erstein gedeihlicher Anfang gemacht, so brauchte man um ein Weiterkommen sich nicht groß zu bangen. Die reizvollen neuen Verhältnisse in solcher Gemeinde, die sonstigen günstigen Lebens-Bedingungen und eine gute soziale Ordnung, die Fernhaltung aller jener unerquicklichen zerfahrenden Zustände und lästigen Beeinträchtigungen des modernen Lebens würden auf moralisch gesunde und tüchtige Bevölkerungs-Elemente gewiß eine lebhafte Anziehungs-Kraft äußern. Das Gedeihen der Gemeinde aber in ihrer neuen Lebens-Ordnung würde eine eindringlichere Sprache reden als alle akademischen Erörterungen und schönen Reform-Vorschläge, die sich immer nur auf dem Papiere bewegen.

Auf eine gute und reinliche Lebensführung würde es ankommen! Wenn es aber richtig ist, dass viele der scheußlichen Laster, mit denen wir die moderne Menschheit befleckt sehen, ihren Ursprung haben in wüsten wirtschaftlichen Zuständen und allgemeiner Lebens-Verwilderung, in geistiger, sittlicher und wirtschaftlicher Not, so sollte es wohl nicht schwer fallen, aus einer organisch geordneten Gemeinde die größte Masse dieser Untugenden auszuscheiden. Eine größere Gemeinde aber, in der es keine Trunksucht, keine Bankrotte, keine Prostitution, keine Verbrechen, keine Selbstmorde gäbe, würde gewiß die Augen der Welt auf sich lenken und zur Würdigung und Nachahmung ihrer Grundsätze und Einrichtungen anregen.

Leipzig, im Febr. 1897
Theod. Fritsch.

---

*) *In der Nähe großer Städte ist er allerdings wesentlich teurer; andrerseits wird gegenwärtig infolge der Erträgnißlosigkeit der Landwirtschaft der Boden in einzelnen Gegenden (so in Württemberg) zu 60-80 M. pro Morgen käuflich ausgeboten. (Febr. 1897).*

**) *Im Innern der Großstädte werden nicht selten mehrere hundert Mark als Kaufpreis für jeden Quadratmeter Baufläche bezahlt, so dass hier der Quadratmeter oft mit 10-20 Mark jährlicher Zinsabgabe belastet ist! -*

Garten-Städte

Hammer Nr. 14, 15. Januar 1903

Es ist ein eigentümliches Verhängnis des deutschen Volkes, daß seine Gedanken und Erfindungen oft erst den Weg über das Ausland nehmen müssen, ehe sie im eigenen Vaterlande zu Beachtung und Anerkennung gelangen. Im Jahre 1896 erschien in Leipzig eine Schrift „Die Stadt der Zukunft". Es wird darin der planmäßige Aufbau von Städten nach einem System gelehrt, das mit den gesundheitlichen und schönheitlichen Interessen auch allerlei praktische und technische Vorteile verbindet Die eigentliche Stadt ist in Zonen gegliedert gedacht, deren jede einzelne bestimmten wirtschaftlichen Aufgaben dient, vor allem aber sind über das Ganze Gärten und Parks reichlich verteilt, so daß den gesundheitlichen Ansprüchen volles Genüge getan wird. Einige größere Stadtpläne und eine Reihe kleinere Zeichnungen veranschaulichen die Idee.

In einer Begleitschrift „Die neue Gemeinde" legt der Verfasser dar, wie mit diesem planmäßigen äußeren Aufbau auch allerlei innere Reformen des neuen Gemeinwesens Hand in Hand gehen können. Er denkt sich diese neuen Städte als die Wohnsitze von Reformgemeinden, die ihre gesamte Lebensführung auf neuen Grundsätzen aufbauen wollen. Vor allem ist dem Gedanken der Bodenbesitz-Reform hier in einfachster Weise der Weg zur Verwirklichung gewiesen. Das gesamte Stadtgebiet ist als Gemeinbesitz gedacht, so daß jeder Haus- und Garteneigentümer als Pächter nur eine mäßige Bodenabgabe an die Gemeinde zu zahlen hat. Die Erträgnisse hieraus denkt sich der Verfasser hinreichend, um alle Kosten des Gemeinwesens zu bestreiten, so daß jede andere Kommunalabgabe entbehrlich würde, die Bürger somit steuerfrei wären. Auch die Mietwohnungen in dieser Stadt würden, da jede Bodenverteuerung durch Spekulation ausgeschlossen ist, weit billiger sein als in den heutigen Großstädten, und jedem Bewohner wäre für geringes Geld der Besitz eines Gartens ermöglicht Aber auch soziale und sittliche Reformen, hinsichtlich des Schulwesens, der Religionsübung, der Kunstpflege und der gesamten Lebensführung denkt sich der Verfasser, Th. Fritsch, mit diesen neuen Städtegründungen verknüpft. -

Das Schriftchen und seine Anregungen haben damals in Deutschland keine Beachtung enden können. Einige einflussreiche und begüterte Männer, die der Verfasser für den Plan zu interessieren suchte, beglückwünschten ihn zwar zu den hübschen Gedanken und schrieben, daß es herrlich schön sein müsste, wenn die Menschheit jemals in solchen Städten wohnen könnte, aber wir würden es wohl nicht erleben. - Daß sie selber zur Verwirklichung dieses Planes etwas beitragen könnten, der Gedanke kam ihnen gar nicht. –

Jetzt hat sich das Bild auf einmal geändert! Einige Jahre nach Fritsch hat ein Engländer, Ebenezer Howard, eine Schrift unter dem Titel „Garden Cities" erscheinen lassen, die nun auf einmal eine lebhafte Bewegung für diese Ziele, auch in Deutschland, hat entstehen lassen.

Es bildete sich zwar schließlich in Berlin ein Syndikat, das den Bau solcher Städte besonders im Osten des Reiches anregen wollte, um dort durch eine neue Art von Ko-

Ionisation den deutschen Mittelstand zu stärken, aber mangels aller Mittel und jeder praktischen Unterstützung löste es sich bald wieder auf. –

In England ist man sofort daran gegangen, die Idee zu verwirklichen. Vermögende Leute haben sogleich ansehnliche Summen freiwillig für die Sache gezeichnet, es haben sich Gartenstadt-Vereinigungen gebildet und bereits hat in Bournville und anderen Punkten der Aufbau solcher Gartenstädte begonnen.

Howard bewegt sich völlig in den Gedankenkreisen Fritsch's. Er befürwortet den gleichen ringförmigen zonenweisen Aufbau mit dem großen Mittelpark für monumentale Gebäude usw., ganz wie ihn die Fritsch'schen Stadtpläne zeigen. Auch er will mit diesem Städteaufbau allerlei andere Reformziele vereinigt sehen.

Nachdem nun in England ein Vorbild gegeben ist, haben diese Gedanken plötzlich auch in Deutschland fruchtbaren Boden gefunden. Es hat sich in Berlin (...) eine Gartenstadt-Gesellschaft gebildet, die zunächst durch Schriften, Flugblätter und Vortrage eine lebhafte Propaganda für die Idee entfalten will und Mittel zusammenzubringen hofft, um dem Plane Verwirklichung zu verschaffen.

Zum Gelingen solcher Unternehmungen ist freilich noch mancherlei zu beachten nötig. Soll es sich nicht um ein bloßes Zusammenwürfeln fremdartiger Volksbestandteile handeln, die in ihrer Geistesrichtung weit auseinander streben, – soll dem neuen Gemein-Wesen auch eine neue Seele innewohnen, so ist eine strenge Auslese unter den zuzulassenden Personen zu treffen. Denn mit der neuen Gemeinde sollten sich auch züchterische Ziele verbinden. Darum dürfen vor allem die völkerpsychologischen Erfahrungen der letzten Jahrtausende nicht missachtet werden, und es sind unbedingt die Elemente fernzuhalten, die sich von jeher zum Aufgehen in einer sittlichen Ordnung, zur Eingliederung in einen gesunden Organismus als unfähig erwiesen haben und daher zu allen Zeiten die Zerrütterer der Kulturen gewesen sind.

Die Erneuerungs-Gemeinde

Hammer Nr.147, 1. August 1908.

Mit der Bildung einer neuen Lebensgemeinschaft im Hammer-Sinne wird es Ernst. Auf die wiederholten Aufrufe hin, die im Anzeigenteil des Hammer erschienen, haben sich bisher 60 Personen gemeldet, die sich an dem Unternehmen beteiligen wollen. Einige davon besitzen mäßige Mittel, die sie als Genossenschaftskapital in das Unternehmen hinein zu geben beabsichtigen; andere sind mittellos und stellen nur ihre Arbeitskraft zur Verfügung, erklären aber auf Vorhalt von dem Ernst und der Schwierigkeit des Schrittes, daß sie sich vor keiner Arbeit scheuen und ihre Lebensansprüche auf ein bescheidenes Maß herabstimmen wollen. Alle sind von dem Gefühl durchdrungen, daß ihnen das heutige ausartende Kulturleben keine Befriedigung mehr gewähren kann und keinerlei Sicherheit für ihre Zukunft und für das gesunde Gedeihen ihres Geschlechts bietet Sie sind darum entschlossen, ein Leben auf neuen vernünftigen Grundlagen zu beginnen.

Es sind nun bereits Unterhandlungen eingeleitet wegen Erwerb eines geeigneten Geländes. Einige Abgesandte der neuen Gemeinde haben in den letzten Wochen Holstein, Mecklenburg, Pommern und Westpreußen bereist, um eine Anzahl Güter zu besichtigen, die zum Kauf angeboten waren. Da die Siedelung den Charakter einer Gartenbau-Kolonie tragen soll, so wird es bei dem Landerwerb wesentlich auf zweierlei ankommen: erstens auf einen mindestens mittelguten, nicht zu schweren Boden und dann auf eine landschaftlich reizvolle Lage in einer nicht zu dicht bevölkerten Gegend, wo der jungen Gemeinde eine gewisse Ausdehnungsfähigkeit gesichert ist. Solchen Ansprüchen genügen nur zwei oder drei der besichtigten Güter mit deren Besitzern Kaufverhandlungen im Gange sind.

Wie sind nun die Aussichten für ein solches Unternehmen? Es wird nicht an Leuten fehlen, die das Beginnen für äußerst waghalsig halten und nichts wie Schwierigkeiten dabei erblicken. Das liegt heute so in der deutschen Art; der Deutsche traut sich selber nichts mehr zu. Und er bot alle Ursache zu solchen Bedenken, wenn er sich unsere ver-bildeten und verlehrten unpraktischen Stubenhocker vorstellt, die jede noch so einfa-che neuartige Aufgabe zu verpfuschen pflegen. Es wird alles darauf ankommen, daß die Leitung in den Händen einiger – auch in geschäftlichen Dingen – praktisch erfahrener Männer liegt. Und das ist diesmal der Fall.

Mehrere verunglückte Experimente aus den letzten zehn Jahren scheinen vor dem Unternehmen zu warnen. Bei genauerem Zusehen zeigt sich aber immer, daß (wie z.B. in dem Fall Josua Klein in Bülach in der Schweiz) phantastische Schwärmer die Leiter solcher Unternehmen waren, Leute, die weder mit dem Boden noch mit dem Gelde umzugehen wußten. Den verfehlten Versuchen stehen zum Glück auch gelungene gegenüber. Da ist vor allen Dingen die Siedelung „Eden" bei Oranienburg. Auch sie hat anfangs Schwierigkeiten zu überwinden gehabt, da viele Leute mit völlig irrigen Anschauungen dahin kamen. Manche glaubten, auf einem halben oder ganzen Mor-gen Land durch eigene Arbeit soviel Gemüse und Früchte erbauen zu können, daß sie mit ihrer Familie davon leben könnten. Solche Voraussetzungen mußten natürlich

Enttäuschungen bringen, und mancher hat damals der Kolonie verdrossen wieder den Rücken gekehrt. Heute aber, nachdem sich unter den Zuzüglern die nötige Auslese vollzogen hat, gedeiht die Kolonie unter der geschickten und aufopfernden Leitung von Otto Jackisch ganz vortrefflich. Sie ist etwa von 100 Parteien bewohnt und zählt über 300 Köpfe. Allerdings nährt sich nur der fünfte Teil der Siedler vollständig von den Gartenbau-Erträgen, während der übrige Großteil aus kleinen Rentnern und solchen besteht, die außerhalb der Kolonie ihrem Erwerb nachgehen und den Gartenbau nur als Nebenerwerb behandeln.

Leider ist nun Eden keiner weiteren Ausdehnung fähig. Die Genossenschaft hat im Anfang nur 220 Morgen Land erworben, die bereits völlig aufgeteilt sind. (…)

Es wird sich nun darum handeln, die Fehler von Eden zu vermeiden und auch sonst die dort gesammelten Erfahrungen sich zunutze zu machen. Vor allem muß die neue Siedelung sich Land genug sichern, um nicht sobald von der Spekulation eingeschnürt zu werden. Die Gemeinde beabsichtigt daher, mindestens 1000-2000 Morgen (250-500 Hektar) zu kaufen, und zwar von einem Boden, der wesentlich besser ist, als der märkische Sand bei Berlin.

Wenn nun auch hohe ideale Ziele das feste geistige Band für die neue Gemeinde bilden sollen, so ist doch vor allem nötig, sie auf solide wirtschaftliche Grundlagen zu stellen. Und das kann in folgender Weise geschehen.

Für die Bewirtschaftung des Bodens sollen zwei Möglichkeiten vorgesehen sein: Gemeinwirtschaft und Einzelwirtschaft. Diejenigen Siedler, die in Gartenbau und Landwirtschaft genügend erfahren sind und Mittel genug besitzen, um einen eigenen Betrieb ins Leben zu rufen, pachten von der Gemeinde ein Stück Gelände in beliebiger Größe und bestellen es in ihrer Weise. Soweit sie überschüssige Erzeugnisse abzusetzen haben, steht es ihnen frei, sich in und außerhalb der Kolonie Absatz zu suchen. Sie treiben also völlige Privatwirtschaft, nur daß ihr Grund und Boden der Gemeinde gehört und der übliche Pachtschilling zu zahlen ist. Gedeiht diese Einzelwirtschaft und hat der Besitzer das Bedürfnis, seinen Betrieb zu vergrößern, so kann er noch weiteres Land dazu pachten. Umgekehrt: Findet der Einzelunternehmer nicht seine Rechnung im selbständigen Betriebe, so kann er seinen Pachtvertrag kündigen und sein Land ganz oder teilweise der Gemeinde zurückgeben.

Diejenigen Siedler aber, die weder Mittel noch Unternehmungsgeist für einen Eigenbetrieb besitzen, beteiligen sich mit ihrer Arbeitskraft am Gemeinbetriebe und haben Anteil an dessen Ertrag. So ist ein doppelseitiges System geschaffen, das nach allen Seiten hin eine Entwicklungsmöglichkeit gestattet, sowohl dem individuellen wie dem sozialen Gedanken. Der Arbeiter im Gemeinbetriebe hat jederzeit das Recht, durch Pachtung zum Eigenbetrieb überzugehen; dem Eigenbetriebsinhaber andrerseits steht die Möglichkeit offen, wenn ihm die Last und Sorge zu groß wird, die Eigenwirtschaft aufzugeben und sich dem Gemeinbetriebe anzuschließen. Es ist ihm auf jede Weise ein Weg gegeben, sich seine Zukunft zu sichern, so oder so. Er braucht nicht zum hoffnungslosen Bettler herabzusinken, wenn er nicht mehr die Kraft besitzt, wirtschaftlich auf eigenen Füßen zu stehen.

Diese Mischung von individualistischem und kommunistischem Betrieb läßt die größte Mannigfaltigkeit zu und erlaubt gleichsam jedem, „nach seiner Fassung selig zu werden". Die individuelle Anlage wird es entscheiden, ob jemand sich bei dem individualistischen oder dem kommunistischen Prinzip glücklicher fühlt. Vielfach wird sich auch hier eine Doppelseitigkeit herausbilden: Die meisten werden gern ein Stückchen Gartenland für den Eigenbetrieb besitzen wollen, im übrigen aber ihre überschüssige Arbeitskraft im Gemeinbetriebe verwerten. Es wird das ungefähr jenes Verhältnis sein, wie heute der Kleinbauer oder Büdner sein eigenes Feld bestellt und in seiner Freizeit mit den Seinigen gegen Lohn noch auf dem Rittergut arbeiten geht. Ein großer Unterschied ist nur der, daß in der neuen Gemeinde jeder auch an dem Ertrage der Arbeit teilnimmt, ihm somit der Mehrwert seiner Arbeit nicht verloren geht. Denn er arbeitet auch im Gemeinbetriebe nicht für andere, sondern zu seinem Teile für sich.

Aber noch in anderer Hinsicht will die Rentabilität des Unternehmens erwiesen sein; und das ist leicht, wenn man folgendes bedenkt. Der heutige Großgrundbesitz in wenig bevölkerter Gegend krankt an zwei Übeln; einmal fehlt es ihm an genügenden Arbeitskräften und ferner an lohnendem Absatz. Wer seine landwirtschaftlichen Produkte 10-15 Kilometer weit zur Eisenbahnstation schaffen und in weiter Ferne an einen Großhändler absetzen muß, der hat so gewaltige Unkosten und wird meist so schlechte Preise erzielen, daß der Betrieb nicht lohnt. Anders steht die Sache für eine Siedelungsgemeinde, die den größten Teil ihrer Erzeugnisse selbst verbraucht. Ihr wird es nicht an Arbeitshilfen fehlen und für ihre Erzeugnisse ist sie der eigene Abnehmer. Sie wird in sich einen möglichst fest geschlossenen Wirtschaftskreis bilden, der Produzenten und Konsumenten in sich vereinigt und nur einen Teil seiner Erzeugnisse nach außen abzusetzen braucht, um dafür diejenigen Waren einzutauschen, die er nicht selbst zu erzeugen vermag. Eine Menge Transportkosten, Spesen und Zwischenhändlergewinne werden hier in Wegfall kommen.

Das Exempel wird noch durch einen anderen Umstand sich günstig gestalten. Die Ansiedler werden von zweierlei Art sein. Außer denen, die unmittelbar von der Bodenbestellung sich nähren wollen, wird es noch eine andere Klasse geben, die vorwiegend als Konsumenten in Betracht kommen. Die billigen und reizvollen Lebensverhältnisse in der Kolonie werden auch manchen dorthin ziehen, der aus anderen Quellen ein mäßiges Einkommen besitzt und es dort verzehren will, wo es am meisten wert ist, ihm die meiste Bequemlichkeit bietet Wir denken dabei an kleine Rentner, Künstler, Gelehrte, Schriftsteller usw. Sie führen heute in den großen Städten oft ein kümmerliches Dasein, weil bei den teuren Mieten und Lebensmittelpreisen ihr Einkommen nur höchst unzulänglich ist. Wie ganz anders sich diese Verhältnisse in der neuen Landsiedelung stellen würden, ergibt sich aus ein paar geringfügigen Beispielen. (…)

Es müßte also merkwürdig zugehen, wenn die neue Siedelung, auf so vernünftigen Grundlagen errichtet und von vernünftigen praktischen Männern geleitet, nicht gedeihen wollte. Die bisherigen teilweisen Fehlschläge beweisen nichts, weil einige Kolonien schon durch die Phantastik ihrer Begründer den Todeskeim in sich trugen und überhaupt kein gesundes Wirtschaftsprinzip zur Grundlage hatten. Meist waren es unpraktische Köpfe. die ein bis ins Kleinste ausgearbeitetes Paragraphensystem aufstellten und dann das wirtschaftliche Leben in die so geschaffenen Zwangsformen pressen wollten, anstatt umgekehrt nach allmählich sich entwickelnden Lebensverhältnissen die genaueren geistigen und wirtschaftlichen Leitsätze zu bilden. Das Leben paßt sich keiner Formel an, sondern die Formel muß sich dem Leben anpassen.

Aber die neue Gemeinde wird ihren Siedlern nicht nur materielle, sondern auch geistige Kost zu bieten haben. Die Eintönigkeit des Landlebens ist es ja, die heute viele vom Lande hinweg scheucht. Das wird in der neuen Gemeinde vermieden werden. Es werden geistig regsame und tatkräftige Personen in ihr vereinigt sein. Wird sie sich doch überwiegend aus Leuten zusammensetzen, die des Hammer-Geistes voll sind, also nicht zu den Schlummerköpfen und Genußduselern gehören, die heute die große Masse bilden. Der Hammer hat durch seine rauhe Eigenart von jeher die Weichlinge und Feiglinge sich fern gehalten. Es werden auserlesene Menschen sein, die nach unserer Siedelung kommen, und darum wird es in ihrem Kreise nicht an geistigen Anregungen und auch nicht an künstlerischen Erhebungen fehlen. Die Aufgabe, Baulichkeiten, Möbel und andere Gegenstände in charakteristischer Eigenart und Einfachheit zu schaffen, die ganze Lebensführung so zu gestalten, daß sie in allen Stücken sich losringt von den herrschenden Unsitten der Dekadenz und Fäulnis, das allein wird so mächtige Impulse geben, daß ein freudiges Streben und Schaffen, an dem jeder teilhaben kann, die junge Gemeinde erfüllen wird. Neue Grundsätze in Schule und Erziehung und mancherlei andere Reformen werden alle Geister beschäftigen; und schließlich wird der Dichter und Sänger nicht fehlen, der diese junge Welt verschönt und wie auf Flügeln empor trägt.

Eine einfache malerische Tracht wird die Gemeindeglieder von der Umgebung unterscheiden, das Zusammengehörigkeitsgefühl in ihnen erhöhen und all ihrem Tun und Treiben, ihren Festen und feierlichen Aufzügen wie ihrer Arbeit einen neuen Reiz verleihen. Es ist eine Unsitte in unseren Tagen, daß man zur Arbeit die schlechtesten und häßlichsten Kleider anlegt und dadurch die Arbeit selbst verhäßlicht und den, der sie verrichtet, entwürdigt. Die Burschen und Mädchen in unserer Kolonie werden mit bunten lustigen Gewändern zur Feldarbeit ausziehen, unter Scherz und Gesang ihre Arbeit verrichten, sie wird ihnen zur Lustbarkeit werden. Denn die Arbeit ist bei uns nicht ein Werk der Sklaven, sondern der Freien; freier Wille führt sie an und jeder fühlt, er arbeitet für sich und für eine große, von edlem Gemeingeiste durchdrungene Gesellschaft. Uns gilt der Grundsatz: „Arbeit adelt!", und der andere: „Arbeit ist Gottesdienst!" Wir haben das Gefühl, daß es eine heilige Sache ist, der wir dienen und unsere Kräfte weihen, Und wie die Gemeinde am Sonntagmorgen in einem heiligen Hain ihrem Gotte Weihegesange darbringt, das wird alle erheben und zu einem innigen Bunde verbinden.

Der Anschluß an die Gemeinde wird freilich nicht all und jedem offenstehen. Der in der Rauschwelt Verlorene wird sich auch kaum zu ihr hinsehnen. Sie wird nur die starken und wachen Geister an sich ziehen, die den Absturz des heutigen Lebens fühlen und mit Abscheu sich von der Fäulnis hinwegwenden, Aber die Gemeinde wird alle, die zu ihr kommen, auf Herz und Nieren prüfen. Sie wird eine Probezeit ausbedingen, die jeder bestehen muß, der bei ihr Anschluß sucht Ohne Einheitlichkeit des Geistes und der Lebensanschauung ist das Gedeihen einer Lebensgemeinschaft nicht möglich; das hat man bisher meist vergessen. Die Fahrigen und modern Angekränkelten, die bei allem Neuen dabei sein wollen - aus Neugierde, sie werden bei uns keinen Boden finden, Wir sind darauf gefaßt, daß viele uns wieder den Rücken kehren werden, und das soll uns recht sein. Nur wer innerlich noch echt ist - noch deutsch ist, der wird und soll bleiben. Die neue Gemeinde wird Auslese treiben nach strengen Maßstäben, und so wird sie allmählich dem Ziele entgegen reifen, das ihren ernstesten und geheimsten Wunsch ausmacht: die Schaffung eines neuen besseren Menschentums.

Aus der Gemeinde kann das erwachsen, was Faust in seiner Sterbestunde nur in weiter Ferne schaute: ein freies Volk auf freiem Grunde.

Die Zeit der unfruchtbaren theoretischen Erörterungen ist nun vorbei; sie hat gezeigt, daß sich an der alten Gesellschaft nichts bessern läßt. Darum müssen wir vom Reden und Schreiben nun endlich zum Handeln übergehen. Wie eine vernunftvolle Gesellschaft einzurichten ist, das soll nicht mehr geschildert und beschrieben, sondern vorgelebt werden. Tatsachen reden schließlich eine eindringlichere Sprache, als alle noch so klugen Worte.

Nun ist es an der Zeit, daß die Praktischen und Mutigen dem neuen Werke rüstig beispringen, – daß jeder, dem es um unsere Volkserneuerung ernst ist, dies nicht bloß durch schöne Worte bekundet Denn – „im Anfang war die Tat".

Warum einige Siedlungsversuche fehlschlugen I und II

in: Hammer 150/1908, S. 556 ff und Hammer 151/1908, S. 596 ff

Für den Kolonisations-Plan der Erneuerungs-Gemeinde wirkt es einigermaßen hemmend, dass in den letzten 10 Jahren verschiedene Siedelungen missglückt sind. Es hat sich nun bei Vielen die pessimistische Meinung herausgebildet, dass derartige Unternehmen überhaupt aussichtslos wären. Es ist daher nötig, über die Ursachen jener Misserfolge sich klar zu werden, um die dabei begangenen Fehler künftig zu vermeiden.

Wir beginnen mit einer Betrachtung der Sponheimer'schen Kolonie in Bülach, Kanton Zürich, Schweiz. Auch hier handelte es sich, wie bei den meisten dieser Siedelungs-Versuche, um eine reine Vegetarier-Kolonie. Warum gerade dieser Umstand mehreren solcher Unternehmen verhängnisvoll werden musste, wird sich aus dem Nachstehenden ergeben.

Ueber die Sponheimer'sche Kolonie unterrichtet uns vortrefflich ein Büchlein von Fr. Fellenberg-Egli: „Die Kolonie Heimgarten" (Verlag der Lebensreform, Preis 50 Pf.) Heimgarten war eine Obstbau-Genossenschaft auf boden-reformerischer Grundlage. Ihr Begründer, Julius Sponheimer, hatte zu diesem Zwecke 1892 ein Bauerngut von 14 ½ Hektar (58 preußische Morgen) erworben. Die Heimstätten waren in Größe von 1 Hektar Land vorgesehen, sodaß auf der ganzen Fläche etwa 14-15 Familien angesiedelt werden konnten. Der Kaufpreis stellte sich auf 2000 Mk. für 1 Hektar, also 500 Mk. für den Morgen. Der Grund und Boden sollte Genossenschafts-Eigentum bleiben und den Mitgliedern in Pacht gegeben werden.

Das einzige geistige Bindeglied für die Teilnehmer bildete die „vegetarische Idee". Im Uebrigen glaubte man durch die Boden-Gemeinschaft ein genügendes Gemein-Interesse geschehen zu sehen. Leider aber wurde, wie uns Fellenberg-Egli mitteilt, das Prinzip des genossenschaftlichen Bodenbesitzes bald durchlöchert. Ein Teilnehmer in der Siedelung stellte den Zuzug von einigen vermögenden Verwandten in Aussicht, die aber nur kämen, wenn die Boden-Gemeinschaft aufgehoben würde. Kurzum, man wollte der privaten Boden-Spekulation die Türe öffnen. Leider war die Leitung der Genossenschaft schwach genug, diesem Verlangen nachzugeben, um jene „Geldmänner" in die Kolonie zu ziehen. Nun begann bald ein Wettbewerb nach dem Muster der schrankenlosen Privat-Wirtschaft, worüber der ganze Genossenschafts-Gedanke zum Teufel ging. Bald hatten es viele der Ansiedler nicht mehr darauf abgesehen, in Frieden ihr Land zu bauen; sie waren Spekulanten geworden. Es entstanden rasch hinter einander 4 Pensionen und Kur-Anstalten in der Kolonie, die auf Sommergäste spekulierten und sich bald den heftigsten Wettbewerb bereiteten. Das konnte natürlich nicht ohne gegenseitige Verbitterung abgehen. So fraß der individuelle Erwerbstrieb bald alle Genossenschafts-Gedanken auf. Es war wie draußen in der Wildnis der Privat-Wirtschaft, wo nur noch Konkurrent gegen Konkurrent steht. Von Einzelnen wurde die offene Feindschaft gegen das Genossenschafts-Wesen gepredigt. Neid und Verhetzung kamen naturgemäß hinzu, und bald raunte Einer dem Andern in's Ohr, daß die führenden Personen nur darauf ausgingen, die Anderen zu betrügen und zu bestehlen.

Fellenberg-Egli macht uns noch ein wertvolles Eingeständnis, das den Misserfolg erklärt. So vortreffliche, ideal gerichtete und charaktervolle Menschen es offenbar unter den Vegetariern gibt, so verhehlt sich doch Fellenberg, der selbst Vegetarier ist, nicht, dass viele schwache und degenerierte Naturen sich dem Vegetarismus zuwenden. Leute, die durch schwere Krankheiten oder erbliche Anlagen geschwächt sind, suchen vielfach Zuflucht in der vegetarischen Lebensweise. Wenn die nun hierin auch ein erfolgreiches Mittel finden, ihr geschwächtes Leben zu erhalten und sich vielleicht in einem gewissen Grade zu regenerieren, so können doch andererseits viele solcher Elemente die Schwächung ihrer Willens- und Körperkräfte nicht verbergen; und sie scheinen darum wenig geeignet, eine neue Lebenspraxis und ein neues Geschlecht aufzubauen. Fellenberg schreibt: „Es ist eine allgemein anerkannte Tatsache, dass sich in dem Kreise der Vegetarier sehr viel krankes Menschen-Material zusammen findet. Es sind vielfach Leute, die körperlich heruntergekommen sind und nach vielen Irrfahrten endlich den Vegetarismus und die Rückkehr zu naturgemäßerem Leben als Rettungsanker für ihr körperliches Dasein ergreifen. Solche Leute wandten sich daher hauptsächlich dem Heimgarten zu, um dort gesund zu werden. Sie dachten auf billigem Wege eine Kur zu machen, für die ihnen die Mittel sonst fehlten; die Genossenschaft musste eben dafür sorgen, dass sie diese Gelegenheit bekämen" – Solchen unbilligen Ansprüchen war naturgemäß die junge Siedelung nicht gewachsen und so war denn bald Unfrieden und Zank die Grundstimmung in der Kolonie.

Nimmt man noch hinzu, dass der Platz für die Siedelung ziemlich ungünstig gewählt und der Boden mit Rücksicht auf seine Erträgnisse eigentlich recht teuer bezahlt war, so kann uns der Fehlschlag nicht mehr überraschen. Wie wir von anderer Seite erfahren, war das Gelände landschaftlich zwar schön gelegen, aber kalten Winden ausgesetzt, sodaß in den ganzen Jahren kaum einmal eine günstige Obsternte erzielt wurde. So ist es denn begreiflich, dass fortwährende Austritte die Genossenschaft bald schwächten und in Misskredit brachten. Zudem wurde von den eingedrungenen kapitalistischen Spekulanten fortgesetzt gegen die gemeinsame Arbeit gehetzt. Fellenberg-Egli sagt: „Ich kann es mir nicht anders erklären, als dass das Kapital einen instinktiven Haß gegen alle Gemeinschafts-Bestrebungen besitzt." – Die Machenschaften der Spekulanten, die den Besitz der austretenden Genossen wohlfeil aufkauften, brachten begreiflicherweise bald das ganze Unternehmen zum Zusammenbruch. Ein schwerer Fehler lag also darin, dass man ganz ungeeignete, geradezu feindselige Elemente in der Kolonie aufgenommen hatte, die nun die Zersetzung herbei führten. Fellenberg meint: „Nach meiner Kenntnis der Personen darf ruhig gesagt werden, dass das ganze Sinnen und Trachten auf dieser Seite darauf gerichtet war, den Heimgarten zu Fall zu bringen und für billiges Geld in die Hand zu bekommen; dies ist ja schließlich auch erreicht worden."

Fassen wir es nun nochmals kurz zusammen, warum diese Siedelung scheiterte, so ergibt sich folgendes: Der erworbene Grund und Boden war zu teuer und für den Gartenbau nicht besonders geeignet. Zudem war das Gebäude zu klein gekauft. Bei der Aufnahme der Ansiedler war nicht mit der nötigen Sorgfalt verfahren; es kamen zum Teil ganz ungeeignete Elemente dahin. Die Meinung, dass der Vegetarismus allein schon ein genügendes geistiges Band bilde und einen starken Gemeinschafts-Geist erzeugen müsse, ist irrtümlich. Die Ernährungsweise gibt keine Bürgschaft dafür, dass die Beteiligten auch in ihren Welt- und Lebens-Anschauungen im Wesentlichen übereinstimmen. Der Hauptfehler aber wurde begangen, indem man eines Tages das Prinzip der Boden-Gemeinschaft durchlöcherte und die ganze Siedelung der Spekulation auslieferte.

Ferner erachten wir Heimstätten von ½ - 1 Hektar für eine Familie als unzureichend. Der alte Vegetarier-Grundsatz, dass auf der Fläche, wo ein Ochse sein Leben fristet, zehn Menschen ihren Unterhalt finden könnten, ist nicht richtig. Man vergisst dabei, dass der Mensch außer den Nahrungsmitteln auch noch andere Bedürfnisse zu bestreiten hat. Nach alten Erfahrungen sind zur Ernährung einer Familie mindestens 20 Morgen Land erforderlich. Rechnet man noch hinzu, dass viele Ansiedler ohne alle Erfahrung in der Boden-Bearbeitung waren und mit Bodendüngung usw. allerlei wunderliche Experimente unternahmen, so muß man eigentlich sagen: es wäre ein Wunder, wenn die Kolonie nicht zu Grunde gegangen wäre.

Fellenberg, der selbst zwei Jahre in der Kolonie lebte, vermisste noch weiter ein planmäßiges Zusammen-Arbeiten und die rechte Freude an der Arbeit. Es fehlte auch, wie er sagte, „eine Familie, die mit ziemlichen Mitteln ausgerüstet und von persönlicher Tatkraft, den übrigen Kolonisten ein leuchtendes und anspornendes Vorbild hätte abgeben können." Die Freude an der Arbeit war weniger vorhanden, als das Streben nach einem leichten Dasein; das lässt sich aber mit der Landwirtschaft niemals vereinigen. Sie ist und wird immer eine der schwersten Berufsarten bleiben."

Nach alledem, was wir hier erfahren, kann der Zusammenbruch der Kolonie nicht befremden; und es kann nicht schwer fallen, bei künftigen Siedelungen, die hier gemachten Fehler zu vermeiden.

Ein weiteres Verhängnis für die Kolonie war die Obst-Schwärmerei der Vegetarier. Fellenberg äußert darüber: „Heute lässt sich nicht verkennen, dass im Anfang ein Grundfehler in der Bewirtschaftung gemacht wurde. Wir waren eben zu sehr durch Lektüre und eigenes Bedürfnis von dem hohen Werte des Obstbaues eingenommen und glaubten daher, dass dieser die höchste Rente abwerfen würde. Heute muß das unbedingt verneint werden. Auch der Obstbau ist noch kein intensiver Bodenbau; die Bäume verlangen ziemlich viel Platz."... Er empfiehlt, mehr Wert auf Beerenobst und Gemüse-Bau zu legen. Und den Getreidebau soll man auch nicht ganz vergessen.

Ein weiteres verfehltes Unternehmen war das des Lehrers Strässer aus Caternberg bei Elberfeld. Genannter kaufte vor 1 ½ Jahren ein kleines Mühlengut in Leichlingen im Rheinland, um es mit Vegetariern zu besiedeln. Das Unternehmen stand von vornherein schon dadurch auf schwachen Füßen, dass es mit sehr unzulänglichen Mitteln begonnen wurde. Strässer macht den Vegetariern den Vorwurf, dass sie ihn bei dieser wichtigen Sache nicht genügend unterstützt hätten. Er nennt den Fehlschlag dieser Siedelung eine „schreiende Anklage gegen den Vegetarismus". Man habe von vornherein dem Unternehmen mit Misstrauen gegenüber gestanden und ihm die Heeresfolge versagt und schon bei den ersten Schwierigkeiten nervös geworden. Die Vegetarier hätte sofort angefangen sich fester zuzuknöpfen. –

Strässer übernahm das Gut mit nur 6000 Mk. Kapital. Es wurde aber eine Anzahlung von 10000 Mk. verlangt. Da aus Vegetarier-Kreisen die Summe nicht zu beschaffen war, so musste Strässer wie er in Heft 12 der „Vegetarischen Warte" vom 10. Juni 1908 mitteilt, sich „einem Mann in die Arme werfen, der uns ins Verderben gestützt hat". Das Gut war amtlich auf 23000 Mk. Wert eingeschätzt und Strässer versuchte vergeblich eine 1. Hypothek von 13000 Mk. zu erlangen. Er sagt: „Wir mussten zusehen wie die Boden-wucherer uns umschwirren und auf den Augenblick lauerten, wo sie kraft des Gesetzes über uns herfallen und den leckeren Bissen aufschnappen konnten."

Das Unternehmen scheiterte also offenbar an ungenügendem Kapital, dem man-gelnden Vertrauen zu dem Unternehmer und der fehlenden Unterstützung aus den interessierten Kreisen. Andere Stimmen in dem genannten Blatte deuten an, dass sie dem Leiter des Unternehmens nicht das rechte organisatorische Talent und die nötige geschäftliche Tüchtigkeit zutrauen konnten. – Ob mit Recht oder Unrecht, bleibe dahin gestellt.

Auch hier bleibt es fraglich, ob gleich zu Anfang die rechten Elemente in die Sie-delung einzogen. Es ist wahrscheinlich, dass betreffs der Siedler die Bedenken, die Fellenberg-Egli oben äußerte, auch hier zum Teil zutreffend waren. Bei dem Gute war eine Wassermühle und Bäckerei, und Strässer unternahm es nun mit völlig ungeübten Leuten das Mahlen und Backen zu betreiben. Jedenfalls ein kühnes Unterfangen! Wenn man weiß, dass die Müllerei heutzutage zu den unrentabelsten Betrieben gehört, so war es jedenfalls gewagt, in dem Mühlenbetriebe eine Einnahme-Quelle zu suchen.

L. Liedl in Fürth behauptet in Heft 13 der „Vegetarischen Warte", dass Herr Strässer sein Unternehmen zu früh begonnen hätte, ehe er das nötige Kapital und die passenden Leute zur Verfügung hatte. Er behauptet auch, das Gut wäre zu teuer gekauft worden und er bestreitet Herr Strässer die Anlage zum Finanzmann. Wir wissen nicht, inwiefern diese Beschuldigungen berechtigt sind. Wie immer, wenn eine Sache missglückt ist, fehlt es auch hier nicht an gegenseitigen Anklagen. Herr Liedl meint, der Fehlschlag sei nur ein Beweis, wie wenig es genügt, bei solchen Gründungen nur mit Ideen, aber mit wenig praktischen Anlagen versehen zu sein.

Ein versöhnliches Wort in der Sache spricht Herr Otto Jackisch, der Geschäftsführer der Kolonie Eden bei Oranienburg in Heft 13 der „Vegetarischen Warte". Die Beur-teilung des Strässer'schen Unternehmens solle so milde und entgegenkommend sein, als nur irgend möglich; einen Anfangsfehler mache wohl jedes Unternehmen. Es habe dem Unternehmen in Leichlingen offenbar an energischen klar blickenden Persönlich-keiten gefehlt, die Herrn Strässer mit Rat und Tat zur Seite gestanden hätten. Kopflos habe man alle Sorge auf Herrn Strässer geworfen. Er meint, es hätten hier Leute ohne gründliche Vorarbeit, ohne praktische Kenntnis, ohne Urteilsfähigkeit und ohne den Willen, schon anderweit gemachte Erfahrungen und freundlichst gebotene Ratschläge zu benutzen, ein Werk angefasst, dem sie nicht gewachsen waren.

Jackisch glaubt seinem Freund Strässer bei aller Anerkennung seiner beispiellosen Opferfähigkeit doch den Vorwurf nicht ersparen zu können, dass er eigensinnig alle fremden Ratschläge abgelehnt hätte. Er behauptet, dass die geschäftliche Organisation unter Herrn Strässer's Leitung falsch gewesen sei. Er sagt, der Mangel an Unterstützung sei darauf zurückzuführen, dass seine Gewähr für eine sichere Grundlage und sein fester Plan vorgelegen habe. Herr Strässer hätte jede geschäftliche und kaufmännische Erfahrung gefehlt. Im weiteren ruft Jackisch nach dem Siedelungs-Ausschuß des vegetarischen Bundes, dessen Pflicht es sei, derartige Dinge in die Hand zu nehmen und zu überwachen. Das Strässer'sche Unternehmen kam schließlich zum Bankrott, weil sich bei dem ersten Jahres-Abschluß ein Fehlbetrag von 1000 Mk. herausstellte und sich niemand bereit fand, diese Unter-Bilanz zu decken. Zum Unglück brannte noch die Mühle ab, und so war der Zusammenbruch besiegelt. –

Ohne gegen irgend Jemand Vorwürfe erheben zu wollen, wird man sich doch des Eindrucks nicht erwehren, dass dem ganzen Unternehmen eine gewisse Armseligkeit anhaftete. Es wurde mit ganz unzulänglichen Mitteln begonnen und ging an der Unzulänglichkeit zu Grunde.

Auch Strässer verfiel schließlich in den Fehler, dass er zufolge seines Fehlschlages den genossenschaftlichen Bodenbesitz für ungeeignet hielt und sein Gut wieder an die Privat-Wirtschaft ausliefern wollte. Jackisch tadelt diese Auffassung und betont, dass Lebensreformen nicht ohne Bodenbesitz-Reform durchgeführt werden könnten.

Es ist also nicht schwer, die Fehler zu erkennen, an denen diese Unternehmungen scheiterten und es ist auch nicht schwer, diese Fehler zu vermeiden. Die Pläne unserer Erneuerungs-Gemeinde stehen von vornherein auf einer anderen Grundlage. Zunächst werden wir nichts beginnen, so lange nicht hinlängliche Mittel zur Verfügung stehen. Wir werden auch nicht einen so kleinen Komplex kaufen, da sonst die Besiedelungen desselben nur den umliegenden Grundbesitzern zu gute kommt. Es muß rechnerisch zu den wichtigsten Vorteilen der Genossenschaft gehören, dass sie sich die Wert-Steigerung des umliegenden Geländes selber zu Nutze macht. Ferner wird bei der Aufnahme der Siedler mit strenger Auswahl verfahren werden; wir werden nicht unbesehen alles annehmen, was kommt, sondern Jeden auf sein Geeignetheit und Leistungs-Fähigkeit prüfen. Darum ist bei dem Eintritt in unsere Kolonie eine längere Probezeit zur Bedingung gemacht. Diese eigentlich selbstverständliche Vorsicht ist bei den vorgeschilderten Unternehmungen völlig verabsäumt worden. –

Schließlich aber wird die Leitung unserer Kolonie nicht in den Händen einer einzelnen Person ruhen und von deren Launen abhängig sein; sie ist einem größeren Ausschuß anvertraut, unter dem sich geschäftlich, landwirtschaftlich und bautechnisch erfahrene Persönlichkeiten befinden. Es gehören ihm auch wohlsituierte und vermögende Männer an, die durch ihre soziale wie wirtschaftliche Stellung genügende Gewähr für die Solidität des Unternehmens bieten.

Es kommt als ein Wichtiges hinzu, dass sich der Stamm der Siedler aus Hammer-Lesern rekrutieren wird, die gewissermaßen schon eine gemeinsame Geistesschule durchgemacht und sich in wesentlichen Dingen verstehen gelernt haben. Sie begreifen alle, um was es sich hier handelt; nicht bloß um eine bequeme selbstgefällige Lebensführung und gesunde Ernährungs-Weise, sondern um den Neu-Aufbau einer Gesellschafts-Ordnung, die in allen Stücken sich die Krankheiten und Entartungs-

Erscheinungen der alten Gesellschaft vom Halse halten will. Es gibt da soviel positive Arbeit zu tun, dass zu kleinlichem Hader (der oft nur aus Untätigkeit und Ziellosigkeit entspringt) gar keine Zeit bleiben wird. Aus den Zuschriften vieler unserer Siedelungs-Freunde spricht ein so klarer, entschiedener und einheitlicher Wille, dass man seine Freude daran haben muß und nicht zweifeln kann, dass Menschen von solcher Art sich verstehen werden und nicht bei den ersten Schwierigkeiten zurück prallen. Ja, es wird sich Einer an dem Anderen aufrichten, Einer den Andern stützen und stärken – durch die Einheitlichkeit der Willensrichtung. Alle werden das Zusammenleben mit Gleichgesinnten als eine Erlösung empfinden – im Gegensatz zu der Welt da draußen, wo jeder Denkende und Charaktervolle heute sich als ein Unverstandener und Verkannter zwischen einer verblödeten Masse fehlt und in Gefahr ist, sich in inneren und äußeren Kämpfen aufzureiben.

Schließlich aber wird die Siedelungs-Genossenschaft auf wohldurchdachten Satzungen fußen, die im wesentlichen nach dem Vorbild der bewährten Kolonie „Eden" gestaltet sind; und so darf man denn mit wohlbegründeter Zuversicht einem Unternehmen entgegen sehen, das sich in allen Stücken die Erfahrungen der früheren Siedelungs-Versuche zu Nutze machen und deren Fehler vermeiden wird. Aber auch diesmal muß das Fundament auf dem allein gebaut werden kann, heißen : Opfermut und Vertrauen!

Teil II. – Wenn wir von Kolonien reden, in denen der Grundstein zu einem neuen Leben gelegt werden sollte, so dürfen wir auch von einer Phantasten-Kolonie in Griechenland nicht schweigen, sei es auch nur, dass wir sie des Humors halber erwähnen. Es handelt sich um die Kolonie „Fotodotera" bei Athen. Wir lesen im „Echo" vom 27. Aug. darüber:

Was ist „Fotodotera"? Es ist ein sogenanntes irdisches Paradies, oder soll es doch sein: die Kolonie des Mr. Duncan, die er i Kopanas bei Athen gegründet hat. Mr. Raymond Duncan, der Bruder der Barfuß-Tänzerin Isidora Duncan, ist vielen Berlinern schon von Ansehen bekannt. Er und seine Frau Penelope, die bis zum Februar dieses Jahres im berliner Westen wohnten, fielen in den Straßen der Reichs-Hauptstadt durch ihre altgriechischen Trachten auf. Raymond Duncan gab sich so echt, dass er stets einen Schwarm neugieriger, schreiender Kinder um sich hatte, sobald er mit seinem langen weißen Umhang barfuß und ohne Kopfbedeckung durch die Straßen eilte. Mr. Duncan hatte im vergangenen Winter für seine Kolonie, die er in der Nähe von Athen gründen wollte, die Reklame-Trompete geblasen. Er hielt in den vegetarischen Vereinen Vorträge, in denen er die zukünftige Kolonie schilderte. In Fotodotera (d.h. Lichtbringerin) soll es kein Geld geben, denn Geld ist nach Ansicht Duncans einer der Faktoren, die den Menschen zum Schmarotzer machen und den Charakter verderben. Die Arbeitszeit soll zwei Stunden betragen und in Garten- und Feld-Bestellungen bestehen. Während der übrigen Zeit wird in Licht, Luft und Moor gebadet, es wird spazieren gegangen, mit der Lebens-Gefährtin getändelt oder die Zeit mit Lektüre und kleinerer Hausarbeit vertrieben. Wohn-Gelegenheit sich zu verschaffen ist nicht unbedingt nötig, denn bei dem warmen südlichen Himmel kann der Mensch im Freien kampieren. Beim Eintritt in die Kolonie wird jeder neue Kolonist – ganz gleich ob Mann oder Weib – seiner europäischen Kleidung entledigt, – sie wird verbrannt als Symbol, dass der Kolonist mit der ehemaligen Welt abgeschlossen hat und ein neues natürliches Leben beginnen will. Neue Kleidung gibt es nicht: nackt kommt der neue Kolonist in die Fotodotera: will er Kleider haben, so muß er sich auf den Feldern Hanf suchen, ihn zubereiten und sich dann selbst ein altgriechisches Gewand weben. Wer essen will, muß sich auf dem Felde Rüben oder Kohl suchen.

In der Reichs-Hauptstadt Berlin fanden sich nach kurzer Zeit begeisterte Anhänger der Duncan'schen Fotodotera-Idee; sie gründeten, um einem dringenden Bedürfnisse abzuhelfen, einen Verein, der sich zur Aufgabe stellt, die Bestrebungen der Kolonie zu fördern. An den Vorsitzenden des Vereins der Raymond Duncan-Vereinigung" haben aber jetzt mehrere Kolonisten Briefe gesandt, in denen die Zustände der Kolonie so schonungslos geschildert werden, dass die berliner Freunde Duncans eingesehen haben, ihr Herr und Meister wird Ihnen das wahre Paradies nicht bescheeren. In einer Versammlung des Vereins, die kürzlich stattfand, wurde beschlossen, folgende Warnung zu erlassen:

„Ueber die Zustände in der Kolonie Fotodotera haben wir Mitteilungen erstaunlicher Art erhalten, die es durchaus rechtfertigen, wenn wir zu einer gewissen Vorsicht mahnen. Wir halten es für unsere Pflicht, hiermit öffentlich vor einer Beteiligung dem Unternehmen Duncans zuwarnen." –

In der von überzeugungstreuen Vegetariern und Vegetarianerinnen besuchten Versammlung schilderte ein Kolonist namens Waschatke den Aufenthalt in „Fotodotera" folgendermaßen: „Ich fuhr zu Duncan, um ein neues Leben zu beginnen. Wer beschreibt aber mein Erstaunen, als ich die Kolonie, die auf einem selbigen Hügel liegt, erblickte. Ich übernachtete unter freiem Himmel. Der Boden ist schlecht und zur Landwirtschaft nicht zu gebrauchen, auch herrscht Wassermangel. Die Kolonisten haben gesäet, aber nichts geerntet. Duncan gibt nichts zu essen, die hungernden Kolonisten müssen sich Nahrung auf den kahlen Feldern suchen. Vieh, auch Hühner und Tauben, dürfen nicht geschlachtet werden, dagegen leben Duncan und seine Frau sehr gut; ein Freund aus Athen bringt Nahrung mit, die sie dann heimlich verzehren. Meine Kleider wurden mir abgenommen und verbrannt, und ich musste wie Adam herumlaufen." – Böse Erfahrungen machte der Glasbläser Polster aus St. Veit a.d. Lahn, der im März dieses Jahres nach Fotodotera gefahren war. Er hatte in kurzer Zeit so Erbauliches erlebt, dass er der Meinung ist, das Gericht müsse mobil gemacht werden. In einem Briefe schreibt er an die Vereinigung:

Statt eines Bettes bekam ich ein Brett. Jeden dritten Tag war Duncan der Koch; an diesen Tagen gab es früh, mittags und abends nur Polenta, an den anderen Tagen gab es um 12 Uhr Salat und Zwiebeln, und um 6 Uhr Spinat, Sonntags Maiskörner. Duncan und Penelope lassen sich nichts abgehen. Sie essen gebratene Tauben und trinken griechischen Wein dazu; Duncan wird alle Tage dicker und wir magern ab. Sein Wahlspruch ist: „Was dein ist, ist auch mein, was mein aber nicht dein!"

Die ganze Kolonie, die zehn Quadrat-Kilometer groß ist, ist mit Steinen abgegrenzt. Als ich meine europäischen Kleider, die verbrannt werden sollten (ein Kolonist hatte vergessen, Brennholz zum Feuer-Anmachen zu holen und deshalb wollte Duncan meinen Rock und meine Hosen gebrauchen) auszuziehen mich weigerte, riß er mir Rock und Hosen vom Leibe, verprügelte mich furchtbar und warf mich fast nackt zur Fotodotera hinaus. Nachdem ich dann einige Wochen in Athen als Asphalt-Arbeiter mir das Geld zur Rückreise erarbeitet hatte, dampfte ich wieder nach St. Veit ab. Ich gehe nie wieder aus St. Veit."

Wie der Vorsitzende der Duncan-Vereinigung mitteilte, hat er Mr. Duncan wegen dieser Vorfälle zur Rede gestellt; Mr. Duncan hat aber noch nicht geantwortet. Ein Mitglied stellte den Antrag, in Athen eine Vertrauens-Person zu suchen, die Duncan heimlich beobachten und dem berliner Duncan-Verein über die Fotodotera Mitteilungen machen sollte. Hiervon nahm der Verein aber vorläufig Abstand. Er will erst die Antwort Duncans abwarten. –

Soweit der Bericht, der wahrlich lustig genug ist. Es ist, als sollte der vernünftige Siedelungs-Gedanke durch allerlei Hanswürste in Misskredit gebracht werden. Bei der modernen Oberflächlichkeit besteht leider die Gefahr, dass die Bemühungen ernster Menschen mit den Kindereien solcher Phantasten in einen Topf geworfen werden. Leute, denen die einfachsten Begriffe des wirtschaftlichen Lebens fehlen, die lediglich bei Aeußerlichkeiten beginnen und ihre „Reform-Bestrebungen" zur Komödianterei machen, sind natürlich nicht berufen, eine soziale und sittliche Neugestaltung der Gesellschaft anzubahnen. Eine vernünftige Gesellschafts-Ordnung muß vorerst auf gesunden Wirtschafts-Prinzipien fußen. Darauf legt die Erneuerungs-Gemeinde den ersten Nachdruck. Alle Aeußerlichkeiten, wie Reform der gesellschaftlichen Sitte, der Trachten, des Baustiles, des häuslichen Kunst-Gewerbes usw. können als Lebens-Zierrat neben hergehen, sie dürfen aber nicht zur Hauptsache werden. Ein planvolles vernünftiges Wirtschafts-System muß die Grundlage bilden; denn wo das materielle Leben gedeiht und eine sittliche Ordnung, von hohen Idealen getragen, die Lebensführung beherrscht, da stellen sich allen anderen vernünftigen Künste und Reformen von selbst ein.

Erneuerungs-Gedanken

Hammer Nr.153, 1. November 1908

(…) Wir sehen die Dinge um uns her so verworren, weil sie der ordnenden Vernunft und des klaren Willens entbehren. Und da wir uns nicht überschätzen und genau wissen, daß wir nicht Kraft und Mittel genug besitzen, um das Staatsganze mit einem Schlage von Grund aus umzugestalten (eine Aufgabe, die heute wohl überhaupt unlösbar ist), so bescheiden wir uns zunächst auf die Neuordnung eines kleinen Teiles im Ganzen: einer Gemeinde. Warum wollt ihr uns dabei entgegen sein? Schaden wir etwa dem Ganzen, wenn wir sagen: Da uns nicht vergönnt ist, sogleich für Millionen zu sorgen, so wollen wir unsere Sorge zunächst einmal auf Hundert oder Zweihundert beschränken? In der Beschränkung soll sich ja der Meister zeigen. Versuchen wir also, für unsere Freunde eine Lebensweise zu schaffen, die ihnen das gewährt, was sie draußen im wüsten Lebensstrudel vergebens suchten: zweckvolle und fruchtbare Arbeit, seelische Ruhe und innere Befriedigung. Werden wir den anderen damit wehe tun? Nehmen wir dem Ganzen damit irgend etwas, das sein Fortbestehen in der alten Form beeinträchtigt? Oder geben wir ihm nicht unter Umständen recht viel, wenn es gelingt, in der neuen Gemeinde vorbildliche Lebensformen zu finden?

Auf keinen Fall will sich die neue Gemeinde in klösterlicher Abgeschiedenheit vergraben. Sie wird innige Fühlung halten mit dem Puls der Nation; sie will lediglich eine Schar Klardenkender und Strebensfroher zu innerer Sammlung und Festigung vereinigen, um beizeiten mit neuen Kräften in den allgemeinen Gang der Dinge wieder einzugreifen, frische, innerlich erstarkte Pioniere dem alten Gesellschaftsgefüge zu Hilfe zu senden.

Ist es denn etwa nicht wahr, daß die Dinge um uns her immer mehr eine Gestalt annehmen, die dem deutschen Wesen fremd und feindselig ist? Sollte es nicht ratsam sein, abseits der betäubenden Lebensbrandung ein Eiland des Friedens zu schaffen, auf dem sich das deutsche Wesen wieder einmal auf sich selbst besinnen kann? –

Die sich in solchen Gedankengängen bewegen und Tatsinn genug besitzen, das gedanklich Richtige und Vernünftige in die Wirklichkeit umzusetzen, die will die Erneuerungs-Gemeinde um sich sammeln. Hier ist in Kürze ihr Programm.

Die Erneuerungs-Gemeinde ist eine zwanglose Vereinigung, deren Mitgliedschaft auf freie Überzeugung gegründet ist. Sie will alle Bestrebungen pflegen, die auf eine Gesundung und Erneuerung unseres persönlichen wie nationalen Lebens, wie auf die Wahrung der idealen Güter gerichtet sind. In zusammenfassender Weise will sie alle wertvollen Erkenntnisse der letzten Jahrzehnte vereinigen, um sie zu einer starken vernunftvollen Lebensanschauung auszubauen. Sie erstrebt also eine Lebensreform im umfassendsten Sinne des Wortes.

Zu ihren ersten Aufgaben gehört es, aufklärend zu wirken über die schädigenden Einflüsse und Gewohnheiten des modernen Lebens und den Weg zur Gesundung zu zeigen. In der Erkenntnis jedoch, daß es schwierig und vielleicht unmöglich sein wird, die von irrigen Anschauungen beherrschte Gesamtheit eines großen Volkes in absehbarer Zeit zu neuen Lebensgewohnheiten zu bekehren, will die Erneuerungs-Gemeinde den Neuaufbau der Gesellschaft in organischer Weise beginnen: beim Bau der Zelle. Sie will diejenigen sammeln, die in Übereinstimmung bezüglich der hier gekennzeichneten Ziele ihr persönliches Leben nach neuen Grundsätzen einrichten wollen und durch Schaffung einer Reformgemeinde eine neue, dem deutschen Wesen zuträgliche Lebensform suchen.

Um das Gelingen dieser Erneuerung zu sichern, ist es nötig, die neue Gemeinde den vielfachen Einflüssen des modernen Werkgetriebes zu entziehen und sie in einer gewissen Abgeschiedenheit zu festigen und zur Reife zu bringen. Zur Verwirklichung ihrer Absichten hat die Erneuerungs-Gemeinde eine Siedelungsgesellschaft ins Leben gerufen, die in ländlicher Gegend Gartenbaukolonien schaffen will. Die Gemeinde erwirbt daher ein größeres Gelände in fruchtbarer, anmutiger Landschaft, um diejenigen ihrer Mitglieder, die sich vorwiegend dem Garten- und Landbau widmen wollen, dort anzusiedeln.

Die neue Gemeinde will auf solche Weise zunächst in kleinem Maßstabe die Lebens- und Gesellschaftsformen herausbilden, die dann vorbildlich für die weitere Umgestaltung unseres Volkslebens werden können. Sie hofft aber bei lebhafter Beteiligung ihr Gebiet beständig zu erweitern und nötigenfalls nach und nach Zweigniederlassungen in allen Teilen des Reiches zu errichten. Die innere Neugestaltung der Gemeinde soll sich hauptsächlich erstrecken auf Jugenderziehung und Schule, auf wirtschaftliche und soziale Einrichtungen, auf Rechtswesen und Sittenlehre, auf Ernährungsweise, Kleidung, Baustil usw.

Die Grundzüge für diese Neugestaltung sind seit Jahren in den Abhandlungen der Zeitschrift „Hammer" sowie anderer Reformblätter gegeben. Sie im Voraus in allen Einzelheiten festzulegen, ist nicht beabsichtigt; sie sollen vielmehr aus den praktischen Tatsachen und Lebensnotwendigkeiten in der Gemeinde selber herauswachsen.

Dieser Gemeinde kann sich anschließen, wer von der Zweckmäßigkeit der hier gekennzeichneten Pläne überzeugt ist und sie durch eine Beisteuer unterstützen will. Die Beiträge dienen zur Förderung des Siedelungsplanes und zur Ausbreitung der neuen Ideen. Die Beteiligung an der Gemeinde verpflichtet nicht zur Übersiedelung in die Kolonie.

Im Übrigen beseelt die Gemeinde ein züchterischer Gedanke; sie will alle Sorgfalt dem kommenden Geschlecht zuwenden, denn sie erkennt ihr letztes Ziel in der Aufzucht eines an Leib und Seele tüchtigen Menschentums. Alles, was der Förderung dieses Zieles dienen kann, soll willkommen geheißen werden. Alle Einrichtungen und Maßnahmen in der Siedelung sollen an der Frage gemessen werden: Wie wirken sie auf das künftige Geschlecht? Daraus ergibt sich von selbst, daß eine Anzahl Lebensschädiger, wie Alkohol, Nikotin und allerlei Reizgifte und Ausschweifungen aus der Kolonie verbannt sein müssen. Einfachheit und Natürlichkeit der Lebensführung sind Vorbedingung für alle, die dort wohnen und wirken wollen. Die stählende Kraft vernünftig geleiteter und zweckvoller Arbeit wird das ihrige tun, dem Leben ernsten Inhalt und fördersames Gedeihen zu geben. Ein erhöhtes Gemeininteresse, wie es durch den Gemeinbesitz an Grund und Boden hergestellt ist, schafft einen innigeren Anteil an der Entwicklung aller, denn das Gedeihen des Ganzen gereicht jedem einzelnen zum Vorteil. Das feindselige Prinzip des auf den gegenseitigen Ruin gestellten Wettbewerbs ist ausgeschieden und mit ihm eine Menge jener Widerstreite und Feindseligkeiten, die das heutige Leben hernieder ziehen und entwürdigen.

Auch an frohen Festen wird es der Gemeinde nicht fehlen. Die Aufnahme neuer Genossen nach wohlbestandener Prüfungszeit, die Einführung neuer Jungfrauen in die Gemeinde und ähnliche Anlässe werden zu einem froh-feierlichen Akt mit Musik und Gesang, wobei die eigenartige kleidsame Sondertracht der Burschen und Mädchen dem Ganzen einen eigenen Reiz verleiht An schönen Sommersonntagen versammelt sich die Jugend der Gemeinde auf einem weiten sonnigen Plane zwischen Wald und See und ergeht sich in wohlgeordneten Reigen und Wettspielen. Hier kann erst wieder einmal das Volksfest in seiner natürlichen Frische und Harmlosigkeit erblühen, weil alle Beteiligten ein starker Zug gemeinsamen Geistes beseelt und weil jene störenden Elemente ferngehalten sind, die heute allerwegen das Leben entweihen.

Was wir planen, würde aussichtslos sein, wenn es mit jenen beliebigen zerfahrenen Menschen begonnen werden müßte, die heute den Durchschnitt bilden und in ihrer Verworrenheit und Instinktlosigkeit nach allen Richtungen auseinander streben. Nur der Umstand, daß wir eine strenge Auslese üben und nur Menschen verwandten Geistes unter uns dulden, macht unser Beginnen lebensfähig. Wer nur Zerfahrene kennt und an sich selber nur Zerfahrenheit gewöhnt ist, der wird unseren Mut nicht begreifen und unsere Absichten für töricht halten. Unter Menschen harmonischen Geistes aber wird sich manches leicht erfüllen lassen, was anderswo unerreichbar erscheint

Und der harmonische Geist wird sich allerwegen in der Lebensgestaltung äußern. Auch an fröhlichen Künsten wird es in der jungen Gemeinde nicht fehlen. Der Gesang wird die Seele unseres Lebens sein; er wird uns zur Arbeit wie zum Fest begleiten. Flöte und Fiedel wird nicht schweigen, und eine Hörnerfanfare wird am festlichen Tage den sonnigen Morgen grüßen. Der Tanz unter der Linde wird wieder Wahrheit werden, das Leben wird beginnen wieder deutsch zu sein, voll Gemüt und Poesie. Die bunten eigenartigen Trachten werden jedes Fest verschönen. Der Malerei und der Dichtung werden sich neue Stoffe bieten, ja – das ganze Leben in dieser gereinigten und verjüngten Welt wird zu einem Gedichte werden; wahre Lebens-Schöne kann hier erst wieder erblühen.

Sind wir nun etwa Schwarzseher, wenn wir solches Glück noch zu hoffen wagen und ehrlich an seiner Wahrwerdung arbeiten? Oder sind nicht die Schwarzseher jene, die an solchen Möglichkeiten zweifeln und sich den Kopf zerbrechen nach Einwänden, um uns zu überzeugen, daß eine vernünftige Lebensgestaltung nicht mehr möglich sei? Sie, die unermüdlich beweisen wollen, daß das Leben sinnlos und häßlich sein müsse, sie, die sich keinen reinen und natürlichen Menschen mehr vorstellen können: sie sind die Schwarzseher und Elendsprediger' die wir bei unserem Werke gerne werden entbehren können. Sie sind ratlos und wollen das Leben in den Irrgängen verkommen lassen, in die es sich verlaufen hat. Wir aber haben einen neuen Ausweg gefunden, eine Pforte, die ins Freie führt und durch die uns ein neuer Morgenstern entgegen blüht.

W. Kramer: Erneuerungs-Gemeinde und Siedelungs-Gesellschaft

Hammer 153/1908, S. 657ff.

Der Plan einer Heimstätten-Genossenschaft im Sinne der Erneuerungs-Gemeinde ist seiner Verwirklichung um einen guten Schritt näher gerückt. Einige Herren des Ausschusses haben Anfang Oktober eine neue Besichtigungs-Reise unternommen, um ein zur Siedelung geeignetes Landgut ausfindig zu machen. Das Ergebnis der Reise war sehr günstig, denn es wurden neben vielen ungeeigneten und zu teueren Ländereien auch zwei Güter in Mecklenburg und Pommern besichtigt, die für unsere Zwecke vortrefflich geeignet erscheinen. Die Unterhandlungen zum Ankauf sind eingeleitet.

Im Zusammenhang mit dieser Rundreise fand am Sonnabend, dem 10. Okt. in Berlin eine Versammlung der Mitglieder der Erneuerungs-Gemeinde und der Hammer-Freunde statt, die von mehr als 150 Personen besucht war, und in der Herr Fritsch über die Lage des Siedlungs-Planes berichtete. Die Erneuerungs-Gemeinde gewann dabei eine Anzahl neuer Mitglieder. Am Sonntag darauf fand eine Besichtigung der Obstbaukolonie Eden bei Oranienburg statt, an der sich 45 Personen beteiligten. Der bewährte Leiter der Kolonie, Herr O. Jackisch und einige andere Edener Herren bereiteten den Besuchern einen freundlichen Empfang und geleiteten sie durch die Anlagen der Kolonie. Im Saale des Verwaltungsgebäudes gab Herr Jackisch dann wertvolle Aufschlüsse über die Entwicklung der Kolonie, ihre anfänglichen Schwierigkeiten sowie ihr schließliches Gedeihen, ihre Produktions- und Absatz-Verhältnisse und ihre Rentabilität. Er knüpfte daran Fingerzeige, die für unser neues Unternehmen höchst wertvoll sein müssen und für die die Vertreter des neuen Siedelungs-Planes ihm bestens dankten.

Um 18. Oktober tagte dann im Sachsenhof zu Leipzig die begründende Versammlung der neuen Siedelungs-Genossenschaft. Sie war von einigen 30 Personen besucht, Männern und Frauen, die zum Teil aus weiter Ferne herbei geeilt waren (Hamburg, Darmstadt, Oberbayern, Pommern usw.) Obwohl die meisten der Teilnehmer sich hier zum ersten Mal sahen, war dennoch die Versammlung von einer erfreulichen Einmütigkeit durchweht und es gab nirgend Anlaß zu ernsten Meinungs-Verschiedenheiten. Es zeigte sich hier deutlich, wie in Allen der Hammergeist lebendig war, der die Gemüter auf einen einheitlichen Grundton gestimmt hatte. Alles, was Herr Fritsch über die Ziele und die geplanten Einrichtungen der neuen Siedelung vortrug, fand einmütige Billigung. Alle waren lebhaft beseelt von dem Wunsche, dass die Kolonie so rasch wie möglich in's Leben trete, da Einige sofort und Andere wenigstens im kommenden Frühjahr in die Kolonie übersiedeln möchten. Man beschloß, der Genossenschaft den Namen „Siedelungs-Gesellschaft Heimland" zu geben. Der vorliegende Entwurf der Genossenschafts-Satzungen wurde mit einigen geringfügigen Aenderungs-Anträgen einstimmig genehmigt, sowie ein Aussichtsrat von 7 Mitgliedern und ein Vorstand von zwei Herren gewählt. Vorsitzender des Aufsichtsrates ist Herr Th. Fritsch in Leipzig, Schriftführer desselben Herr Kunstmaler Amann in Raumburg a. S. Die Vorstands-Aemter wurden Herrn Landwirt F. Köhler in Meuselwitz und Herrn Walther Kramer in Leipzig übertragen. Herr Köhler ist bereit, bei Ankauf eines Gutes sofort den landwirtschaftlichen Betrieb zu übernehmen.

Der Ankauf soll sofort erfolgen, sobald die Einzahlungen der Genossenschafter die genügende Höhe erreicht haben. Da das Unternehmen auf durchaus soliden Füßen stehen soll, so wird nicht eher ein entscheidender Schritt unternommen werden, als bis die hinlänglichen Mittel gesichert sind. Es ist auch mit der Tatsache zu rechnen, dass der Betrieb im ersten Jahre namhafte Zuschüsse erfordern wird, da mancherlei Anlagen und Bauten sich notwendig machen werden (Anlage einer großen Baumschule, Verbesserung und Bepflanzung der Wege, Durchforstung der Waldungen, usw.). Es soll darum nicht nur die erforderliche Anzahlung des Kaufgeldes sondern auch ein Betriebs-Kapital von mindestens 20 000 M. vorher gesichert sein. Wir bitten daher Alle, die dem Unternehmen ihre Sympathie zuwenden, an der Aufbringung der Mittel behilflich zu sein. Unterstützt wird die Genossenschaft durch die Beiträge der Erneuerungs-Gemeinde, deren Mitglieder-Beiträge zugunsten der Siedelung verwendet werden sollen. Es kann also Jeder auch durch kleine Beisteuern für die Erneuerungs-Gemeinde das Unternehmen fördern helfen. Bei dem Bankhause Hammer & Schmidt in Leipzig sind für die „Siedelungs-Gesellschaft Heimland", wie für die „Deutsche Erneuerungs-Gemeinde" Konten errichtet. Man wolle die Einzahlungen dorthin adressieren unter genauer Angabe über die Bestimmung der Summen.

Rassenfrage und Erneuerungs-Gemeinde

Hammer Nr. 156, 1908

In einem offenen Briefe, (…) an mich richtet, äußert er seine Bedenken, ob es der Er-neuerungs-Gemeinde gelingen werde, eine Wiedergeburt der germanischen Rasse zu ermöglichen, bezw. eine Verjüngung des ganzen deutschen Volkes anzubahnen. Er sieht die Haupt-Ursache unseres Volksverfalles in der Vermischung mit fremdrassischen Elementen und ist der Ansicht, dass das germanische Blut in solcher Vermischung immer unterläge. Und da die Zahl der echten Germanen innerhalb Deutschlands schon sehr gering sei, so dünkt ihn eine Abwendung dieses Verhältnisses völlig aussichtslos. Hierauf möchte ich Folgendes erwidern:

Tatsache ist, dass das germanische Element immer mehr schwindet. Der „Hammer" hat sich bereits früher einmal eingehend mit dieser Frage befasst[1]. Die Ursache dieses Hinschwindens suche ich aber weniger in einer geringeren Lebens- oder Vererbungs-Kraft dieser Rasse, als vielmehr in äußeren Umständen: Das Leben hat einen Zuschnitt angenommen, der dem Gedeihen der germanischen Art unzuträglich ist. Alle Eigen-schaften, die früher die Stärke und Ueberlegenheit des Germanen ausmachten, als z.B.: Kampfmut und Tapferkeit, Treue, Hingebung an edle Ziele, selbstlose Aufopferung für Ideale, starkes Ehrgefühl, strenge Wahrheitsliebe und Geradheit, Mangel an Geld-Sinn, Offenheit, Gutmütigkeit – sie erscheinen heute kaum noch als Tugenden, ja sie berei-ten ihm den Untergang. In unserer Zeit mit ihren veränderten Lebens-Bedingungen ihren verworrenen und unlauteren Erwerbs-Verhältnissen stehen obige Eigenschaften dem Fortkommen des Einzelnen geradezu hemmend im Wege. Heute, wo es drauf ankommt, im lustigen Erhaschen und Erschleichen den Gegner zu überholen, hinter Geldsäcken die eigene Unfähigkeit und Feigheit zu verschanzen, in rascher Gewandt-heit den Vorteil des Augenblicks zu erspähen und ihn skrupellos auszunutzen – heute erscheint der Germane mit seinen einstigen Tugenden schwerfällig unbeholfen, ratlos. Und so wird er überall zurückgedrängt und geht zugrunde. Es spielt dabei nicht zum wenigstens die Gemütsart des Germanen mit. Sein zarteres, tieferes Empfinden, seine Abneigung gegen niederes und unedles Wesen. Er gibt den Kampf lieber auf, als dass er ihn auf dem Boden der Gemeinheit fortsetzt; es ekelt ihn, in den Sumpf hinab zu steigen. Wie Viele sinken in stillem Kummer dahin, sie ein Leben um sich her gewahren, in dem sie sich fremd und verlassen fühlen, das ihnen Widerwillen und Abscheu erregt und ihre Gemütskraft niederbeugt. Sie kümmern und kranken und wissen selbst nicht, was ihnen fehlt. Der Germane will lieber nicht bestehen, als ehrlos bestehen. Damit be-findet er sich im schroffsten Gegensatz zu dem heute erfolgreichsten Menschen-Typus, dem Semiten und Yankee, dessen Grundsatz bekanntlich ist: Gewinne Geld, wenn es sein kann, auf ehrliche Weise, aber auf jeden Fall: gewinne Geld!

Der Germane geht also zugrunde an seinen Vorzügen – so lange er gezwungen ist, in einer seinem Wesen fremden Welt zu leben. Es ist nicht Schwäche der Rasse an sich

---

[1]   *Der Rückgang der blonden Rasse, in: Hammer 29, 35, 39, 50 (Anmerkung Dirk Schubert)*

selbst, die ihn unterliegen lässt, als vielmehr das Fehlen der geeigneten Lebens-Bedingungen für ihn. Man könnte ihm vorwerfen, er entbehre die rechte Anpassungs-Fähigkeit für die heutigen Verhältnisse; freilich, wenn er sich diesen Zuständen anpasste, so müsste er aufhören, ein Germane zu sein.

Der Germane hat sich – und das ist allerdings seine Schwäche – in eine Welt drängen lassen, die ihm völlig fremd und feindselig ist. Er war aber zu sehr Kind, zu naiv, zu natürlich, um die Verwandlung, die um ihn her vorging, zu begreifen: Er war in Kultur-Dingen zu unerfahren, um gegen diese falsche Wendung geeignete Gegen-Maßregeln zu ergreifen. Wir wollen hier nicht die Ursachen aufzählen, die dazu beitragen, ihn gleichsam außer Kurs zu setzen und sein Wesen zu verwirren. Die Kirche und die Schule haben wesentlichen Anteil daran. Sie fälschten sein Wesen von innen heraus, machten ihn in sich selber unsicher und verworren. Sie führten seinen Geist nach Rom, Griechenland und Judäa und machten ihn zum Fremdling in der eigenen Heimat, ja in der eigenen Brust. Sie banden seinen geistigen Kräften die Hände, und so tappte er, wie ein gefesselter und geblendeter Riese, in jede dumme Falle. Das fremde Recht, das römische Recht, tat das Uebrige, um ihn auch wirtschaftlich zu entwurzeln, - ihn auch materiell zu enteignen. Wir leben in einer Welt, die in allen Stücken undeutlich ist. So war der Germane, losgelöst von allen Grundlagen seines Wesens, ein schwankes Rohr im Winde. Er verkümmerte geistig und seelisch; und auch die leibliche und wirtschaftliche Verkümmerung blieb nicht aus. Ihn traf der Misserfolg auf materiellem Gebiete. Fremde, schlauere, ehrlosere Elemente kamen und entzogen ihm die Existenz-Möglichkeit.

Nur nebenbei sei hier bemerkt, dass auch die Kriege und die modernen Kriegswaffen keine Ausrottung beschleunigen helfen. Germanische Elemente mit ihrer naiven selbstlosen Kampf-Freudigkeit stellten von altersher die Hauptmasse der Kämpfer; sie haben nicht nur eigene, sondern auch fremde Kriege ausfechten helfen. Und gerade in jüngster Zeit wird die neue Kriegstechnik ihnen zum Verhängnis: der Große, Mutige, der voranstürmt, fällt der modernen Schießwaffe sicherer zum Opfer als der kleine Feige, der sich verkriecht und zurück bleibt. So bewirken auch die Kriege eine anti-germanische Auslese.

Soll also von den noch vorhandenen germanischen Elementen etwas gerettet werden, so ist es nötig, sie unter Lebens-Bedingungen zu stellen, die ihrem Wesen angepasst sind. Und das ist das Ziel der Erneuerungs-Gemeinde. Sie will zunächst in ihren Siedelungen jenen gemeinen, herabziehenden Konkurrenzkampf ausschalten, den der Semit in unser Leben hineingetragen hat und dem der Germane mit seinem geraden ehrlichen Wesen auf keinen Fall gewachsen ist. Sie will ferner das verderbliche römische Recht in sofern entwaffnen, als sie die neue Scholle dem Bodenwucher entzieht und die darauf Wohnenden von der Boden-Verschuldung freihält. Sie will schließlich Sitten und Lebens-Gebräuche schaffen, in denen der reinlich empfindende Mensch sich wohlfühlen kann. Denn an dem Untergang des Echt-Deutschen ist nicht zum wenigstens mit schuld, dass er, in einer fremden, ihm widerwärtigen Geisteswelt lebend, gemütskrank und in seinen Kräften gelähmt wird. Setzen wir den Deutschen in eine ihm sympathische Geisteslust, unter Menschen seiner Art und seines Sinnes, so wird er neu aufatmen, erstarken und sich aufrichten. Ich zweifle nicht an der besten Lebens-Fähigkeit des germanischen Deutschen, wenn wir ihn in die rechte Welt hineinsetzen.

Was nun das Unterliegen des Germanen in der Vermischung anbelangt, so scheinen mir die Dinge so zu stehen: Augenscheinlich überwiegt in der Vermischung mit der blonden allerdings oft die dunklere Rasse, aber dieses Obliegen der anderen Art ist vielleicht nur ein äußerliches und oberflächliches. Es ist begreiflich, dass bei einer Blut-mischung die stärkere Pigmentierung der dunklen Art durchschlägt. Es ist der Triumph des dickeren Farbstoffes. Den Vorgang kann man sich durch einen Vergleich anschau-lich machen: Ein Tropfen Tinte in einen Eimer klaren Wassers gegossen, trübt und ver-dunkelt die ganze Flüssigkeit; umgekehrt aber können viele Eimer klaren Wassers einen Eimer Tinte nicht klären. Der weißhäutige blonde Typus stellt nun gewissermaßen die farblose, pigmentlose Ausprägung des Menschen dar, und es ist nur zu begreiflich, dass dessen Klarheit durch jeden fremden dunklen Tropfen getrübt wird. Doch ist durch Verdunklung der Haut und des Haares noch nicht erwiesen, dass das Germanische auch innerlich und in sonstigen Rassen-Eigenschaften unterlegen wäre.

Die äußere Erscheinungs-Form darf uns darum an einem Menschen nicht, das einzig Ausschlaggebende sein; auch hinsichtlich des Wuchses und der Schädelform nicht. Die Fälle sind häufig genug, dass Kinder den äußeren Typus der Mutter und das innere Wesen des Vaters annehmen, oder umgekehrt. Oft genug schlägt in den nächsten Generationen der Typus wieder in den der Vorfahren zurück. So sind die Kinder dunkler Eltern sehr häufig blond.

Bei Rassen-Kreuzungen sind hinsichtlich der inneren und äußeren Prägung die mannigfachen Variationen möglich. Daß wir ein Mischvolk sind, ist richtig, und doch brauchen wir um dessentwillen nicht zu verzagen. Um unser Volkstum neu zu begrün-den, wird es nur einer vernunftvollen Auslese bedürfen; und zwar sollten uns dabei weniger die äußeren Erscheinungs-Formen als die Geistesart der Individuen leiten. Die Kopfform allein gibt für die Beurteilung keinen genügenden Anhalt. Die Rassen-Forscher sind sich einig, darüber, dass in einem runden Kopfe recht wohl die Gehirn-Konstruktion des Langkopfes und damit dessen Geistesart enthalten sein kann, und umgekehrt. Da aber die Geistes-Richtung und die innere Harmonie der Beteiligten bei unserem Beginnen das Wichtigste ist, so werden wir zunächst mehr auf die geistige Verwandtschaft achten, als auf äußere Rassen-Merkmale. Wenn die neue Gemeinde von den rechten Idealen erfüllt ist, so wird sie im Laufe der Generationen auch den rechten äußeren Menschen herausbilden. Ob er ein genaues Abbild des alten Germa-nen sein wird, ist fraglich, aber auch nicht nötig, vielleicht nicht einmal wünschenswert. Denn man wird sich immerhin eingestehen müssen, dass den alten ehrlichen tapferen Germanen irgend etwas gefehlt haben muß, wenn sie sich in der modernen Welt nicht obenauf halten konnten. Suchen wir also den modernen abgewandelten Germanen zu schaffen, einen Typus, der den Zuständen der neuen Welt besser gewachsen ist, auf alle Fälle aber ein in seinem Geiste ideal-gerichteter und heroischer Mensch sein soll. Die Neurasse, wenn wir so sagen dürfen, wird aus fremdem Blute einige Eigenschaften besitzen müssen, die den alten germanischen Recken abgingen: ein wenig mehr geistige Regsamkeit, Gewandtheit, Wirklichkeits-Sinn, Beherrschung der Verhältnisse und praktischen Blick.

Um die Selbstbehauptung dieser neuen Rasse ist mir nicht bange; sie muß sich nur die ihrem Wesen zuträgliche Umwelt schaffen. Lediglich daran fehlt es heute! Das Unterliegen der germanischen Art in der Vermischung entspringt ja nicht der schwächeren Konstitution dieser Rasse, als vielmehr den unaufhörlich einwirkenden äußeren Umständen, die die Entwicklung gewisser Eigenschaften verhindern. Man darf sich die Sachlage folgenderweise denken: In dem Rassen-Mischling sind verschiedenartige Naturen vereinigt, zweierlei Anlagen vorhanden. Sind diese Grund-Elemente ganz gegensätzlicher Art, so können sie sich gegenseitig aufheben, gewissermaßen verwischen und auslöschen. Es entsteht dann ein Wesen ohne alle besondere Eigenschaften, oder ein unsicherer Charakter, der aus einem Extrem ins andere schwankt. In besonderen Fällen können diese gegensätzlichen Geistesarten im Mischling auch etwas Außerordentliches bewirken: sie treten mit einander in einen heftigen Wettstreit, erzeugen ein abnorm gesteigertes Innenleben, und so entsteht – allerdings in äußerst seltenen Fällen – das Genie. Aber gerade in diesem Falle endet dieser Innenkampf mit einer völligen Erschöpfung der Individualität: Das Genie stirbt unfruchtbar oder vererbt seine hervorragenden Eigenschaften nicht. Es fehlt also sein Zucht-Ideal dar.

Das sind die Ausnahmen. In der Mehrheit der Fälle aber geht die Wirkung der Rassen-Mischung einen mittleren Weg. Der Rassen-Mischling hat zwei Wesens-Arten in sich und ist nach zwei Seiten hin entwicklungsfähig. Es kommt nur darauf an, wie die umgehenden Umstände die Entwicklung der einen oder der anderen Rassekraft begünstigen. Würde z.B. ein germanisch-mongolischer Mischling in die Umwelt des alten germanischen Heidentums versetzt, in jene freie Jagd- und Kampfwelt mit ihren geraden natürlichen Sitten, wo gar kein Raum wäre für Gelderwerb und händlerischen Lug und Trug, so würde in ihm wohl das Germanische obliegen, das Mongolische unterliegen – oder er würde beizeiten ausgeschieden werden. In einer Bürokraten- und Krämer-Welt aber, wo für die Entfaltung starker gerader Körper- und Seelenkräfte gar keine Gelegenheit ist, wo nur das willenlose Einordnen in die Schablone oder der niedere Sinn des listigen Erraffens und die Zerschlagenheit zur Geltung kommen können, wird umgekehrt der germanische Idealist in ihm ersticken und der nüchterne mongolische Nützlichkeits-Mensch sein Banner aufpflanzen. Hier erfolgt umgekehrt die Ausscheidung derjenigen, die dem rohen Materialismus sich nicht anzupassen wissen. Und in der Vererbung werden bei solchen Mischlingen immer mehr die Eigenschaften durchschlagen, die lebendig und aktiv waren.

Aus diesem Vergleich lassen sich alle Erscheinungs-Formen unseres modernen Lebens hinlänglich erklären. Das Germanische, das noch in einem Teile unserer Bevölkerung lebt, kann sich nirgend frei entfalten; es ist in den Hintergrund gedrängt, während das Mongolische und Semitische mit seinen niederen Schleichkünsten überall den Boden für sich bereitet findet und üppig emporwuchert. Blicke doch Jeder in sich selber! Findet er nicht mit seinen besten Regungen überall den stärksten Widerstand, so dass er sich mit diesen guten Eigenschaften wie ein Verratener und Verlorener in einer fremden Welt fühlt? Und da gibt es heute nur zwei Möglichkeiten: Entweder passt er sich dieser fremden Welt an und unterdrückt in sich alle edleren Triebe – oder er geht zu Grunde.

Was wollen denn alle die ehemaligen Tugenden des Germanen in dieser heutigen Welt? Was ist mit Mut, Treue, Ehrlichkeit, Offenheit, Wahrheitsliebe, Selbstlosigkeit heute anzufangen? Sie können das Fortkommen in dieser Welt nur erschweren, ja sie werden als Torheiten verlacht und verspottet. Der Träger solcher Eigenschaften unterliegt im Wettbewerb entweder völlig, oder er verleugnet sein innerstes Wesen und bemüht sich, auf das Niveau der Gemeinheit hinab zu steigen. Dort aber ist er nicht in seinem Element; er fühlt sich ratlos und hilflos. Er ist wie ein Fisch, der auf's Trockene geworfen wurde. War er in seinem Element flink, gewandt und kraftvoll – hier ist er ein unbeholfener Tölpel, der mit verzweifelten Zuckungen sich umher wirft und schließlich elend verschmachtet.

Es handelt sich also lediglich darum, den besseren deutschen Menschen wieder in sein natürliches Element zu versetzen, in eine Umwelt, die seinem Wesen genehm ist, in der er gedeihen kann. Und dazu genügt schon, dass in dieser neuen Welt einige der gröbsten Belästigungen des deutschen ehrlichen Geistes ausgeschaltet werden: der freie spitzbübische Wettbewerb, der Boden-Wucher, der geist-verblendende Dogmen-Glaube und die geist-lähmende Schule. Schaffen wir eine Wirtschaftsweise, in der ehrliche gerade Kraft zu ihrem Rechte kommt, wo der rechtschaffenen Arbeit nicht hinterrücks ihre Früchte wucherisch entrissen werden, wo im ehrlichen Vertrauen zu dem Nebenmenschen das Gemüt nicht beständig niedergebeugt wird, wo Redlichgesinnte sich einander verstehen und fördern können, so werden auch ehrliche deutsche Menschen hier wieder gedeihen, und die deutsche Art sich verjüngen und erneuern.

Auf die Frage, ob tausend Gärtner imstande wären ein ganzes großes Volk zu regenerieren, lässt sich folgendes erwidern: Gewiß ist nicht das ganze Volk gerettet, wenn tausend Bessere auswählen und in ihrer besseren Art schützen und stärken. Unsere Siedelung wird zunächst eine Oase in der Wüste sein; und die Oase vermag nicht, die ganze Würste mit prangendem Grün zu überziehen. Es können aber tausend Verschmachtende, die in der Wüste wandern, an der Oase Erfrischung und Stärkung finden. Die Wüsten-Wanderung wird erleichtert durch den Trost, dass in der Oase eine Erquickung winkt, ein Zufluchtsort ist vor den Gefahren der Oede. Und dann werden wir doch etwas mehr sein, als eine Oase. Es ist recht wohl möglich, dass der neue Pflanzgarten seine Samen und Früchte allmälig immer weiter hinausstreut, immer neue Gebiete hinzu gewinnt. Er wird vor allem auch, wenn er glücklich gedeiht, zum Vorbild werden und Nachahmung finden. Andere – vielleicht Sendlinge dieses neuen Pflanzgartens – werden ihre erprobten Kräfte und ihre gesammelten Erfahrungen anderswohin tragen, um dort neue Siedelungen nach gleichem Muster zu schaffen. So kann das Werk, organisch wachsend, langsam vorwärts schreiten, und es ist nicht abzusehen, wie hoch hinaus es sprießen kann.

Freilich ist dieses Werk nicht eine Aufgabe für heute und morgen; es muss mit Jahrzehnten, rechnen. Der Anfang – sei er auch noch so klein und noch so schwierig – er muss einmal geschehen. Denn wir, die wir nüchtern um uns blicken, sehen zur Zeit keinen anderen Weg mehr in eine lichtere Zukunft. Die Umgestaltungs-Bemühungen am großen Ganzen sind mit allen Mitteln und Kräften versucht worden und sind alle fehlgeschlagen. Wer will uns verdenken, dass wir in der Beschränkung unserer Kräfte, im Kleinen und Kleinsten beginnen, und uns ein Ziel setzen, das wirklich erreichbar ist? Wer kann uns verpflichten, das ganze Volk zu retten? Haben wir die Macht dazu? Ja will denn dieses Volk gerettet sein? Wälzt es sich nicht mit tiefem Behagen seinem Untergange entgegen?

Denken wir an uns selber und an unsere Nächsten! Wer Kinder hat und die Lage der Dinge klar überschaut, der kann sie mit schwerem Herzen hinausstoßen in eine Welt der Niedrigkeit und Verlogenheit, wo sicher alles Edle elend verkommen muss. Er wird sorgen, dass er den Seinen eine Zuflucht schafft, und sei es nur eine winzige Arche, um über die nahende Sündflut hinweg zu schwimmen und einige Menschenpaare für das neue bessere Leben zu retten, das nach der Sündflut kommt.

Wir wissen wohl: mit Worten werden wir Niemand überzeugen, aber wir hoffen, bald die Tat sprechen zu lassen. Wir wissen, dass unsere Gedanken abseits gehen von der Herde; aber wir wissen auch, dass sich Viele – und wahrlich nicht die Schlechtesten – an den Wegweiser klammern, den wir aufgerichtet haben, und dass sie mit banger Sehnsucht auf den Augenblick harren, wo sie die neue Lebens-Insel betreten können. Wir reden Niemandem zu, uns dorthin zu folgen; wenn nicht sein Herz dorthin ruft, dorthin drängt, der gehört nicht zu uns. Aber den Sehnsüchtigen, den nach neuem Leben Ringenden soll endlich der Weg gebahnt werden.

Grundzüge der Deutschen Erneuerungs-Gemeinde

(Der neue Glaube 2. Aufl. 1921) (zuerst erschienen im Hammer)

I. Entstehung und Beweggründe

Unsere Gemeinde verdankt ihren Ursprung der Sorge um des deutschen Volkes Zukunft. Sie wirbt ihre Anhänger unter denen, die sich der Zeitnöte bewußt geworden sind, ohne den Glauben an die bezwingende Macht starker Gedanken und entschlossener Taten verloren zu haben.

Wir erkennen, daß die besseren Elemente unseres Volkes im Treiben des modernen Kultur-Lebens zerrieben und verbraucht werden; die minderwertigen bleiben übrig und setzen den körperlichen wie geistigen Typus des Volkes herab. Wir sind nicht blind für die Großtaten unserer Zelt in Werken des Geistes und der Hand; wir wollen uns auch die Freude an solchen Werken nicht verkümmern lassen. Aber diese äußeren kulturellen Errungenschaften dünken uns zu teuer erkauft, wenn dafür Lebensfreude, Gedeihen und Zukunft der germanischen Rasse aufs Spiel gesetzt werden.

Die Geschichte lehrt uns, daß die germanischen Völkergruppen, wo immer sie aus den Nebeln des Nordens in die freundlicheren Gefilde der Südwelt kultur-schaffend und -erneuernd vorgedrungen sind, nach wenigen Jahrhunderten von minderwertigen Völkerfluten verschlungen wurden. Sie gingen an ihren Erfolgen, ihren Kriegstaten und Friedenswerken, wie Ihrem Mangel an Rassegefühl zugrunde.

In Deutschland und den angrenzenden Gebieten haben sich die Rechte des Germanentums erhalten, Sie blicken an den Gestaden, der Ostsee auf eine mehrtausendjährige ununterbrochene Geschlechter-Folge zurück. Die neuere Altertums-Kunde lehrt, daß hier ihre Wiege gestanden hat.

Nun hat die völker-verzehrende Handels- und Verkehrs-Zivilisation sich auch der letzten germanischen Stellung bemächtigt und zieht auch die noch übrigen Reserven unseres Volkstums in ihren verhängnisvollen Strudel. Wir stehen vor dem nationalen Zusammenbruch. Fremde Volks-Elemente dringen immer mehr in Deutschland ein, verdrängen uns aus vielen Positionen und fälschen unsere Lebensziele. Geist und Sitte des Tages nehmen immer mehr ein undeutsches Gepräge an; Literatur und Kunst stehen zum reichlichen Teil unter dem Einflusse des Fremdgeistes Selbst die Wissenschaft stellt sich zum Teil in den Dienst der volksverderbenden Mächte und hilft die allgemeine Geistestrübung fördern. Die Religion hat die Macht über die Gemüter verloren, und die Kirche lehrt zum Teil Dinge die der bessere neuzeitliche Geist ablehnen muß.

Wenn wir uns in all diesen Stücken keiner Selbsttäuschung überlassen, so geben wir doch auch denen nicht Recht die den Verfall unserer Rasse bereits als besiegelt und unaufhaltbar betrachten. Wir glauben vielmehr, daß der germanische Lebensbrunnen in neuer Unversiegbarkeit sprudeln wird, sobald wir ihn aus der Verschüttung ausgraben.

Wir erkennen in den heutigen Zeitnöten heilbare Zeit-Krankheiten, die daraus entspringen, daß wir uns von den naturgemäßen Lebens-Bedingungen der germanischen

Rasse entfernt haben und uns zu einer undeutschen zuchtlosen Lebensführung verleiten ließen.

Jede Art und Rasse steht unter bestimmten Lebens-Gesetzen. Entfernt sie sich von diesen Grundlagen Ihres Daseins, wird sie Ihrem eigenen Wesen untreu so droht ihr Krankheit und Verfall. Wir wollen darum die leiblichen und sittlichen Lebens-Bedingungen unserer deutschen Art neu erkennen und Wegweiser aufrichten, die unser Volk zu feinem Heilswege zurückführen. Wir müssen ihm zunächst eine befestigte Verteidigungs-Stellung gegenüber den feindlichen Mächten schaffen und ihm dann die freie Bahn für seine geschichtliche Entwicklung zurückerobern.

Wir erkennen, daß es zur Erreichung dieser weitgesteckten Ziele entscheidender Schritte bedarf. Es ist dazu für erst eine seelische Umprägung unseres Volkes nötig, eine innere Aufrichtung und Willens-Festigung, eine Abkehr von fast allem, was heute dem Tagesgeiste als preiswert erscheint.

Wir suchen diese Erneuerung nicht in gesteigerten Äußerungen der Kritik und Politik, nicht in möglichst umfassender Anteilnahme am Welt-Verkehr und Weltbesitz nicht in raffinierter Entfaltung äußerer Bildungsbehelfe und Kulturmittel; wir erwarten die Erlösung nicht durch die wunderbare Entwicklung der Technik, nicht durch die Werte der Kunst und Wissenschaft, auch nicht durch wirtschaftliche Revolutionen und politische Neu-Gestaltungen. Was uns not tut, ist für erst die planmäßige Zurechtweisung entarteter Instinkte – im Verein mit einer stärkeren Würdigung des gefunden Körpers, und im Zusammenhang damit rassische Erneuerung. Unser heutiges Geschlecht leidet unter der Verirrung und Überschätzung des geistigen Bildungs-Wesens, sowie unter einer Vernachlässigung der körperlichen Verfassung und der erblichen rassischen Kräfte, vor allem unter einer Verkennung der Wichtigkeit des Blutes.*)

*) Was hier zehn Jahre vor dem Kriege angekündigt wurde, hat sich inzwischen durch die furchtbaren Tatsachen des Weltkrieges und der Revolution vollzogen, Aber auch heute lassen wir die Hoffnung auf eine neue Aufrichtung unseres Volkes nicht sinken.

II. Nächste Aufgaben und Wege

Eine Sammlung der besten Kräfte für diese Ziele ist um so dringender nötig, als die erfolg-anbetende Masse – auch unsrer Gebildeten – im Begriff steht, sich in den Strudel industrieller und kommerzieller Welt-Eroberungs-Gelüste zu stürzen, in einen Strudel, der auch die letzten gesunden Reserven unseres Volkstums verschlingen muß. Alle Besonnenen werden vorläufig schon deshalb von der überseeischen und außerländischen Erfolgs-Jägerei Abstand nehmen, weil wir zur Zeit nur mit knapper Not im eignen Lande uns des Ansturmes feindseliger Mächte erwehren können. Eingekeilt zwischen allerlei Feinde, von allen Seiten durch Fremdtum bedrängt, werden wir nur durch planvolle Entfaltung unsrer besten Kräfte uns noch behaupten können. Wir müssen im Augenblick all unsere Energie auf die innere Verteidigung verwenden.

Zu unserer Selbst-Klärung und Selbst-Festigung beginnen wir bei dem Innersten. Unser Wirken nach außen kann nicht planvoll und einheitlich sein, solange wir der gefestigten Grundsätze und Ideale entbehren. Das Dringendste für uns ist daher eine Abklärung unserer sittlichen Anschauungen; wir bedürfen eines neuen umfassenden national-religiösen Bekenntnisses, einer gefestigten deutschen Lebens-Anschauung.

Bei dem Ernst der Lage und der Höhe unserer Ziele dürfen wir unumwunden Abrechnung halten mit Allem, was uns als gewohnheitsmäßige Überlieferung anhängt. Wir müssen an alles Überkommene unerbittlich den neuen Maßstab anlegen: ist es unseren Zielen förderlich oder nicht? Wir müssen so viel Selbst-Überwindung besitzen, um da, wo es nötig ist, auch mit liebgewonnenen alten Anschauungen zu brechen, wenn sie unserem Ziele im Wege stehen. Gerade das Überkommene und blindlings Übernommene ist es ja, das uns vielfach zersplittert, lähmt und irreleitet. Daher muß unser erster Bekenntnis-Satz lauten:

„Ich will mich frei machen von allem, was ich bei rückhaltloser Prüfung als Vorurteil und Irrtum erkenne und was dem Hochziele unserer Volks-Erneuerung hemmend im Wege steht."

Die Pfeiler, auf die wir uns weiterhin stützen müssen, ergeben sich aus Folgendem:

Der Mensch und seine Kultur gedeihen nur im Zusammenhalt mit Gleichgearteten, durch gegenseitige Förderung. Alle höheren Lebenswerte sind nur erreichbar durch das Zusammenwirken Vieler; wo zersplitterte Kräfte sich gegenseitig aufreiben, da halten Auflösung und Verfall ihren Einzug.

Rücksichtslose Selbstsucht ist unverträglich mit einem dauernden Gedeihen der Gesamtheit; sie kann wohl vorübergehend dem Einzelnen Vorteil verschaffen, bringt aber die Gemeinschaft herab.

Nichts hat so sehr unsere nationale Hilflosigkeit verschuldet, als jener grobe, kurzsichtige Egoismus, der sich heute als Lebens-Klugheit anpreist. Die Selbstsucht entzweit und vereinzelt die Menschen und erzeugt schließlich das Gefühl grenzenloser Vereinsamung und Verödung in den Herzen. Sie verwandelt das Leben in eine Welt der Feindseligkeit, raubt ihm alle beseligenden Kräfte.

Wollen wir die feindlichen Mächte mit Erfolg bekämpfen, so bedarf es unter uns einer starken Gemein-Bürgschaft. Ein machtvolles Einheits-Gefühl muß uns verbinden und auch dem Schwachen und Ratlosen Kraft und Rückhalt verleihen.

Für diese starke Gemeinschaft wollen wir alle Jene zu gewinnen suchen, die unseres Geistes und unserer Art sind und sich Eins mit uns wissen in ihrem Streben. Wer sich zu unseren Grundsätzen bekennt und gleiche Vorbilder mit uns verehrt, der soll – auch als Geringster unseres Volkes – in unserer Gemeinde willkommen sein. Wer aber verabscheut, was wir ehren, und wer verherrlicht, was uns verächtlich dünkt, mit dem haben wir nichts gemein, den weisen wir von Herd und Schwelle.

Wir verehren die Mächte des aufsteigenden Lebens. Sie weisen uns den Weg zur Klarheit und zur rechten Sitte. Aber Klärung und Sittigung beruht auf Scheidung und Unterscheidung. Was wir durch sittliche Kräfte zu erringen suchen, wollen wir nicht denen preisgegeben sehen, die ihr Werk auf Selbstsucht und trügerische Verstrickung gründen. Unsere Welt des Lichtes und der Wahrheit muß geschieden bleiben von den Mächten der Finsternis; sie muß sich absondern von dem Geiste der Niedertracht und des Verfalles.

III. Bekenntnis-Sätze

Wir sind Real-Idealisten. Zu den höchsten geistigen Zielen aufstrebend, vergessen wir doch nicht die materiellen Grundlagen, deren das Leben bedarf, und lenken daher unser Augenmerk zunächst auf den Grund und Boden, auf dem Alles steht und lebt.

Wir wissen, daß der Boden als Wohn- und Werkraum das Unentbehrlichste für jedes werktätige und ehrliche Volk darstellt. Wir wissen, daß alle arischen Völker zugrunde gingen, die sich von der Mutter Erde loslösten und Grund und Boden zur käuflichen Ware erniedrigten. Die feste Beziehung zur heimischen Scholle gehört zu den Daseins-Bedingungen der arischen Welt. Mit der Verkäuflichkeit des Bodens hält die semitische Markt- und Verkehrswelt ihren Einzug, in deren Luft der Arier auf die Dauer nicht gedeihen kann.

Den Grund und Boden wieder in seine urewigen Rechte einzusetzen — als unveräußerliches Heiligtum der Nation bleibt darum eine der ersten Vorbedingungen für die Wieder-Erstarkung unseres Volkstums. Wir fordern sonach die Unverschuldbarkeit und Unverkäuflichkeit des Grund und Bodens, wie sie im alten sächsischen Recht bestand.

In der Boden-Kultur sehen wir nicht nur die Quelle der unentbehrlichsten Lebensgüter, sondern auch die Grundlage der arischen Lebens-Ordnung und Sittlichkeit. Darum hegen wir eine innige Anteilnahme an dem Gedeihen der Acker-Wirtschaft und des Bauernstandes. Wir erkennen die überwiegende Bedeutung der Boden-Bebauung gegenüber allen anderen, zum Teil entbehrlichen Gewerben an und sind deshalb gewillt, das Daseins-Recht des Land- und Gartenbaues allen anderen Berufen voranzustellen.

Die schaffende Arbeit halten wir in Ehren und verabscheuen den Müßiggang. Alle Arbeit ist uns eine willkommene Gelegenheit zur Betätigung und Erprobung unserer Kräfte und Fähigkeiten; so gewährt sie uns eine tiefe innere Befriedigung.

Es gibt keine sichere Bekundung unserer Lebenskraft und unserer Lebens-Freudigkeit, als die sichtbaren Werke unserer Hand und unseres Geistes. Wir wissen auch, daß ohne die Geist und Körper stählende Arbeit kein Geschlecht auf die Dauer sich gesund erhalten kann. Trägheit und Untätigkeit wirken auf Leib und Seele erschlaffend und untergraben den sittlichen Halt.

Ein arbeits-scheuer Mensch ist immer ein schlechter Mensch, der schließlich vor Lug und Trug und Verbrechen nicht zurückschreckt. Die Arbeits-Scheu zwingt zur Unehrlichkeit. Ein Geschlecht, das ohne Arbeit sein Fortkommen sucht, wird zum Träger der Lüge und Falschheit.

Es gibt Geschlechter, die, von falschen Lebens-Genüssen verblendet, den Sinn für das beglückende Wesen der Arbeit verloren haben. Zu beständiger Selbsttäuschung gezwungen, führen sie ein Leben ohne rechtschaffenes Ziel – ein Leben in Unwahrhaftigkeit.

Uns kann nicht mehr die Frage beunruhigen: Wozu sind wir am Leben? — Denn wir finden in dem Wirken für unsere Gemeinschaft, in der Lösung der unbegrenzten Aufgaben, die uns ein gemeinsamer Heils-Gedanke setzt, ein volles Genüge und einen erhebenden Lebenszweck.

So lange Niemand sagen kann: heute ist Menschheit und Erdenglück vollendet und keiner höheren Stufe mehr fähig, solange noch Mängel und Beschwernisse des Lebens zu bekämpfen sind, so lange ist unser Ziel nicht erfüllt, solange ist ein Sporn vorhanden, der unsere Lebenskraft nicht ermatten läßt. Da aber die Entwicklungs-Fähigkeit der Geschöpfe Gottes eine unbegrenzte ist, so kann unser beglückendes Streben nie ein Ende finden.

Da aber nur ein starkes und rüstiges Geschlecht wahres Lebensglück finden und das Leben aufwärts tragen kann, so muß uns die Aufzucht des Starken und. Tüchtigen besonders am Herzen liegen. Mag auch der Kranke und Elende unseres Mitleids sicher sein, so wollen wir doch über die Hilfe, die wir dem Dürftigen gewähren, nicht die Fürsorge für die Gesunden vergessen; wir sind daher in der Fortzucht unseres Geschlechtes auf eine vernünftige Auslese bedacht.

Um das Elend in der Welt nicht ins Maßlose zu mehren, fordern wir aus echter tiefer Menschlichkeit, daß alles leiblich, geistig und sittlich Mißartete unerbittlich von der Weiterzucht ausgeschlossen wird. Die Welt gehöre den Gesunden.

Wir verfallen deswegen jedoch nicht einem Fatalismus der Vererbung: wir unterschätzen nicht die verjüngende Kraft einer heroischen Denkweise. Im sittlichen Willen, der nicht losläßt vom Entschlusse der Pflicht-Erfüllung und des Gemeinschafts-Dienstes, schlummern Kräfte des Heils und der Genesung. Wir rufen darum jedem Aufrichtigen zu: Verzage nicht! Vertraue!

Die Gesund-Erhaltung unsres Geschlechtes gehört zu unseren obersten Geboten. Darum bekämpfen wir nicht nur an uns selber, sondern auch an unserer Umgebung jede Art von Ausschreitung im Genießen und den Gebrauch verderblicher Genußmittel. Wir fordern Mäßigung in der Befriedigung aller Triebe und Abweisung alles Unnatürlichen und Vernunftlosen. Wir gedenken des Wortes: Genießen macht gemein.

Es gibt eine falsche Humanität. Wer das Entartete und Verkommene zu erhalten trachtet, der engt dem Gesunden und Starken den Raum ein, der drückt das Leben der Gesamtheit herab, und vermehrt die Leiden und Lasten des Daseins und hilft dem Leben Glück und Sonne rauben.

Wo Menschenkraft das Leid nicht besiegen kann, da ehren wir den Tod als Freund und Erlöser.

Wir gönnen Allen Raum auf Erden und achten auch den Menschen, der nicht unserer Art ist. Doch läßt unsere allgemeine Menschenliebe uns nicht die Tatsachen verkennen, die aus der Wesens-Verschiedenheit der Menschen-Arten entspringen. Wir erkennen den Unterschied der Menschen-Rassen: ein neues Lebens-Bewußtsein schöpften wir aus dieser Erkenntnis.

Wir kennen die Schäden, die aus dem Durcheinander-Leben und Vermischen verschiedener Rassen für die leibliche und sittliche Wohlfahrt entspringen. Wir ahnen das Geheimnis des Blutes und wollen nicht gegen sein Walten freveln. Wir wollen unser Blut wie ein heiliges Vermächtnis hüten und es rein halten, denn in diesem Blute sind uns hohe unersetzliche Kräfte gewährleistet.

Das Geschlechts-Leben ist uns nichts Beiläufiges; wir erkennen seine hohe Bedeutung und wissen, daß von seiner weisen Führung und Anleitung Glück und Gedeihen der Zukunft abhängt. Wir kennen die Tatsachen der Erblicheit und wissen, daß in unseren Kindern die Erben unserer Eigenschaften fortleben und daß ein strenges Geschick an ihnen Vergeltung übt für die Verfehlungen, die wir begingen und deren Folgen nicht bereits an uns selber heimgesucht wurden. Es muß aber unser Gewissen beschweren, für unsere Sünden Unschuldige leiden zu sehen. Darum wollen wir uns freihalten von Zuchtlosigkeit, die unser Geschlecht belastet.

Wir maßen uns nicht an, Erzieher und Heilbringer für das gesamte Menschen-Geschlecht sein zu wollen. Wir begehren daher nicht, andere Völker und Rassen nach unserem Geiste zu modeln und ihnen Sitten und Anschauungen aufzudrängen, die für sie fremd und unnatürlich sind. Wir wollen jeder Rasse das Recht gewahrt sehen, in ihrem eignen Geiste zur Vollkommenheit zu streben. Wir bescheiden uns daher auf die Pflege und Förderung unsres eignen Geschlechtes.

Mit der Erkenntnis, daß wir in unseren Kindern fortleben und daß die Ewigkeit für uns den Sinn einer dauernden Geschlechter-Folge hat, verknüpfen wir die weitere Einsicht, daß der gesunde, art-starke Körper die Grundlage und Vorbedingung für eine sichere Kultur-Entfaltung bildet. Wir sehen, daß die alten Kulturen dahinsiechten, sobald die Rassekraft der Völker sich erschöpfte.

Wir erachten die Kultur aber nicht als eine Errungenschaft, die notwendiger Weise durch die leibliche und seelische Aufbrauchung des Geschlechts erkauft werden müßte. Denn in solchen Fällen wäre sie nicht nur wertlos, sondern ein Feind der Menschheit. Wir sind der Ansicht, daß sich die Kultur recht wohl mit der Pflege und Blüte des Menschentums verträgt, ja, daß es ihre vornehmste Aufgabe bleiben muß, das Menschen-Geschlecht selber zur höchsten Vollkommenheit zu führen. Wenn sie bisher das nicht leistete, so war sie irregeleitet.

Wir schreiten darum von der Pflege äußerlicher Lebens-Behelfe zur Pflege des Menschen selber fort. Wir legen das größte Gewicht auf die Erhaltunq der rassischen Kraft durch vernünftige Vorschriften und Auslese für die eheliche Paarung Wir lenken unser Augenmerk auf Erhaltung und Vermehrung der in unserem Volke noch vorhandenen starken und gesunden Elemente. Wir wollen die Erkenntnis verbreiten helfen, daß nur aus gesunden Eltern ein Geschlecht hervorgehen kann, das auf Erden Glück findet und das Leben auf der Höhe zu halten vermag. Denn füglich ist es die höchste Aufgabe der menschlichen Kultur, das Edle, Starke und Heldenmütige zu züchten, und nur was diesem Ziele gerecht wird, kann Anspruch auf wahre Sittlichkeit erheben. Unsittlich und kulturfeindlich ist Alles, was das Geschlecht herunter bringt.

Wenn die moderne Welt den Erfolg an Geldsinn, Wucher und Untreue knüpft und solche Laster mit feilen Genüssen krönt, so modelt sie unser Volksleben nach einem Vorbilde, das nicht deutschen, sondern orientalischen Ursprungs ist.

In der Auffassung, wie der Menschengeist zu seiner besten Entfaltung zu bringen sei, weichen wir von der herrschenden Anschauung ab. Wir erkennen, daß die moderne Bildung und Erziehung zum Teil recht fragwürdiger Natur ist und oft weit mehr zur Schädigung als zur Hebung unseres Volksgeistes beiträgt. Wir gewahren überall im praktischen Leben die Unzulänglichkeiten der herrschenden Bildungs-Methode. Wir sehen, daß der so übermäßig mit Schulung gequälte Deutsche an der Ostgrenze vor den slavischen Analphabeten zurückweicht, – daß unsere gebildeten Stände ratlos den Anmaßungen eines aufgewiegelten Proletariats gegenüberstehen, – daß der deutsche Geschäftsmann von ungebildeten Hebräern und Thartaren die vor kurzem erst über die russische Grenze einwanderten, aus seiner Position geworfen wird.

Alle Schul-Bildung hat nicht vermocht, unserem Volkstum für den Lebenskampf die rechte Tüchtigkeit und Wehrhaftigkeit mitzugeben, wohl aber hat sie ein Bildungs-Prozentum großgezogen, das völlig blind ist für alle Nöte unserer Zeit und unser Volk seinen Verderbern preisgibt.

Wir schlagen die Geistesbildung hoch an, wir suchen sie aber auf einem anderen Wege als die heutige Schule. Die bloße Gedächtnis-Übung hat mit der freien Entfaltung der intellektuellen und sittlichen Kräfte nichts zu tun.

Andererseits lehnen wir den rohen Materialismus unserer Zeit ab. Wir wollen nicht den Geist im Stoffe ersticken sehen, nicht um eitlen Glanz und Genuß die Zukunft unseres Geschlechtes preisgeben. Für die Ewigkeits-Werte menschlicher Geisteshöhe wollen wir gern auf den Schein-Erfolg des Augenblicks verzichten. Wir wollen den Geist rüstig, tatfroh und opfermutig erhalten und darum Genußgier wie Selbst-Überhebung von uns abweisen.

Wir können darum jene Verstandes-Flitter nicht hoch anschlagen, die heute der Jugend als Bildung verabreicht werden. Es ist Oberflächen-Bildung, die den wahren Geist nicht berührt. Unsere Schul-Bildung entkräftet die gesunden Sinne durch Überlastung mit nutzlosem Wissens-Ballast; sie liefert Geister von gebrochener Energie, die zumeist in Tatlosigkeit und Stumpfheit hinvegetieren. Noch mehr aber schadet diese falsche Schulung dadurch, daß sie einen Geist der Anmaßung großzieht, der hochmütig auf die rechtschaffende Arbeit der Hand herabblickt und eine Scheidegrenze setzt zwischen sich und dem schlichten ehrlichen Volke.

Dem gegenüber erkennen wir das Ziel einer echten Geistesbildung in der Pflege des sittlichen und heroischen Willens, in der Stärkung gesunder Instinkte und Urteilskräfte, in der Pflege des Charakters der Treue und Ritterlichkeit, der nationalen Gemein-Bürgschaft, kurz: in der Wehrhaftmachung unseres Volkes gegen innere und äußere Feinde – alles Dinge, von denen unsere heutige Schule so gut wie nichts weiß.

Wir erblicken daher eine der dringendsten Aufgaben darin, durch Schaffung nationaler Neu-Schulen unsere Jugend aus der Zwangsjacke der heutigen Schulregelei zu befreien.

IV. Das geistige Band

Zu solchen Zielen knüpfen wir unter einander ein festes Band ohne Zwang und Gewalt, lediglich durch ein freiwilliges Gelöbnis.

Unsere Gemeinde bindet ihre Glieder nicht anders als durch den freien sittlichen Entschluß, durch die Überzeugung von der Heilsamkeit unseres Weges. Sie achtet die individuelle Freiheit und fordert nirgend ein Opfer des Intellekts, nie eine Handlung gegen die bessere Einsicht. Gesunder Lebenssinn ist so fest mit Gemeingeist und wahrer

Sittlichkeit verknüpft, daß es weder veralteter Dogmen, noch körperlicher oder seelischer Beschneidungen bedarf, um den vernunftvollen Menschen auf dem Wege des Heils zu erhalten. Uns leitet nicht ein „Du sollst", sondern ein „Ich will".

Wir suchen ernstlich und rechtschaffen die Erkenntnis der Wahrheit und wollen nicht irgend welchen Lehrsätzen zuliebe die freie Geistes-Entfaltung gehemmt sehen.

Forschung und Wissenschaft können niemals unsere Überzeugung gefährden und beeinträchtigen. Soweit sie neue Einsichten in den natürlichen Zusammenhang der Dinge und Geschehnisse erschließen, sind sie willkommene Gehilfen unserer Erkenntnis. Sie vermitteln uns ein umfassendes reales Weltbild und bewahren unseren Geist vor Wahn-Vorstellungen.

In inniger Fühlung mit der lebendigen Natur befreit sich unser Geist von den Schlacken einer scholastischen Trugwelt; er gewinnt eine sinnige Anteilnahme an Natur und Leben und eröffnet uns die Bahn in das Reich des Schönen. Er strebt nach harmonischer, künstlerischer Gestaltung aller seiner Gedanken, Werke und Ziele, alle diese wiederum in den Dienst der gemeinsamen Heils-Absichten stellend.

Hierdurch erhält unser Leben eine vernünftige Zwecksetzung, die über das jeweilig Erreichbare sich erhebt und dadurch erhebend auf Alle zurückwirkt. Der erstrebte Ideal-Zustand ist uns das, was man sonst das Jenseits nennt: ein über den zeitlichen Möglichkeiten schwebendes Zukunfts-Bild, das Reich des Guten und Vollendeten – das Reich Gottes.

Aus dem gemeinsamen Heils-Streben der idealgerichteten Gedanken-Führung erwächst uns in voller Klarheit die sittliche Norm: das Gesetz, das unsere gesellschaftliche Welt zu beherrschen hat. Es gebietet, allerwegen den persönlichen Vorteil zurücktreten zu lassen gegenüber dem Gemeinwohl. Wir ehren das Gesetz, das wir aus tiefer Erkenntnis uns selber setzen; wir wissen, es dient zu unserem Heile.

Aber wir wissen auch, daß die Vergangenheit schon zu wiederholten Malen die Höhen und Tiefen der Geisteswelt erschlossen hat. Wir suchen darum Fühlung mit dem Weistum unserer Alt-Vorderen und warnen vor Überschätzung augenblicklicher Neu-Schöpfungen. Wir fordern Ehrfurcht vor den Ewigkeits-Werten der arischen Vergangenheit, vor dem in alten Weistümern wie in den Tatsachen der Menschheits-Geschichte sich offenbarenden Gesetz, das wir schlechtweg das göttliche nennen.

Diese Selbst-Beschränkung und mäßigende Zucht unseres Geistes bewahrt uns vor Überhebung und Ausschreitung, sie reinigt unseren Willen. Sie zwingt die alten Dämonen der Menschheit nieder und führt die von Leidenschaften und trüben Instinkten Irregeleiteten in heilsame Bahnen.

Das Gesetz ist der Stab und Stecken, dessen der Schwache und Irrende bedarf, um sich auf dem rechten Wege zu halten. Das Gesetz ist der Zaun, der eine blühende Fläche für freies Lebensspiel abgrenzt von der Wüstenei, von den Sümpfen und Abgründen der Verderbnis.

Unser Gesetz sei ein Wegweiser dem Irrenden, nie aber werde es zur zwingenden Fessel, zur starren Schranke für den darüber hinaus strebenden, wachstumfähigen Geist.

Alles Gesetz ist ein Notbehelf, ein Hilfsgerät – kein Zweck an sich. Es ist ein Zaun, den wir um gepflegte Beete ziehen, damit fremde Willkür sie nicht zertritt; es ist eine Schranke, die das gesicherte Gefild abgrenzt, damit der Unsichere und Schwankende sich nicht in Abgründe verliere. Es bedarf solcher Schranken, denn es gibt in der Welt Kinder und Unmündige – und wilde Tiere. Diejenigen, die Alles dem freien Ermessen des Einzelnen anheim stellen wollen, vergaßen das.

Wir setzen den Zaun, aber wir lassen darin eine Pforte offen für den Weg in das freie Gefilde des höheren Willens. Wir vergessen nie, daß nicht der Mensch um des Gesetzes willen, sondern das Gesetz um des Menschen willen da ist.

Der geläuterte Wille lehrt die Jugend und übt sie in milder Zucht; das Gesetz jätet durch strenges Strafrecht das Unverbesserliche aus, ehe sein Unkraut-Samen alle Äcker und Blumenbeete durchwuchert. Es hält den Verkehr in den notwendigen Schranken; es verhütet, daß Eigennutz und blinde Gier das Allwohl gefährden. Es setzt den wilden Fluten der Erwerbs-Gier einen Damm, damit sie nicht erstickend über der freien. Menschenseele zusammen schlagen.

So arbeitet der geläuterte Gemeinwille zuförderst an der Bekämpfung der alten Dämonen in der Menschenbrust und pflegt eine starke und gesunde Selbstbehauptung der besseren Instinkte, zur Wahrung unseres Kultur-Besitzes. Er sucht in erreichbarer Zeitlichkeit rein und lauter zu entfalten, was Natur, Gott, Weltwille in uns hineingelegt haben.

So setzt sich aus der Harmonie des Denkens, Wollens und Schaffens ein Reich zielbewußten züchterischen und schöpferischen Wirkens zusammen, das von dem gesunden Drange erfüllt ist, den Menschen seinen fernsten und höchsten Zielen entgegen zu führen.

Über all dem wollen wir aber nicht vergessen, daß wir im Reich des Sittlichen die Erben einer großen Vergangenheit sind und daß wir den inneren Zusammenhang mit ihr nicht verleugnen dürfen.

Aber dieser Rückblick lehrt uns noch ein Anderes. Von einer größeren Höhe aus gewinnt alles menschliche Denken und Wollen den Sinn des Beschränkten und Unzulänglichen. Wir bringen mit all unseren Worten und all unserem Ringen nur einen Teil dessen zum Ausdruck, was in uns lebt. Denn hinter der Welt des Meßbaren und Begreiflichen gewahren wir überall eine Welt des Unbegrenzten und für uns Unfaßbaren. Und selbst wo wir mit ahnendem Gefühl in die Tiefen des Unerforschlichen dringen, da erweist sich die Sprache als ein unzulängliches Mittel, um zu enthüllen, was wir schauten. Darum soll das geschriebene Wort nie als ein Unfehlbares gelten, sondern nur als ein hüllendes Gewand, hinter dem wir Kern und Wesen zu erkennen trachten.

Wir fühlen Welt und Leben als ein Unerschöpfliches und Unergründliches und beugen uns vor unfaßbaren Mächten, die kein Menschenwille zwingen und regeln kann. Aber wir wissen, daß diese Kräfte unserem Wesen nicht feind sind, so lange wir uns als ein Teil von ihnen fühlen und in ihrem Sinne lichtwärts streben. Wir vertrauen daher dem Sterne reinen Menschentums – auch über unsere Erkenntnis und unsere Macht hinaus.

Mit solcher Einsicht ausgerüstet, treten wir entschlossen einer Welt der Auflösung und Verwirrung entgegen und versuchen sie neu zu ordnen. Wir brechen den Bann alter Geistes-Trägheit und die Fesseln trügerischer Schein-Mächte, die ein roher, nur auf materiellen Gewinn und Genuß gerichteter Geist um unser Volk geschlungen hat.

Wir brechen die Todes-Starre, die sich über die Geister zu lagern begann, und wollen neues Hoffen und Leben in die durstenden Seelen gießen. Mögen sich alle zu uns scharen, die noch lebendigen Geistes sind und sich zu tapferer Grals-Hüterschaft berufen fühlen.

Wir sind die nach dem Leben Ringenden, die sich entschlossen scheiden von denen, die in Lässigkeit zum Grabe taumeln.

Es wird sich nun darum handeln, das, was hier nur flüchtig umrissen wurde, mit lebendigen Gestalten auszufüllen, damit es plastisch und zwingend vor die Menschenseele tritt. Aber das kann nicht ein Werk von heute auf morgen sein. Zur Mitarbeit an diesem Werke sei unser ganzes Geschlecht aufgerufen: alle, denen künstlerisches Vermögen, dichtende Phantasie und gestaltendes Denken verliehen ist. Jeder an seinem Teile. Die Besten und Stärksten aber werden sich mühen, uns ein Dasein vorzuleben, das von solchem heiligen Geist und Willen erfüllt ist – zum Heile Aller.

Die Deutsche Erneuerungs-Gemeinde hat sich im Jahre 1904 in Anlehnung an die vorstehend abgedruckten „Grundzüge" gebildet. Sie hat es seither vermieden, an die breitere Öffentlichkeit zu treten und für ihre Anschauungen zu werben. Vielmehr ist sie darauf bedacht gewesen, – eingedenk des Lagardeschen Wortes, daß das Gedeihen einer neuen sittlich-religiösen Gemeinde auch eine räumliche Abscheidung von dem verwüstenden Getriebe der modernen Entartungs-Kultur bedürfe – in stiller Wald- und Land-Einsamkeit ein Siedelungs-Gelände für ihre Mitglieder vorzubereiten. Zu diesem Zwecke hat sie die Siedelungs-Gesellschaft Heimland ins Leben gerufen und ein Gut in der Ostprignitz erworben, wo nunmehr die Ansiedelung begonnen hat. Sie will mit der geistig-sittlichen Reform eine Neugestaltung der ganzen Lebensweise verbinden. In dem Bewußtsein, daß inneres und äußeres Leben in inniger Wechselbeziehung stehen und das eine nicht ohne das andere umgestaltet werden kann, erstrebt die Gemeinde eine Erneuerung, die sich auf alle Lebensgebiete erstreckt: Wirtschaftsweise, gesellschaftliche Sitten, Tracht, Schule, Erziehung usw. nicht ausgeschlossen. Die Siedelung verwirklicht deshalb zunächst den Gedanken der „Bodenreform"; der Grund und Boden bleibt Gemein-Eigentum der Genossenschaft und wird den Mitgliedern in Pacht gegeben. Boden-Spekulation und Boden-Wucher ist somit ausgeschlossen. (Näheres ergeben die Satzungen und Werbeschriften.)

Die Zugehörigkeit zur Erneuerungs-Gemeinde erfordert jedoch nicht die Beteiligung an der Siedelung selbst; die Gemeinde will auch diejenigen sammeln, die auf der Grundlage der hier dargestellten Anschauungen innerhalb der bestehenden Verhältnisse eine Lebens-Erneuerung an sich beginnen wollen. Es soll auf den Versuch nicht verzichtet werden, auch innerhalb unserer Kultur-Gesellschaft eine neue Lebensordnung anzubahnen.

Zu diesem Zwecke mögen sich auch in den Städten Erneuerungs-Gemeinden bilden, die aber letzten Endes aus den ländlichen Siedelungen ihre Kraft ziehen werden.

Das Organ der Erneuerungs-Gemeinde ist die seit 1902 in Leipzig (Königstr. 17) erscheinende Zeitschrift „Hammer", in der auch der Meinungs-Austausch über hier berührte Fragen und der weitere Ausbau des deutschen Religions-Gedankens sich vollziehen soll.

* Geschrieben 1904

Quellen und Abbildungsnachweis

Archive

Bundesarchiv Koblenz
R 26 Vorl. 887

Brandenburgisches Landeshauptarchiv Potsdam
Pr. Br. Rep. 6B Kreisverwaltung Ostpriegnitz

Staatsarchiv Hamburg
Nachlass Wilhelm Marr A 67
Politische Polizei 331-3

Stadtarchiv Leipzig
Stadtverordnetenversammlung Nr. 8990
Stadtverordnete – Trauerfälle T3 Bd. 4

Forschungsstelle für die Zeitgeschichte in Hamburg, Bestand Bartels, Sign. 11

Abbildungsnachweis

1	*Lehmann, P. (1922): Neue Wege. Aus Theodor Fritsch's Lebensarbeit, Leipzig*
2 bis 4	*Festschrift zum fünfundzwanzigjährigen Bestehen des Hammer, Leipzig 1936*
5	*Bundesarchiv Koblenz R 26 Vorl. 887*
6	*Ford, Henry (1922): Der internationale Jude*
7a/b	*Titelseiten der Ausgaben „Stadt der Zukunft" von 1896 und 1912*
8	*Hammer 1908, Nr. 150, S. 556*
9	*Hammer Jg. 1904, S. 60*
10	*Die völkische Bewegung im Kaiserreich, Darmstadt 2001*
11	*Frecot, J., J.F. Geist und D. Krebs (1977): Fidus 1868-1948, München*
12	*Deckblatt des Inhaltsverzeichnisses der Zeitschrift „Gartenstadt", 1911*
13 und 14	*Auster, R. und F. Lang (2002): Reform des Bauens ist Reform des Lebens. Das Begleitheft zur Ausstellung anläßlich des 100. Gründungsjubiläums der Deutschen Gartenstadtgesellschaft (1902), Berlin-Friedrichshagen*
15	*Titelseite „Die deutsche Gartenstadtbewegung", 1911*
16	*Hans Kampffmeyer (1909): „Die Gartenstadtbewegung", Titelseite*
17	*Jurczyk, Paul (1941): Die gemeinnützige Obstbausiedlung Eden – ein Beitrag zum genossenschaftlichen Siedlungswesen, Berlin*
18	*100 Jahre Eden. Eine Idee wird zur lebendigen Philosophie, Eden 1993*
19	*Buchholz, K., R. Latocha, H. Peckmann und K. Wolbert (Hrsg.)(2001): Die Lebensreform, Darmstadt*
20	*100 Jahre Eden. Eine Idee wird zur lebendigen Philosophie, Eden 1993*
21 bis 23	*Buchholz, K., R. Latocha, H. Peckmann und K. Wolbert (Hrsg.)(2001): Die Lebensreform, Darmstadt*
24 und 25	*Die Deutsche Gartenstadtbewegung, Berlin-Schlachtensee 1911*
26 bis 30	*Joswig, W. (1994): Die erste deutsche Gartenstadt, Cottbus*
31	*Joswig, W. und H. Rippl (1997): Fürst-Pückler-Land – Die Vision von einem Land in unserer Zeit, Delitzsch*
32	*Bundesarchiv Koblenz NS 26*
33 bis 36	*Privatarchiv Christoph Knüppel, Herford*
37	*Knüppel, Christoph (2002): Dokumente zur Geschichte der völkischen Siedlung Heimland, Herford*
38	*Inserat Hammer 2. Jhlbd. 1911*
39	*Hammer 196/1911, Inserat*
40	*Festschrift zum fünfundzwanzigjährigen Bestehen des Hammer, Leipzig 1936*
41	*Illustration von Fidus*
42	*Hammer 1909, Hlbjbd.*
43	*Bildnis von Heinrich Pudor*
44	*Hammer 253/1913*
45	*Hall, P. und C. Ward (1998): Sociable Cities. The Legazy of Ebenezer Howard, Chichester*

46   *Howard, Ebenezer (2003): To-morrow – A Peaceful Path to Real Reform. Original edition with new commentary by Peter Hall, Dennis Hardy und Colin Ward, London*

47 und 48   *Miller, M. (2002): Letchworth – the First Garden City, Chichester*

49 und 50   *Ward, St. V. (1992): The Garden City. Past, Present and Future, 1992*

51 und 52   *Belepsch-Valendas (1912): Die Gartenstadtbewegung in England, ihre Entwicklung und ihr jetziger Stand, München und Berlin*

53   *Hammer-Verlag; Urteil der Nationalistischen Führung über Theodor Fritsch's „Handbuch der Judenfrage"*

54   *Hammer 703/04, 1931*

55   *Festschrift zum fünfundzwanzigjährigen Bestehen des Hammer, Leipzig 1936*

Register

Dortmunder Beiträge
zur Raumplanung

Herausgeber: *Institut für Raumplanung,*
Fakultät Raumplanung, Universität Dortmund,
August-Schmidt-Str. 6, 44227 Dortmund
Tel.: 0231/755-2215, Fax: 0231/755-4788
e-mail: doku.rp@uni-dortmund.de

Vertrieb *(i.A.v. Informationskreis für Raumplanung e.V.):*
Dortmunder Vertrieb für Bau- und Planungsliteratur
Gutenbergstraße 59, 44139 Dortmund

Bestellungen *an den Vertrieb per Post oder:*
Tel.: 0231/146 565, Fax: 0231/147 465
e-mail: info@dortmunder-vertrieb.de

Weitere Informationen im Internet :
http://irpud.raumplanung.uni-dortmund.de/irpud/pub1.htm